인터넷과

# 홈페이지 활용

한광희 지음

教友社

# 머리말

정보화시대의 등장은 우리들의 일상생활에 있어서 정보가 차지하는 비중을 더욱 실감할 수 있게 해주었으며, 이러한 정보의 중요성은 앞으로도 더욱 증가해 갈 것이다. 하지만 정보의 홍수 시대라는 표현이 상징하듯 범람하는 정보의 홍수 속에서 정작 자신이 필요로 하는 정보를 찾아내는 것이나, 또는 찾아낸 정보를 새롭게 가공하여 필요한 경우에 활용하는 것이 결코 쉬운 일은 아니다.

다행히 인터넷의 등장은 우리 인간들에게 자신이 필요로 하는 무한한 정보들을 검색하고 활용하는 기능뿐만 아니라 다양한 형태의 서비스를 가능하게 함으로써, 이제는 우리들의 일상생활에 편리함을 제공해 주는 도구로서 확고한 위치를 차지하게 되었다. 그리고 인터넷을 응용한 다양한 형태의 기술들이 새롭게 등장하면서, 우리들의 정치, 경제, 사회, 문화 등 폭 넓은 영역에 이르기까지 인터넷이 미치는 영향력은 점점 확대되어 가고 있는 것이다. 이제 인터넷의 활용은 현대를 살아가는 사람이라면 누구든지 배워야 하는 선택이 아니라 필수적인 조건이 되어버린 것이다.

본서는 저자가 대학에서 인터넷과 홈페이지와 관련된 과목들을 강의하면서 강의노트로 활용하기 위하여 틈틈이 준비했던 내용들을 하나의 책으로 만들어 놓은 결정체라고 하겠다. 따라서 본서는 어디까지나 대학에 입학하여 인터넷의 빠른 이해와 함께 자신의 힘으로 자신의 홈페이지를 작성하여 웹 서버에 출판하는 과정을 직접 경험해 보고자 하는 학생들에게 실질적으로 도움을 줄 수 있는 내용들로 구성하고자 노력하였다.

또한 본서는 컴퓨터 관련과목의 한 학기 실습용 교재로 활용하는데 초점을 맞추어, 홈페이지를 작성하는 주요한 기능들에 대해서는 실제 화면을 삽입하여 학생들의 실습에 따르는 이해도를 높이고자 하였다. 따라서 강의 분량도 한 학기용으로는 너무 무리가 가지 않도록 하기 위하여 강의내용과 분량에도 세심한 노력을 기울였다. 그리고 대부분의 내용들이 실습을 병행하면서 강의를 진행할 수 있도록 구성하였기 때문에, 학생 스스로가 특별한 어려움 없이 한 동작 한 동작 실행해 보는 가운데 전체적인 내용을 이해할 수 있을 것이라 생각된다.

본서의 구성과 주된 내용을 간단히 보면 다음과 같이 모두 5개의 장으로 구성되어 있다.

제1장에서는 인터넷이란 무엇인가를 이해하는 과정으로서 인터넷 정보통신의 기본적인 개념과 서비스 기능들을 살펴본 다음, 웹 브라우저의 기능, 정보검색을 위한 검색엔진 및 정보검색 방법 등을 중심으로 설명하고 있다.

제2장에서는 인터넷이 제공하는 서비스 중에서 우리들이 실생활에서 많이 사용하고 있는 e-메일과 관련된 기능들을 이해하기 위하여 Outlook Express를 중심으로 설명하고 있다.

제3장에서는 우리가 실제로 홈페이지를 만들고자 할 경우 기획 단계에서 필요한 내용들이 무엇인지를 구체적으로 설명하고 있다.

제4장에서는 웹 문서를 작성하기 위한 전용 언어인 HTML언어를 이용하여 홈페이지를 작성할 수 있도록 기본적이며 필수적인 태그들을 중심으로, 각 태그의 주요한 기능들을 실습을 통하여 이해할 수 있도록 설명하고 있다.

제5장에서는 나모 웹 에디터를 이용하여 누구나 쉽게 자신의 홈페이지를 만들 수 있도록 하기 위하여 기초과정에서부터 시작하여 웹 출판 단계에 이르기까지, 각 기능들을 실제 실습을 통하여 이해할 수 있도록 설명하고 있다.

아무쪼록 본서가 대학의 교양과목이나 아니면 e-비즈니스 관련학과에서 개설되는 인터넷과 홈페이지 관련과목을 수강하는 학생들에게 미약하나마 길잡이로 활용될 수 있기를 기대하는 바이다. 앞으로 인터넷 관련기술과 웹 에디터의 기능이 새롭게 업그레이드 될 때마다 본서의 관련 내용들은 새롭게 개정해 나갈 계획이다.

끝으로 이 책이 출간될 기회를 마련해 주신 교우사 사장님과 여러분들에게 깊은 감사의 말씀을 드린다.

**60주년 기념관 연구실에서 저자**

# 목차

## Chapter 4 HTML

Chapter 1

# 인터넷

# 1 인터넷

우리가 일상생활에서 편리하게 사용하고 있는 인터넷은 정보의 보고라는 긍정적인 평가와 함께 쓰레기 정보의 바다라는 부정적인 평가를 받기도 한다. 그렇지만 전 세계적으로 인터넷을 사용하는 사용자는 기하급수적으로 증가해 가고 있으며, 인터넷이 제공하는 서비스와 기능들도 급격히 다양화하며 증가해 가고 있다.

오늘날 인터넷은 단순히 정보의 검색이나 e-메일의 전송뿐만 아니라, 전자상거래와 같은 비즈니스, 사이버 대학이나 사이버 도서관과 같은 교육적인 용도, 음악이나 영화와 같은 영상물 감상, 광고와 같은 홍보수단 등 다양한 용도로 활용되고 있다.

본 장에서는 인터넷과 인터넷이 제공하는 다양한 서비스 중 일반적으로 가장 폭넓게 활용되고 있는 WWW과 관련된 기능에 초점을 맞추어 기능상의 특징 및 활용방법 등을 중점적으로 살펴보기로 한다.

## 1.1 인터넷이란 무엇인가?

인터넷(Internet)이란 수많은 컴퓨터들을 통신회선을 이용하여 서로 연결해 놓은 컴퓨터들의 네트워크를 말한다. 즉, 우리들이 일상생활에 사용하는 전화는 전화선으로 연결된 네트워크를 이용하여 서로 음성 데이터를 주고받는 것이다. 이와 마찬가지로, 인터넷도 통신회선을 이용하여 서로 연결되어 있는 컴퓨터와 컴퓨터 사이에 디지털 정보를 교환하는 것이다.

Internet이라는 의미는 inter와 network의 준말로서 그 어원이 내포하고 있는 바와 같이 inter는 "사이, 틈"을 의미하는 말이요, net는 그물망과 같이 서로서로 연결되어 있다는 의미인 것이다. 이러한 의미를 통하여 볼 때 인터넷이라고 하는 것은 각 컴퓨터로 연결되어 있는 네트워크와 다른 네트워크들을 연결해 놓은 네트워크들의 집합체라고 할 수 있다.

오늘날 전 세계에는 많은 컴퓨터 네트워크가 존재하고 있다. 대학의 연구실과 연구실을 연결하고 있는 네트워크도 있을 수 있고, 기업의 사내에 있는 수많은 업무용 컴퓨터들을 서로 연결해 놓은 네트워크도 있을 수 있다. 또한 각 가정에서 사용하는 인터넷과 같이 불특정 다수의 사람들에게 서비스를 제공하는 네트워크도 있다.

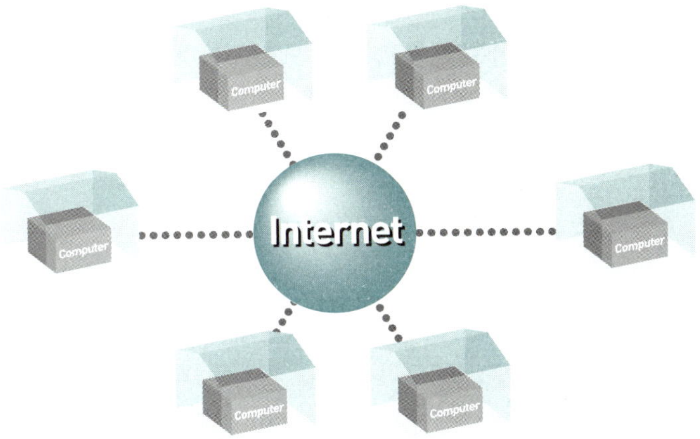


[그림 1-1] 인터넷 구성도

인터넷이라고 하는 것은 이와 같이 컴퓨터로 연결되어 있는 네트워크와 네트워크들을 대상으로 상호간에 데이터 교환이 가능하도록 한 것이다. 그렇기 때문에 네트워크의 중심이 되는 컴퓨터는 없으며 또한 네트워크의 중심이 되어 관리하는 조직도 필요가 없다. 다만 인터넷상에서는 컴퓨터의 이름 등을 관리하는 조직만이 있을 뿐이다.

그럼 이와 같은 인터넷이 갖는 특징은 무엇이 있을까?

인터넷이 주는 최대의 매력은 국경을 초월한 네트워크라는데 있다. 현재 세계 대다수의 나라들은 어떠한 형태로든지 인터넷으로 연결되어 있다. 인터넷에서는 아무리 먼 거리라고 할지라도 즉시 정보를 전달할 수가 있다. 즉 뉴욕에 살거나 서울에 살거나 거의 동시에 뉴욕에서 발행되는 신문을 읽을 수 있기 때문에, 어디에 거주하던지 장소에 따른 정보의 격차가 없기 때문에 정보의 국제화를 가져올 수가 있다.

또한, 인터넷은 원칙적으로 관리자가 없는 네트워크이기 때문에 무슨 용도로 사용하던지 자유이다. 개인이 써놓은 의견에 다른 사람이 의견을 써넣을 수도 있으며, 자신의 취미에 대하여 발표하여도 되고 요즈음 각광을 받고 있는 전자상거래와 같은 상행위를 하여도 된다. 이와 같은 자유스러운 분위기가 인터넷을 매력적이고 사용하기 쉬운 매체로 만들었다고 생각된다.

## 1.2 인터넷의 역사

현재 우리들이 사용하고 있는 인터넷의 시초는 1969년에 미 국방성 고등연구계획국의 네트워크인 ARPANET(Advanced Research Project Agency NETwork)에서 시작되었다. 이것은 지리적으로 떨어져 있는 장소의 컴퓨터와 접속하여 컴퓨터 상호간에 데이터 교환이 가능하게끔 만들어진 것이다. 이러한 프로젝트는 당초 소규모적인 것이었는데 군 연구에 참여하고 있는 대학이나 연구소 등이 점차로 참여함으로써 결국은 미국 전체를 연결하는 대규모 네트워크로 성장하게 되었다.

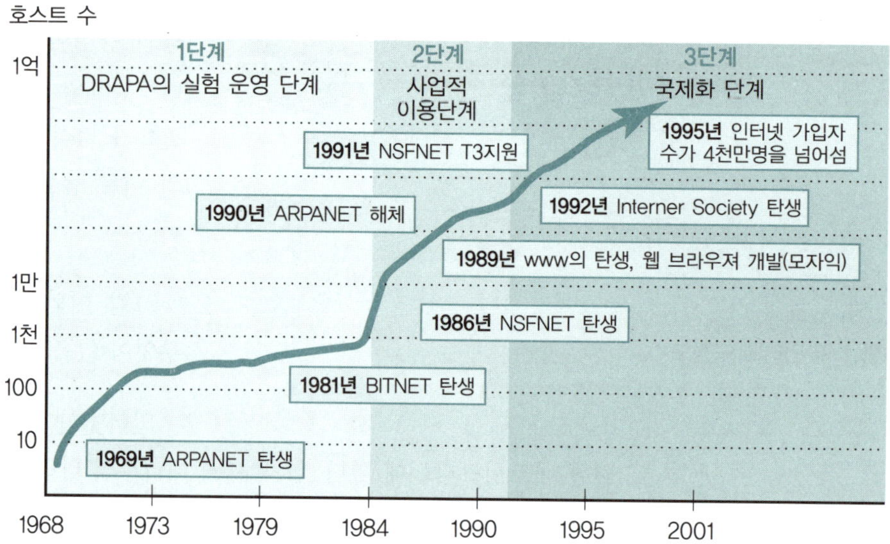


[그림 1-2] 인터넷의 역사

국방성이 주도한 연구였기에 주목적은 소련과 같은 가상 적국으로부터 공격을 받아 네트워크의 일부나 컴퓨터의 일부가 파괴되었다 하여도, 전체적으로는 피해가 발생하지 않도록 설계되었다. 즉 인터넷은 컴퓨터와 컴퓨터가 어망의 연결부분과 같이 접속되어 있는 것이기에, 데이터는 이러한 망의 어느 부분을 경로로 선택하여 목적지의 컴퓨터에 접속되는 것이다. 그렇기 때문에 네트워크의 일부가 사용할 수 없는 상태가 되어도, 그 부분을 우회하여 원하는 전송경로를 찾아가는 방법을 응용하였던 것이다. 인터넷의 이와 같은 특징은 오늘날까지 이어져 내려오고 있는 것이다.

그런데 ARPANET은 뛰어난 기능을 가진 네트워크였지만 접속하고자 하는 컴퓨터의 수가 급격히 증가하면서 원활한 통신이 불가능하게 되었다. 그래서 ARPANET과 유사한 개념의 다른 네트워크가 등장하게 되었던 것이다. 그 중 하나가 1980년대 중반에 NSF(National Science Foundation: 전미과학재단)이 만든 NSFNET이다. NSFNET는 슈퍼컴퓨터센터에 미국 전체의 연구자들이 접속할 수 있도록 만들어진 네트워크로서 고속 접속이 가능하다는 것이 최대의 장점이라 하겠다. 이와 같은 NSFNET을 매체로 하여 각 지역별로 있는 컴퓨터 네트워크를 접속한 것이 대규모 네트워크로 이어지는 계기가 되었다.

그러나 NSFNET에 의해 실현된 인터넷도 초기에는 상업적인 목적으로 이용하는 것은 인정되지 않았지만 1991년 CIX(Commercial Internet Exchange)가 가동됨으로써 인터넷의 상업적인 이용도 가능하게 되었으며 이를 계기로 하여 인터넷은 더욱 급성장하게 되었다. 하지만 인터넷의 급속한 성장에 커다란 역할을 한 것이 있다면 WWW의 등장이라 하겠다. Mosaic와 같이 누구든지 사용 가능한 소프트웨어가 등장함으로써 지금까지 인터넷과 인연이 없었던 사람들도 누구나 쉽게 인터넷에 접속할 수 있게 된 것이다.

이와 같이 오늘날 우리들이 편리하게 사용하고 있는 인터넷은 어디까지나 국방과 관련된 연구 및 과학 연구를 위한 네트워크에서 출발한 것이라고 하겠다.

## 1.3 네트워크의 종류

### 1.3.1 LAN (Local Area Network)

소규모의 한정된 지역에서 컴퓨터와 컴퓨터 사이에 데이터를 주고받을 수 있는 네트워크를 말한다. 기업이나 대학과 같은 특정한 조직에서 사용하는 인터넷 네트워크를 말한다.

### 1.3.2 WAN (Wide Area Network)

먼 거리의 네트워크와 통신하기 위한 기술로서, LAN과 LAN을 상호 연결하기 위해 라우터들이 데이터를 전송하고 수신하기 위하여 네트워크를 구성하고 있다. 도시와 도시 간이나 국가와 국가 간을 연결하는 네트워크를 말한다.

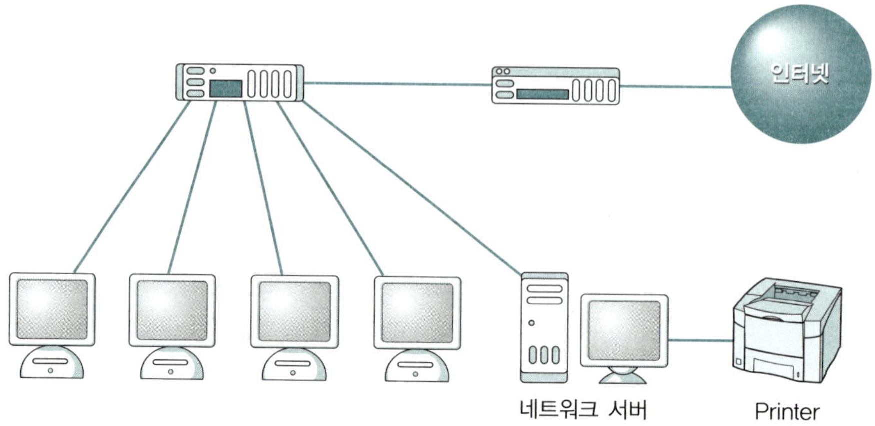


[그림 1-3] LAN 구성도

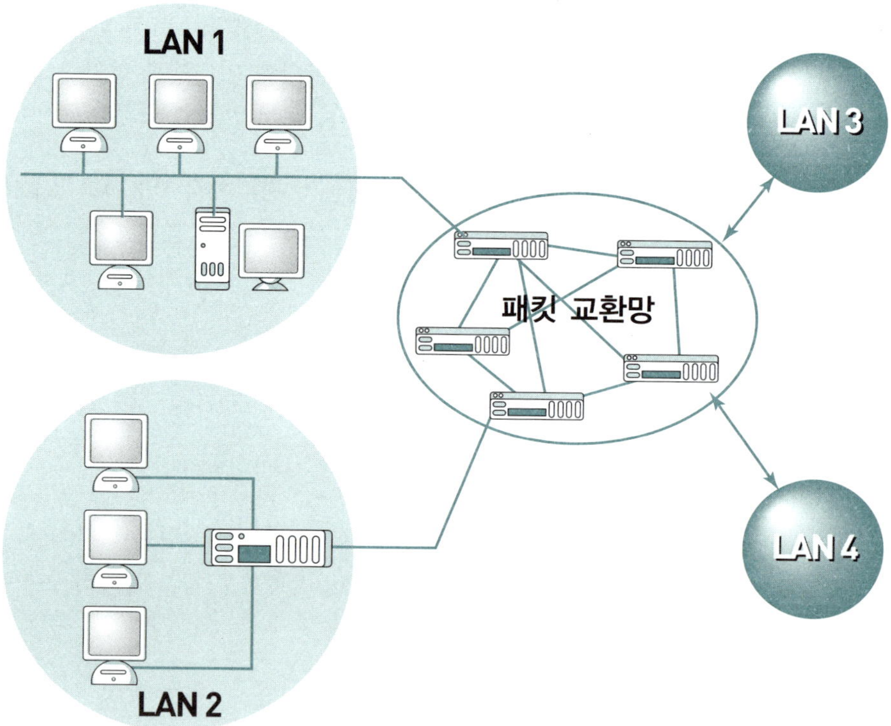


[그림 1-4] WAN 구성도

### 1.3.3 VAN (Value Added Network)

부가가치통신망이라고 부르며 공중 전기 통신 사업자로부터 전용회선을 임대하여 정보 네트워크를 구축하고 고도의 통신 서비스를 제공해 준다.

### 1.3.4 ISDN (Intergrated Service Digital Network)

종합정보통신망이라고 부르며 하나의 회선을 통하여 음성, 이미지, 동영상, 텍스트 등의 다양한 데이터 통신을 제공하는 업무를 말한다.

### 1.3.5 클라이언트/서버 (Client/Server)

정보 및 자료를 가지고 있는 서버와 네트워크를 통하여 정보를 제공받는 클라이언트로 구성된 네트워크를 말한다.

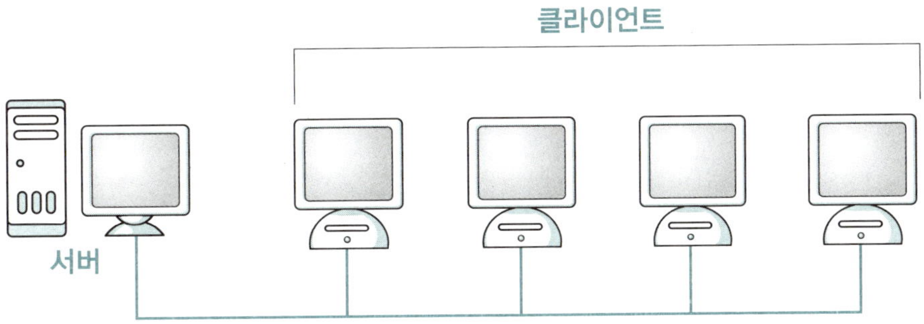


[그림 1-5] 클라이언트와 서버 구성도

### 1.3.6 Peer-to-Peer

클라이언트/서버 형태와는 반대되는 개념으로 서버와 클라이언트의 역할을 모든 노드가 함께 담당하는 방식이다.

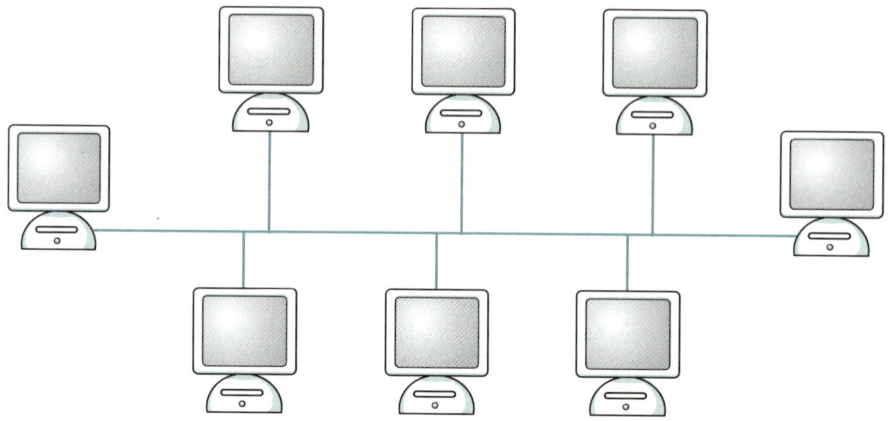

[그림 1-6] Peer-to-Peer 구성도

## 1.4 인터넷 IP주소와 도메인

인터넷에 연결되어 있는 모든 시스템은 인터넷 주소라고 하는 IP(Internet Protocol)주소를 부여 받는데 이는 컴퓨터의 소재를 알려주는 주소가 되는 것이다. 우리가 인터넷에서 어떠한 특정 서버 시스템에 접속할 경우 이와 같은 IP주소를 정확히 알아야만 접속할 수 있는 것이다.

기본적으로 IP주소는 4개의 필드로 구성되어 있으며 숫자로 표현되어 있다. 따라서 컴퓨터는 그것을 쉽게 인식할 수 있지만, 인간인 우리들은 IP주소만으로는 상대방을 구별하는 것이 쉽지 않다.

그렇기 때문에 숫자로 표현된 IP주소를 사용하는 사람들이 알아보기 쉽도록 하기 위하여 제공되는 기능이 도메인(Domain)이다. 즉 도메인이란 어려운 IP주소 대신에 알기 쉬운 영어단어를 입력해주면 자동으로 IP주소로 변환해 주는 장치에 의해 접속하고자 하는 컴퓨터에 접속을 가능하게 해준다. 한신대학교 IP주소와 도메인은 다음과 같다.

| IP주소 | 203.252.16.7 |
|---|---|
| 도메인 | www.hanshin.ac.kr |

한신대학교 도메인 이름에 있어서 www.hanshin은 호스트의 이름과 기관이름을 뜻하며 ac는 교육기관을 의미하는 기관 특성도메인이며, kr은 한국이라는 국가를 의미하는 지역 도메인을 나타내고 있다. 이와 같이 도메인 이름은 "컴퓨터명, 기관명, 기관성격, 국가명" 순서로 된 4단계의 형태로 표시하는데, 이것은 좁은 영역에서 점점 넓은 영역 순서로 구성되어 있음을 알 수 있다. 단 미국의 경우만은 예외적으로 국가명이 없는 3단계의 형태를 취하고 있다.

### 국가별 도메인

| 도메인 | 국가명 | 도메인 | 국가명 |
|---|---|---|---|
| au | 호주 | kp | 북한 |
| ca | 캐나다 | kr | 한국 |
| ch | 스위스 | nz | 뉴질랜드 |
| de | 독일 | ru | 러시아 |
| fr | 프랑스 | uk | 영국 |
| it | 이탈리아 | tw | 타이완 |
| jp | 일본 | in | 인도 |

### 기관별 도메인

| 미국의 경우 | | 미국을 제외한 국가 | |
|---|---|---|---|
| com | 상업적 회사 및 기업 | co | 상업적 회사 및 기업 |
| edu | 교육기관 | go | 정부기관 |
| gov | 정부기관 | re | 연구기관 |
| mil | 미국 국방성 기구 | mil | 국방기관 |
| net | 네트워크 | ne | 네트워크 운영기관 |
| org | 비영리 기관 | or | 기타 조직체 |
| biz | 비즈니스 전용 | ac | 대학, 대학원 |
| info | 정보제공 | hs | 고등학교 |
| name | 개인용 | ms | 중학교 |
| pro | 전문가 자격 소유자 | es | 초등학교 |
| museum | 박물관 | sc | 기타 학교 |
| coop | 협회 | kg | 유치원 |

## 1.5 e-메일 주소

전자우편 주소는 컴퓨터 간에 서로 필요한 정보를 전자우편을 통하여 주고받을 수 있도록 하기 위하여 제공되는 주소로서, 전자우편 주소는 개인이 속한 기관의 시스템 이름과 시스템 내에 등록된 사용자 계정으로 이루어져 있다.

이러한 전자우편 주소는 도메인 이름 앞에 사용자의 ID와 @가 표시되어 완벽한 전자우편 주소의 형태를 이루게 된다. 사용자 ID는 일반적으로 다른 사람들이 알아보기 쉽도록 하기 위하여 자신의 이름을 많이 사용한다.

예를 들어 저자의 ID는 han22@hanshin.ac.kr로서 이와 같은 e-메일 주소는 소문자로 붙여써야 하며, 각 단계는 . 으로 구분해 주어야만 한다.

메일 형식 : 사용자계정@호스트이름.도메인 이름
메일 주소사용 예 : han22@hanshin.ac.kr

1. **사용자계정:** 호스트 컴퓨터에 등록된 사용자의 계정이름을 사용한다.
2. **@:** at이라고 부르며 "에 있는"의 뜻으로 쓰인다.
3. **호스트 이름:** 인터넷 상의 컴퓨터를 서로 식별하기 위한 형식으로 사용자가 사용하는 호스트 컴퓨터의 이름이다.
4. **도메인 이름:** 호스트 컴퓨터가 위치한 영역의 이름이다.

## 1.6 URL과 TCP/IP

http://www.whitehouse.gov는 백악관 사이트의 URL이다. URL은 Uniform Resource Locator의 머리문자를 딴 것으로서 인터넷상의 문서를 찾아내기 위한 주소이다. URL의 제일 앞에 표시하는 http://는 HyperText Transfer Protocol이라는 수단으로 전송된다는 의미이다.

컴퓨터 네트워크와 네트워크가 서로 데이터를 교환하려면 같은 프로토콜을 사용할 필요가 있다. 즉 같은 언어로 정보를 주고받는 것이 필요한 것이다. 인터넷에서 일반적으로 사용되는 표준 언어인 프로토콜은 TCP/IP를 사용하는데, TCP/IP는 Transmission Control Protocol/Internet Protocol의 약자이다.

## 1.7 WWW

인터넷과 관련된 용어로서 자주 등장하는 것이 월드 와이드 웹(World Wide Web: WWW)으로서 일명 거미집을 의미하며, 전 세계적으로 연결된 통신망을 이미지하여 만들어진 말이라고 할 수 있다. 인터넷을 하나의 통신망으로 볼 수 있으나, WWW이 등장하기 전까지는 인터넷이라는 것이 방대한 문서가 축적되어 있음에도 불구하고 전 세계에 수없이 산재해 있는 서버(Server)에 저장되어 있기 때문에, 자신이 찾고자 하는 문서가 어디에 어떻게 저장되어 있는지를 알지 못하면 이용할 수가 없었다.

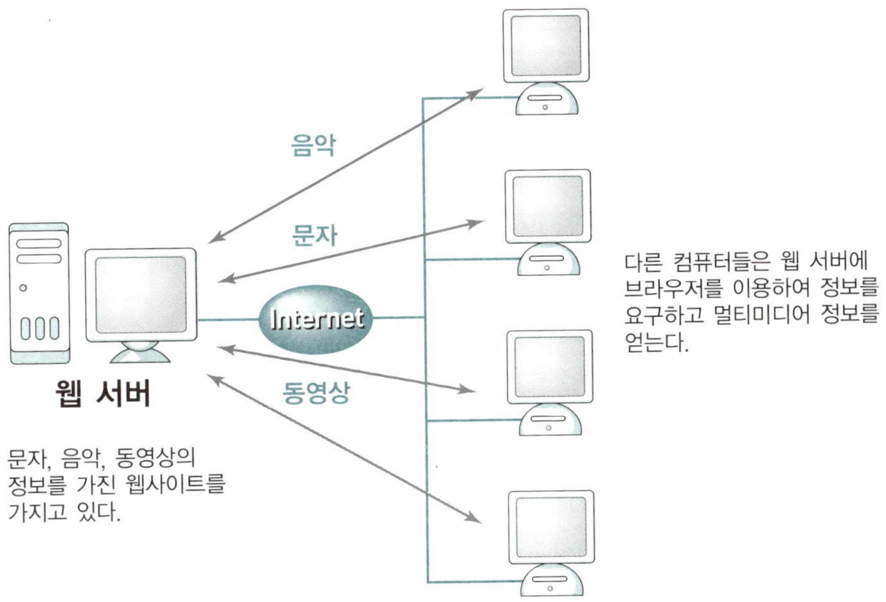


[그림 1-7] WWW 구성도

그런데 이러한 인터넷상의 많은 서버들 중에 흩어져 있는 문서들을 찾고자 할 경우에 통일된 방법으로 다룰 수 있게 개발된 것이 WWW인 것이다. WWW은 HTML(Hypertext Makeup Language)이라는 형식의 문서를 사용하여 문서 중에 다른 문서가 있는 장소를 연결할 수 있게 함으로써 결국은 인터넷 전체의 문서를 누구든지 쉽고 편리하게 이용할 수 있게 되었다.

특히 WWW이 인터넷에서 주목을 받기 시작한 것은 NCSA(일리노이대학)가 1993년에 개발한 웹 브라우저인 Mosaic라고 하겠다. Mosaic는 단순히 문서와 관련된 것만을 참고하기 위해 만들어진 것이 아니라 인터넷이 제공하는 모든 서비스의 창구 역할을 담당할 것을 목표로 하여 개발된 소프트웨어였다.

이와 같이 WWW은 홈페이지에 있는 문자의 일부나 그림을 클릭하는 간단한 방법만으로 전 세계에 폭 넓게 퍼져 있는 인터넷상의 정보들을 접속할 수 있게 해주는 서비스를 가능하게 해준다.

## 1.8 웹 브라우저

웹 브라우저(Web Browser)란 사용자가 인터넷을 이용하여 웹 서버에 저장되어 있는 하이퍼텍스트 문서를 볼 수 있도록 해주는 클라이언트(Client) 프로그램으로서 단순히 문자뿐만 아니라 그림이나 사진, 동영상과 같은 멀티미디어 자료들도 보여주는 기능을 제공하고 있다. 최근 가장 많이 보급되어 있는 웹 브라우저는 넷스케이프 (Netscape)와 인터넷 익스플로러(Internet Explorer)가 있다.

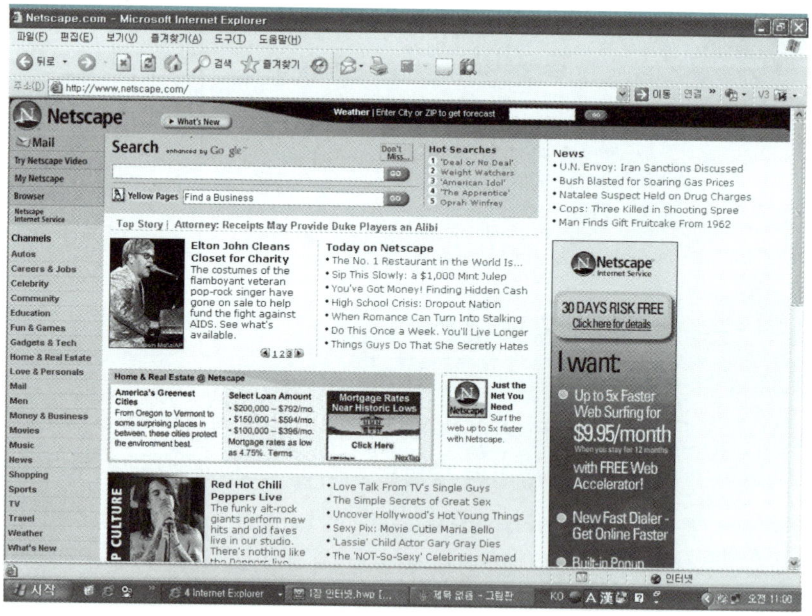


[그림 1-8] 넷스케이프사 홈페이지

# 2 인터넷 활용

오늘날 인터넷은 매우 다양한 용도로 활용되고 있다. 그 중에서도 가장 많이 활용되는 것은 자신이 원하는 정보를 검색하거나, e-메일을 이용하여 편지를 주고받는 것이며, 또는 쇼핑몰에서 필요한 물건을 구매하기도 하고, 인터넷뱅킹을 이용하여 계좌이체 등을 하는 것이다. 그러면 인터넷이 우리에게 제공하는 기본적인 서비스로는 무엇이 있는지 살펴보기로 한다.

## 2.1 정보검색

인터넷을 이용하여 가장 많이 활용하는 것은 바로 우리가 필요로 하는 정보의 검색이다. 그런데 www을 이용하여 자신이 원하는 정보를 빠르고 정확하게 찾게 해주는 기능이 필요한데 이를 위한 도구가 바로 검색엔진(Search Engine)이다. 검색엔진은 전 세계에 흩어져 있는 수많은 정보들을 분류하고 정리하여 이용자가 원하는 종류의 정보가 소재하는 컴퓨터의 URL을 제공해 준다.

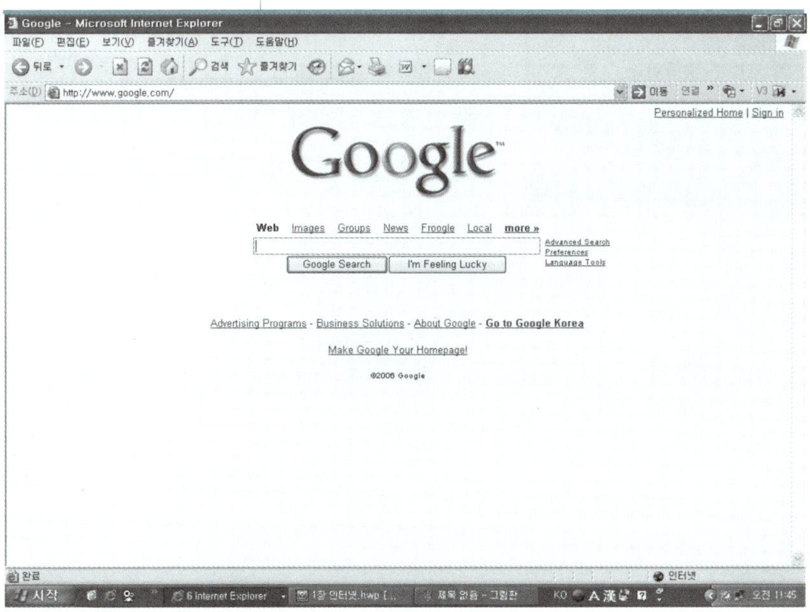


[그림 1-9] 검색엔진 google의 초기화면

## 2.2 Telnet

인터넷의 텔넷 서비스란 다른 컴퓨터 특히 UNIX 운영체제를 사용하는 컴퓨터에 접속하여 마치 그 컴퓨터를 직접 본인이 키보드와 모니터를 연결한 것과 같이 사용할 수 있도록 제공해 주는 서비스이다.

그래픽 화면이 아닌 텍스트 화면만을 표시할 수 있지만 단순하고 빠른 속도에다 직접 UNIX를 사용할 수 있다는 장점으로 아직까지 많이 사용되고 있다. 하지만 텔넷을 잘 사용하기 위해서는 UNIX 명령어를 알아야 하며, 단순히 텍스트 화면만을 사용할 수 있기 때문에 전문적인 지식이 없는 이용자가 사용하기에는 어려운 점도 있다.

## 2.3 FTP

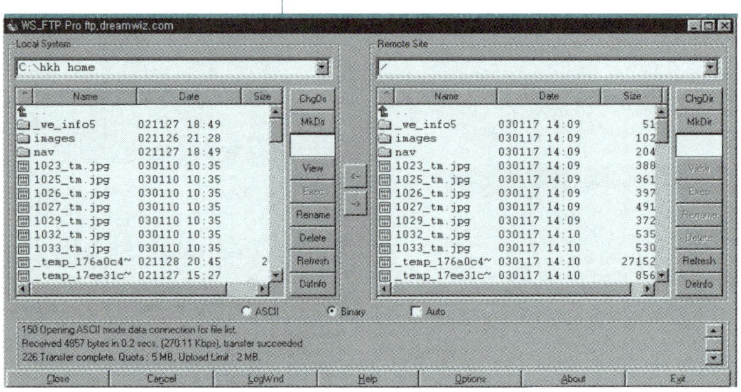

[그림 1-10] WS-FTP 프로그램

FTP는 인터넷을 이용하여 원거리의 컴퓨터에 파일을 전송하기 위한 용도로 사용하는 서비스이다. 앞에서 설명한 텔넷이 다른 컴퓨터를 사용하기 위해 접속하는 서비스라고 할 것 같으면, FTP는 서버 컴퓨터로 파일을 전송하거나 서버 컴퓨터의 파일을 자신의 컴퓨터로 받아오기 위해 사용하는 것이다.

FTP 서비스는 매우 빠르고 안정적으로 파일을 전송할 수 있기 때문에 요즈음 많이 사용하고 있으며 FTP 전용 프로그램이 등장하여 매우 편리하게 사용할 수가 있다.

## 2.4 Usenet

유즈넷은 인터넷 뉴스 그룹을 말하는 것인데, 뉴스 그룹이란 정해진 특정한 주제에 대해 여러 사람들이 자신의 의견을 올릴 수 있는 커다란 게시판 같은 기능을 제공하는 서비스이다.

이러한 뉴스 그룹의 그룹명에는 특정한 주제를 나타내는 이름이 대부분 들어가 있기 때문에 어떠한 주제의 뉴스그룹인지를 쉽게 구분할 수가 있다.

### 유즈넷 용어 내용

| 명 칭 | 의 미 |
|---|---|
| alt | 체계화되지 않았거나 정식이 아닌 자유로운 토론 |
| binaries | 이진 파일을 올리는 곳 |
| comp | 주로 컴퓨터와 관련된 사항에 대한 토론 |
| han | 한국어로 되어 있는 뉴스 그룹 |
| korea | 한국에 관한 뉴스 그룹 |
| test | 정식 기사가 아닌 뉴스 그룹 설정연습이나 시험용으로 사용 |

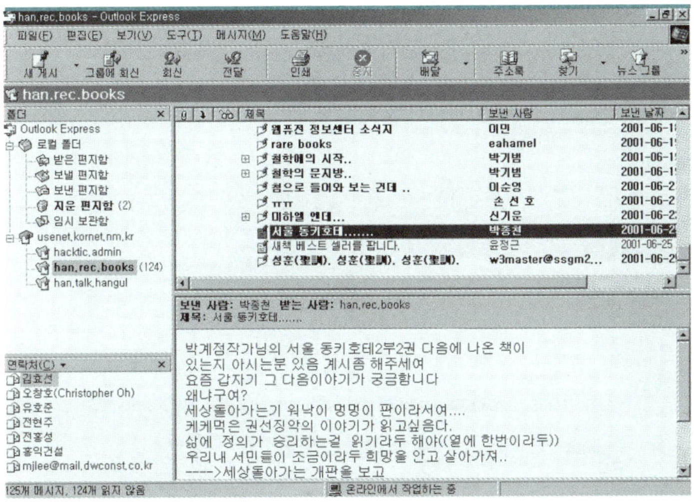


[그림 1-11] 유즈넷 화면

## 2.5 e-메일

e-메일은 인터넷을 이용하여 편지를 주고받을 수 있는 서비스로서 웹 기반 e-메일과 POP3를 사용한 e-메일로 구분된다.

웹 기반 e-메일은 별도의 프로그램 없이 인터넷에서 해당 사이트에 접속한 다음 그곳에서 메일을 관리하고 수신할 수 있는 방식을 말한다. 별도의 프로그램을 쓰지 않고도 인터넷이 접속되는 컴퓨터라면 어디서든지 쓸 수 있기 때문에 편리한 점도 있지만 반드시 해당 사이트에 접속하여 그 사이트가 제공하는 인터페이스를 사용해야만 한다는 문제점도 있다.

우리가 검색엔진이나 포털 사이트에서 제공하는 e-메일은 대부분 이러한 웹 기반 e-메일인 것이다.

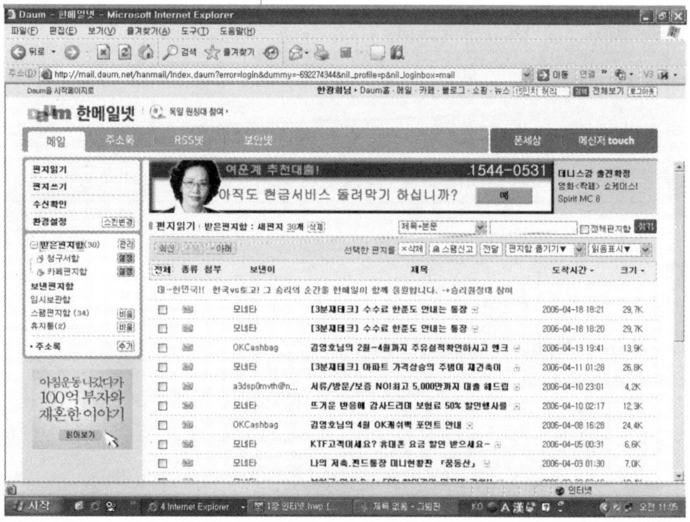


[그림 1-12] Daum의 편지목록 화면

반면에 POP3 서버가 제공하는 e-메일은 Outlook Express와 같은 POP3 지원 e-메일 클라이언트를 이용하여 메일을 주고받을 수 있는 기능으로서, 단지 편지만을 전해주는 것이므로 POP3를 지원해 주는 어떠한 프로그램을 사용하여도 가능하다는 장점이 있다.

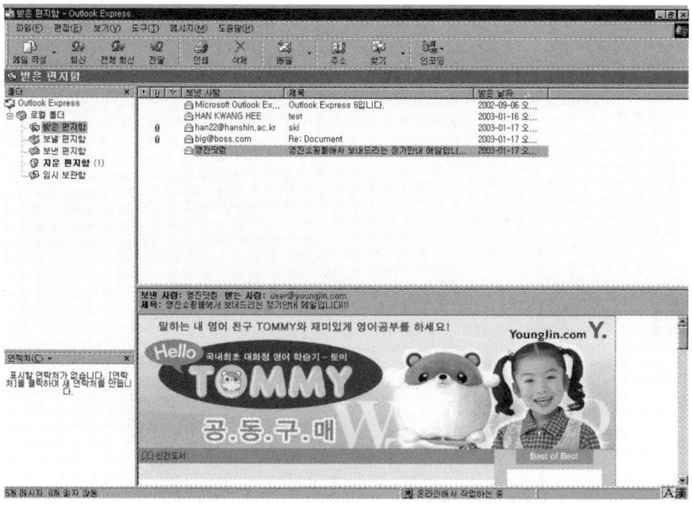


[그림 1-13] Outlook Express 화면

# 3 정보검색엔진

인터넷의 수많은 정보들을 누구나 쉽고 편리하게 찾을 수 있도록 제공되는 프로그램이 정보검색엔진이라고 한다. 이러한 검색엔진들은 대부분 비슷한 성능과 기능들을 가지고 있으며 사용법도 대부분 유사한 것이 많이 있다. 그렇기 때문에 한 가지 서치엔진(Search Engine)만을 자세히 알고 있으면 비교적 수월하게 다른 검색엔진들도 사용할 수가 있다.

## 3.1 정보검색엔진의 유형

검색엔진을 이용하여 정보를 찾는 방법에는 크게 세 가지 방법이 있다. 하나는 다양한 사이트들을 주제별로 분류하고 계층화된 상태에서 원하는 사이트를 검색하게 하는 "주제별 검색엔진"과, 두 번째는 사용자가 원하는 검색단어나 키워드를 입력하여 검색 사이트가 그 단어에 만족스러운 검색 결과를 보여주는 "단어별 검색엔진"이 있다. 그리고 마지막 하나는 여러 가지 사이트들의 데이터를 종합적으로 보여주는 "메타 검색엔진"이 있다.

### 3.1.1 주제별 검색엔진

주제별 검색엔진은 사용자가 찾고자 하는 정보를 일정한 주제별로 구분하여 분류해 놓음으로써 정확하고 편리한 정보 검색이 가능하도록 해준다. 그렇기 때문에 주제별 디렉토리를 몇 단계 거쳐가면서 사용자가 찾고자 하는 주제와 관련성이 높은 사이트를 제공해 준다. 검색하는 과정에서 사이트의 제목이나 분류항목 이외에도 사이트와 관련된 요약이 첨부되어 있어 어떠한 사이트인가를 알기 쉽게 해준다.

**주제별 검색엔진**

| 검색 사이트 | 주 소 |
|---|---|
| Simmani | www.simmani.com |
| Yahoo | kr.yahoo.com |
| Empas | www.empas.com |
| Lycos | www.lycos.com |
| Naver | www.naver.com |

### 3.1.2 단어별 검색엔진

단어별 검색엔진은 사용자가 원하는 검색 단어를 입력하면 검색 사이트가 그 단어에 대해 만족스러운 검색 결과를 제시해 준다. 단어별 검색 사이트는 소프트웨어를 사용하여 자동적으로 인터넷을 순회하며 언제든지 대량의 문서정보를 소유하고 있다가 사용자가 검색어를 입력하면 문서의 전 부분이나 아니면 미리 추출하여 만들어 놓은 키워드 데이터베이스 안에 입력되어 있는 검색어의 결과를 찾아준다.

단어별 검색엔진의 특징은 인터넷을 총망라하여 사용자의 검색 단어와 관련이 있는 사이트를 찾아준다는 점 때문에, 키워드를 잘 설정하지 않으면 검색 결과가 전혀 의미가 없는 사이트까지도 포함할 가능성이 높다는 것이다.

**단어별 검색엔진**

| 검색 사이트 | 주 소 |
|---|---|
| AltaVista | www.altavista.co.kr |
| DejaNews | www.dejanews.com |
| Excite | www.excite.com |
| Google | www.google.com |
| WebCrawler | www.webcrawler.com |

### 3.3.3 메타 검색엔진

메타 검색엔진은 여러 가지 검색 사이트들의 데이터들을 활용하여 사용자가 검색 키워드를 입력하면 여러 검색엔진이 검색한 결과를 종합하여 제공해 주는 검색엔진이다.

**메타 검색엔진**

| 검색 사이트 | 주 소 |
|---|---|
| All-in-One Search Page | www.allonesearch.com |
| 미스 다찾니 | www.mochanni.com |

## 3.2 여러 가지 검색엔진

검색엔진을 이용하여 원하는 정보를 검색하고자 할 경우 각 검색엔진의 특성을 잘 파악하여 활용하는 것이 무엇보다 중요한 것이다. 따라서 각 검색엔진을 실제로 접속해 보면서 각 사이트의 특징 및 기능을 살펴보기로 한다.

### 3.2.1 Yahoo (www.yahoo.com/kr.yahoo.com)

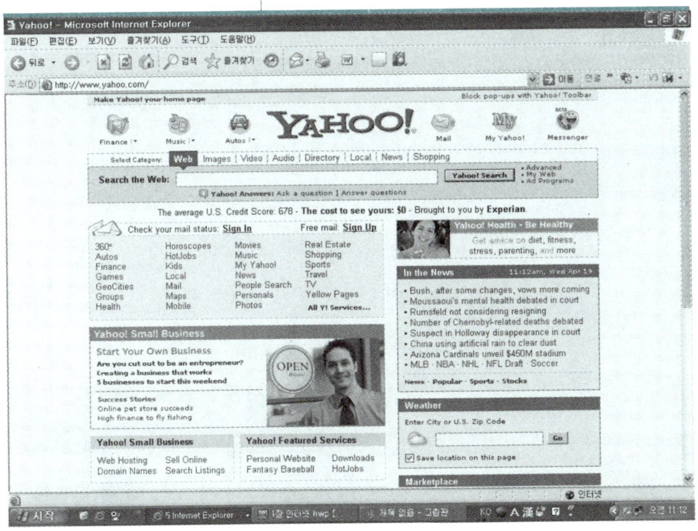


[그림 1-14] yahoo 검색엔진 화면

가장 유명한 검색 서비스로서 사용방법은 간단하면서도 분류별로 잘 정리되어 있기에 키워드를 입력하거나 AND / OR의 논리검색도 가능하여 신뢰할 수 있는 검색결과를 얻을 수 있다.

또한 검색결과가 상당히 보기 쉬운 점도 Yahoo의 특징이라고 하겠다. 현재 Yahoo는 영어뿐만이 아니고 약 24개국 언어로 검색 서비스를 제공하고 있다.

[그림 1-15] 검색엔진 야후의 화면

### 3.2.2 AltaVista (www.altavista.com/kr.altavista.com)

AltaVista는 검색속도가 매우 빠르고 강력한 단어별 검색엔진으로서, 광범위한 검색범위와 연산자 및 필드검색 등의 기능에 있어서 뛰어난 기능을 제공하고 있다. 이것은 문서 전문의 단어별 데이터베이스가 있어 엄청난 숫자의 결과가 제시되기 때문이다. 검색결과는 "정확성" 순으로 나타나 제목 이외에도 URL, 문서 첫 부분에 있는 문장의 내용, 파일의 크기 등이 실려 있다. 그러나 때로는 기계적으로 추출된 "정확성"이 의도한 것과는 전혀 다른 사이트가 나타나는 경우도 있을 수 있다. AltaVista는 한국어를 포함하여 전 세계 25개국의 언어로 지원되고 있다.

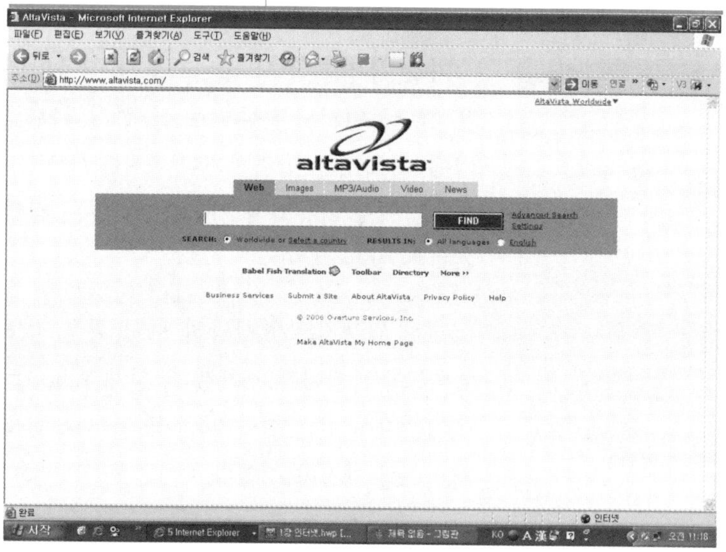


[그림 1-16] AltaVista 검색엔진 화면

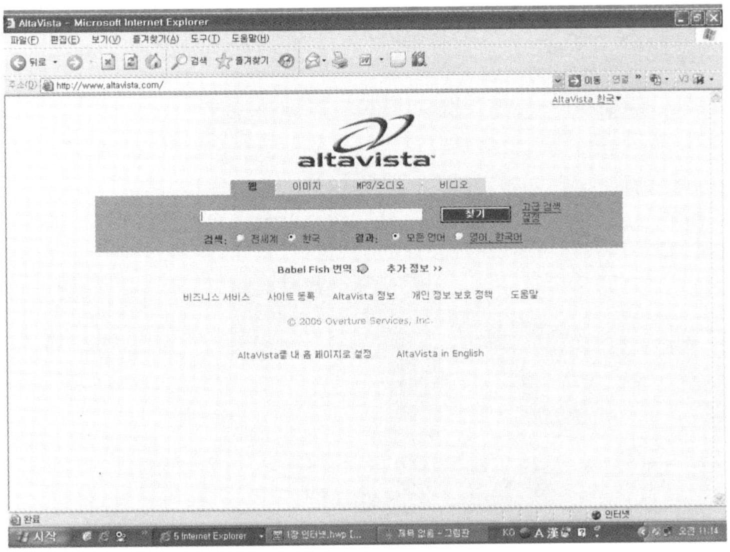

[그림 1-17] 한국어 AltaVista 검색엔진 화면

### 3.2.3 Excite (www.excite.com)

정확성이 퍼센트로 표시되는 검색 서비스이다. 또한 More Like This라는 항목이 검색 결과의 제목 옆에 붙어있어 이것을 클릭하면 같은 종류의 사이트로 가서 검색 결과를 다시 나타내주는 기능이 있다. 예를 들어 Ford라는 미국의 전 대통령을 조사하려고 "Ford"를 키워드로 입력하였다면 Ford자동차와 관련된 사이트나 그 이외의 사이트들이 검색결과로 나타났을 때 Ford대통령과 관련된 사이트를 발견하여 "More Like This" 아이콘을 클릭하면 Ford 대통령과 관련된 정확한 사이트들을 제공해준다.

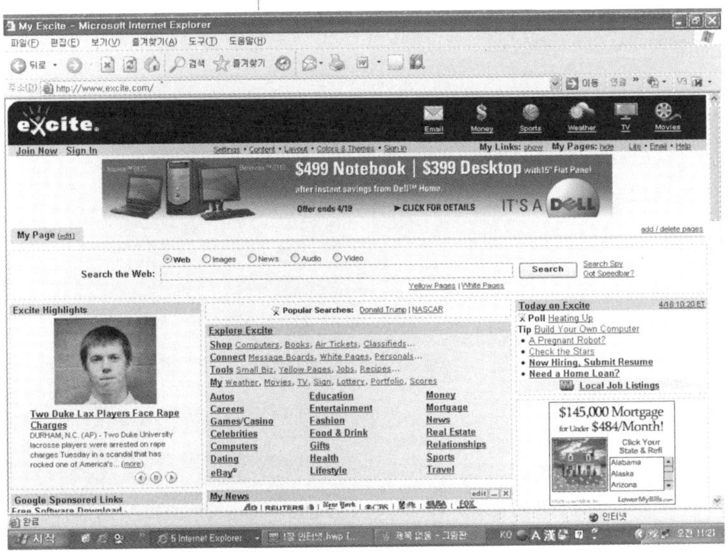

[그림 1-18] Excite 검색엔진 화면

### 3.2.4 LYCOS (www.lycos.com)

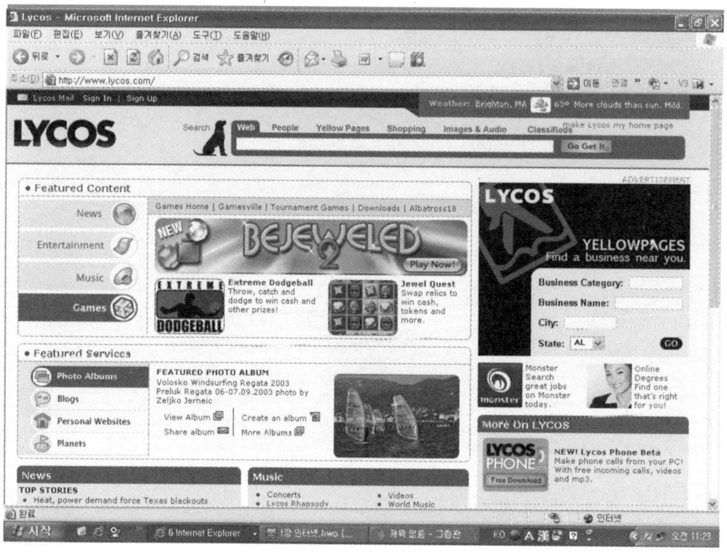


[그림 1-19] LYCOS 검색엔진 화면

미국 카네기 메론 대학에서 개발한 빠른 검색 사이트이다. 검색엔진에서 단어별 검색과 "Lycos Internet Guides"라는 주제별 검색을 연동시켜 검색하는 것이 가능하다. 음성파일이나 화상파일도 검색의 대상이 되기 때문에 예를 들어 "그랜드 케년 국립공원의 화상은 없는가"와 같은 검색법도 가능하다.

또한 "Top 5% Sites"라고 하는 권고 사이트의 디렉토리와 Excite의 City Net에 해당하는 타운 안내의 "City Guide"도 있다.

### 3.2.5 천리안 (www.chol.com)

[그림 1-20] 천리안 검색엔진 화면

천리안은 한글과 컴퓨터에서 개발한 한글 검색엔진으로 한국어의 특징을 살려 찾고자 하는 정보의 낱말이 애매할 경우 한글 유의어를 참조하여 검색을 확장해 주는 기능이 있으며 검색 속도가 검색하는 사이트의 양에 관계없이 검색속도가 일정하다는 것이 다른 검색엔진과 다른 점이라 하겠다. 또한 주제별 검색과 단어별 검색을 모두 지원해 주는, 국내의 검색엔진으로서는 가장 많이 활용되고 있는 검색엔진이다.

이 이외에도 국내 포털 검색엔진으로 많이 이용되는 것들은 다음과 같다.

## 3.2.6 엠파스 (www.empas.com)

[그림 1-21] 엠파스 검색엔진 화면

## 3.2.7 네이버 (www.naver.com)

[그림 1-22] 네이버 검색엔진 화면

### 3.2.8 구글 (www.google.co.kr)

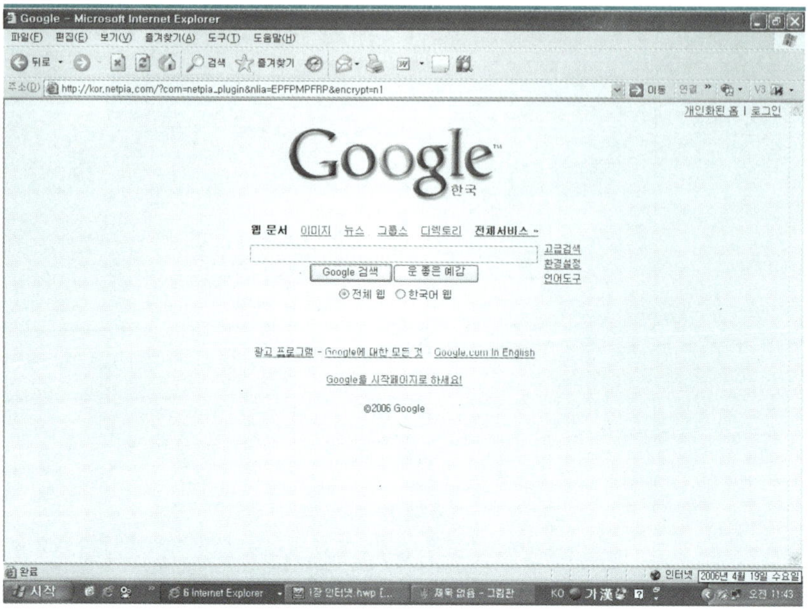

[그림 1-23] 한국어 구글 검색엔진 화면

## 3.3 검색엔진 사용법

검색엔진의 사용법은 매우 간단하고 쉽게 사용할 수가 있다. 단순히 사용자는 검색하고자 하는 검색어를 입력란에 입력하고 Enter↵ 키를 누르면 검색엔진이 자동으로 검색을 해주기 때문이다. 그렇지만 관련된 검색을 정확하고 빠르게 하기 위해서는 단순히 검색어를 입력하고 검색하는 것보다는 각각의 검색엔진이 제공하는 검색 방법을 제대로 파악하고 이용하는 것이 중요하다고 하겠다.

우리는 야후 검색엔진을 이용하여 검색엔진을 사용하는 방법을 실습해 보기로 한다.

### 3.3.1 카테고리를 이용한다.

대부분의 검색엔진들은 검색어를 입력하는 입력란과 함께 카테고리로 분류해 놓은 항목들을 보여 주고 있는데 이것은 이용자로 하여금 찾고자 하는 정보를 상호 관련 있는 항목들을 한 군데에 모아 놓아 사용하기 쉽도록 하기 위한 것이다.

그렇기 때문에 검색어를 입력하는 것보다 찾고자 하는 카테고리를 선택하여 검색하는 것이 더 효과적일 수도 있다.

야후 검색엔진의 첫 화면에서 애완동물에 관련된 카테고리를 선택하면 애완동물에 대한 사이트들과 하위 카테고리가 화면에 제시된다. 우리는 하위 카테고리가 제시하는 사이트의 설명을 보고 원하는 사이트에 바로 접속하여 필요한 정보들을 얻을 수가 있는 것이다.

[그림 1-24] 야후의 카테고리

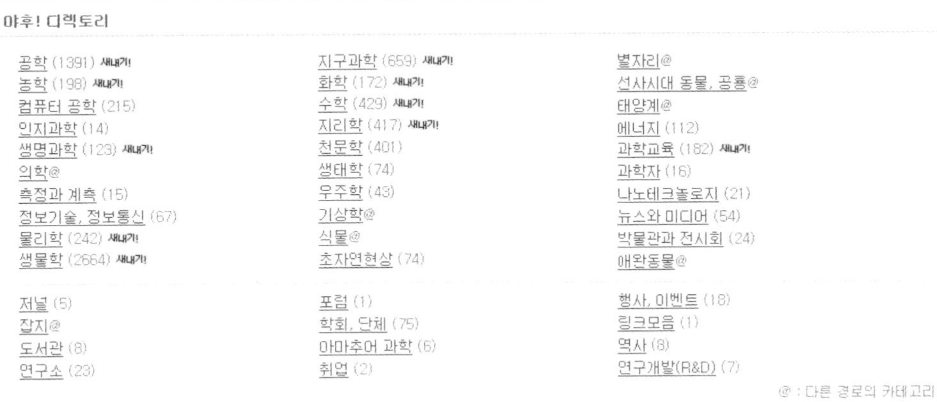


[그림 1-25] 야후의 자연과학 하위 카테고리

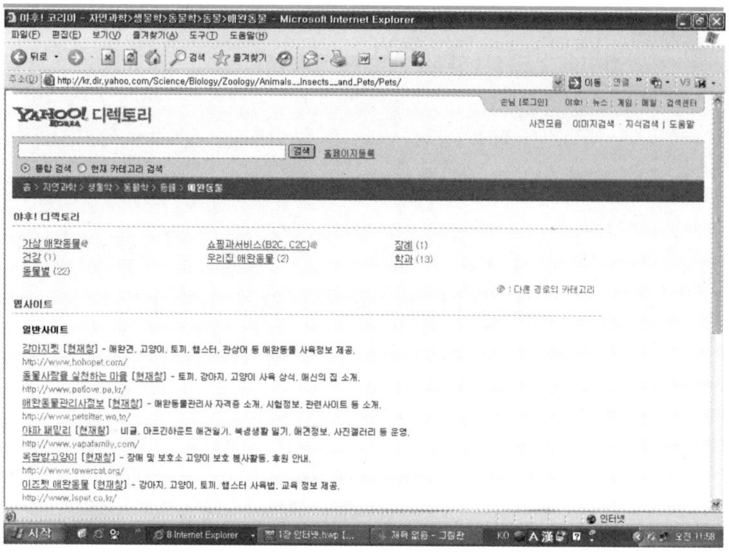


[그림 1-26] 야후의 하위 카테고리 항목 내용

특히 하위 카테고리 내에서도 검색어를 이용한 검색도 가능하기 때문에 카테고리와 검색어를 통한 검색을 같이 사용하면 더 좋은 검색 결과를 얻을 수가 있다.

### 3.3.2 검색어와 연산자를 이용한다.

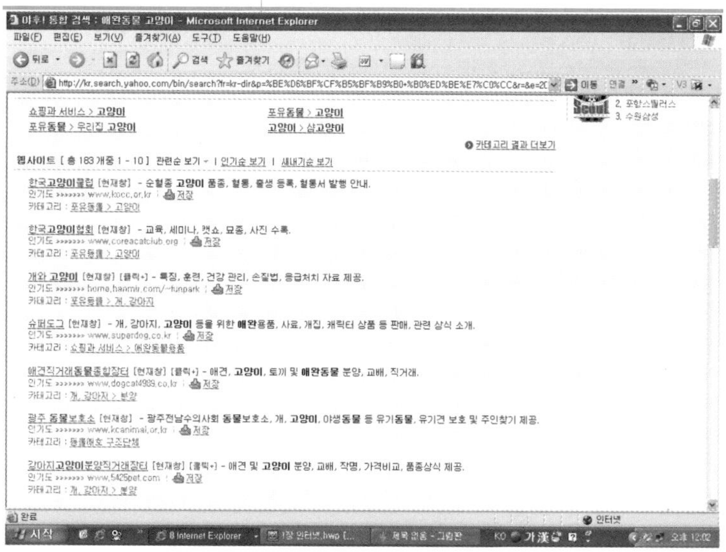


[그림 1-27] "애완동물 고양이"로 검색한 결과 화면

대부분의 검색엔진들이 검색어에 대한 논리 연산자(AND, OR, NOT) 기능을 지원하고 있다. 그렇기 때문에 사용자가 "애완동물이면서 고양이가 들어간 사이트"와 같은 조건이 들어 있는 검색도 가능하며, 이러한 검색을 통하여 훨씬 정확한 검색을 할 수가 있다.

야후에서는 검색어를 띄어쓰기로 표현한 경우에는 AND 연산자로 인식하기 때문에 검색란에 "애완동물 고양이"라고 입력하면 "애완동물"과 "고양이"라는 단어가 함께 들어 있는 사이트들

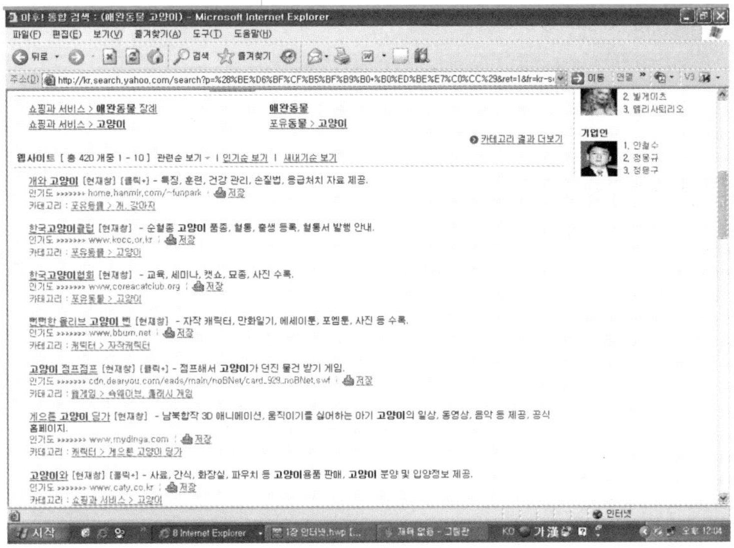

[그림 1-28] (애완동물 고양이)로 검색한 결과 화면

을 모두 제공해 준다. 만약에 "애완동물 또는 고양이"에 관련된 정보를 찾고자 할 경우에는 OR 연산자를 사용하면 되는데 야후에서는 "(애완동물 고양이)"라고 입력해 주면 "애완동물"과 "고양이" 중 어느 한 단어라도 있으면 관련된 사이트들을 모두 제공해 준다.

연산자 검색에 있어서 AND와 OR를 혼합해서 사용할 수도 있다. 예를 들어 애완동물과 판매 두 단어 중 한 단어라도 들어가면서 고양이라는 단어가 들어가는 사이트를 찾고자 하는 경우이다. 즉 우리가 찾고자 하는 사이트는 "(애완동물 OR 판매) AND 고양이"라는 조건을 만족하는 사이트인 것이다. 이러한 조건을 검색하고자 할 경우에는 야후에서는 { } 기호를 사용하여 {(애완동물 판매)고양이}라고 검색란에 입력해주고 검색을 하면 된다.

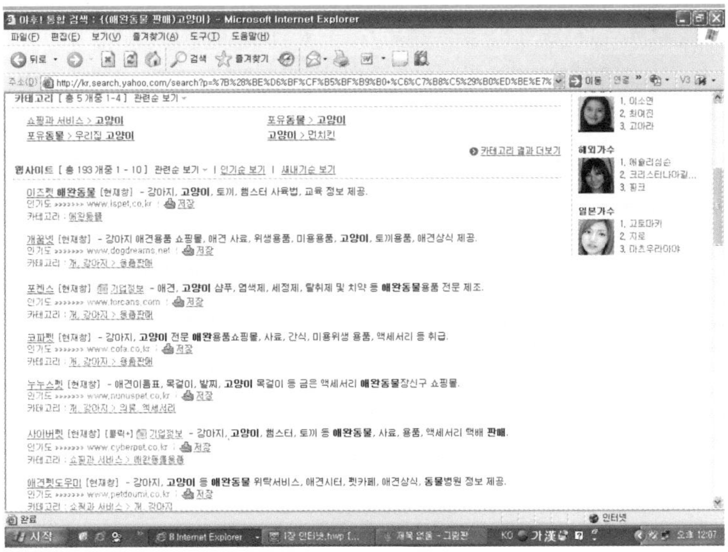

[그림 1-29] {(애완동물 판매)고양이}로 검색한 결과 화면

그리고 특정한 사이트를 제외하고 싶은 경우에는 -를 검색어 앞에 입력해 준다. 예를 들어 판매가 들어가지 않는 애완동물과 고양이와 관련된 사이트를 검색하고자 할 경우에는 "애완동물-판매 고양이"라고 입력해 주면 된다.

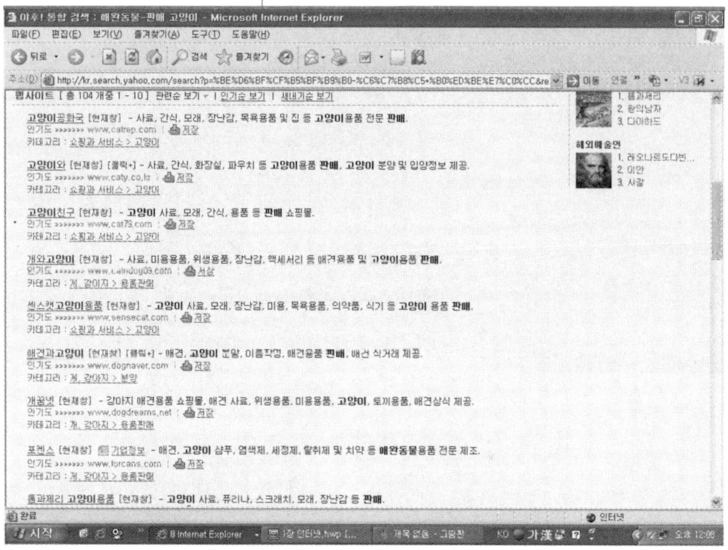


[그림 1-30] 애완동물-판매 고양이로 검색한 결과 화면

이 이외에도 연산자를 이용하여 검색하는 데에는 다양한 방법들이 있는데 이러한 검색 방법들은 검색엔진이 제공하는 도움말을 통하여 참고할 수가 있다.

검색엔진을 이용한 정보 검색 사이트의 사용법들을 살펴보았다. 검색엔진을 이용하여 정확한 검색을 하고자 하려면 우리는 무엇보다도 검색엔진이 제공하는 특징을 잘 파악하고 활용하여야 할 것이며, 검색하고자 하는 키워드를 잘 파악해야 입력할 때에 불필요한 정보들을 가능한 한 줄일 수가 있을 것이다.

일반적으로 정보검색에 있어서 찾고자 하는 분야가 명확할 경우에는 주제별 검색을, 특정한 단서가 주어질 경우에는 단어별 검색을 실시하는 것이 좋다. 또한 검색엔진에 따라 단어별 검색 기능이 우수한 엔진이 있을 수 있고, 주제별 검색이 우수한 검색엔진이 있기 때문에 검색엔진의 특성을 잘 고려하면서 이용하는 것이 좋다.

주제별 검색에 많이 이용되는 검색엔진으로는 Yahoo가 있으며, 단어별 검색에 많이 이용되는 검색엔진으로는 Google이나 AltaVista가 있다.

# 4 Internet Explorer

인터넷에서 자신이 원하는 웹 문서가 저장되어 있는 특정한 서버에 접속하여 필요한 문서를 요청하고, 요청한 웹 문서를 컴퓨터 화면을 통하여 볼 수 있도록 제공해 주는 프로그램이 웹 브라우저이다. 이러한 웹 브라우저로 많이 사용하고 있는 것으로 마이크로 소프트사의 Internet Explorer와 넷스케이프사의 Netscape Navigator이다. 우리는 Internet Explorer를 가지고 웹 브라우저의 기능을 실습해 보기로 한다.

## 4.1 인터넷 익스플로러의 사용

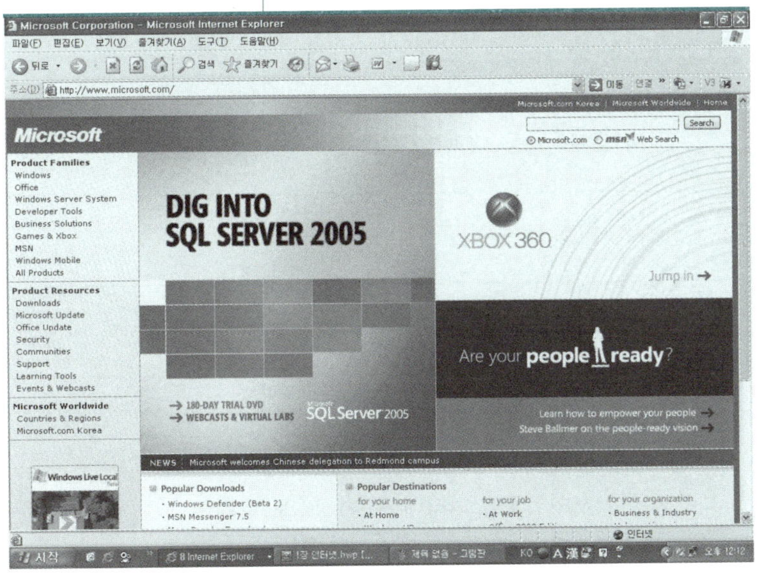


[그림 1-31] 마이크로 소프트 홈페이지 화면

Windows 초기 화면에서 인터넷 익스플로러를 실행하면 그림 1-31과 같은 초기화면이 펼쳐진다. 먼저 초기 화면의 구성을 간단히 살펴보기로 한다. 화면의 맨 윗 부분에는 연결된 웹 사이트의 내용을 나타내 주며, 인터넷 익스플로러에서 실행할 수 있는 다양한 메뉴가 풀다운 방식으로 실행할 수 있게끔 되어 있다.

또한 메뉴 바 아래는 인터넷 익스플로러에서 자주 사용하는 기능들을 편리하게 사용할 수 있도록 따로 모아 놓은 툴 바(tool bar)가 아이콘 형태의 버튼으로 구성되어 있다.

[그림 1-32] 타이틀 바와 메뉴 바

[그림 1-33] 툴 바

[그림 1-34] 주소 입력줄

tool bar의 각 아이콘이 갖고 있는 기능상의 내용들을 보면 다음과 같다.

| tool bar | 내 용 |
|---|---|
|  | 전 페이지로 돌아감 |
|  | 앞 페이지로 돌아감 |
|  | 수신을 중단 |
|  | 현재의 페이지를 다시 나타내 줌 |
|  | 초기 화면으로 돌아감 |
|  | 검색엔진이 모여 있는 마이크로 소프트사의 홈페이지로 이동 |
|  | 즐겨찾기 목록으로 전환 |
|  | 방문한 사이트들을 나타내 주는 히스토리 기능 |
|  | 전자우편이나 뉴스그룹 관련 기능을 제공 |
|  | 현재 화면을 인쇄 |
|  | 펼쳐진 웹페이지를 MS WORD로 편집해 줌 |

그림 1-34는 접속된 웹 사이트의 주소가 나타나는 곳으로 직접 이곳에 원하는 웹 사이트를 입력한 뒤 Enter↵ 키를 누르면 원하는 사이트에 접속이 시작된다.

그러면 실제로 인터넷 익스플로러를 이용하여 특정한 웹 사이트를 접속해 보기로 한다.

먼저 미국의 유명한 만화영화사인 월트 디즈니사의 홈페이지 웹 사이트인 (http://www.disney.com)과 우리나라의 유명한 놀이 동산인 에버랜드의 웹 사이트인 (http://www.everland.com)을 화면의 URL 주소 입력란에 입력하면 월트 디즈니사와 에버랜드의 홈페이지에 접속이 된다.

그런데 웹 사이트의 입력은 URL 주소 입력 줄에만 입력해야만 하는 것이 아니고 파일-열기 명령을 실행한 다음, 열기 대화상자에 웹 주소를 입력하고, "확인" 버튼을 클릭하거나 Enter↵ 키를 눌러도 접속이 가능하다.

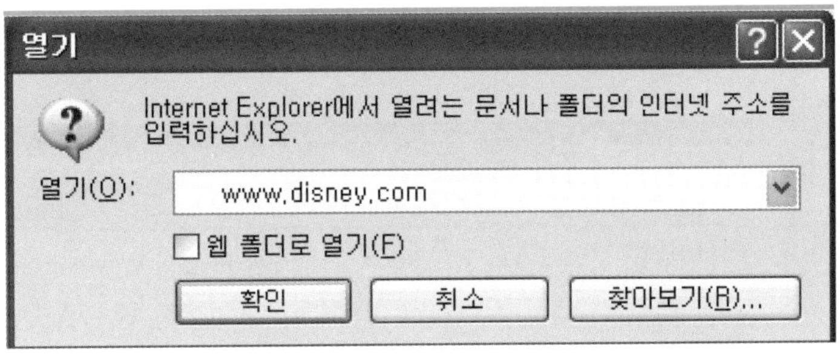


[그림 1-35] 열기 대화상자

[그림 1-36] 월트 디즈니사의 홈페이지

[그림 1-37] 에버랜드의 홈페이지

## 4.2 기록(History) 이용하기

인터넷 익스플로러를 이용하여 방문하였던 웹 사이트의 주소는 일정한 기간동안 기억해 두는 기능이 있어 이 기능을 이용하여 이전에 방문하였던 사이트를 쉽게 찾아갈 수가 있다.

기록보기를 이용하기 위해서는 도구상자 막대의 "기록" 버튼을 클릭하면, 웹 페이지 화면의 왼쪽 창에 열어본 웹 사이트의 목록들이 시간 순으로 나타나 찾고자 하는 사이트의 주소를 선택하고 클릭하면 된다.

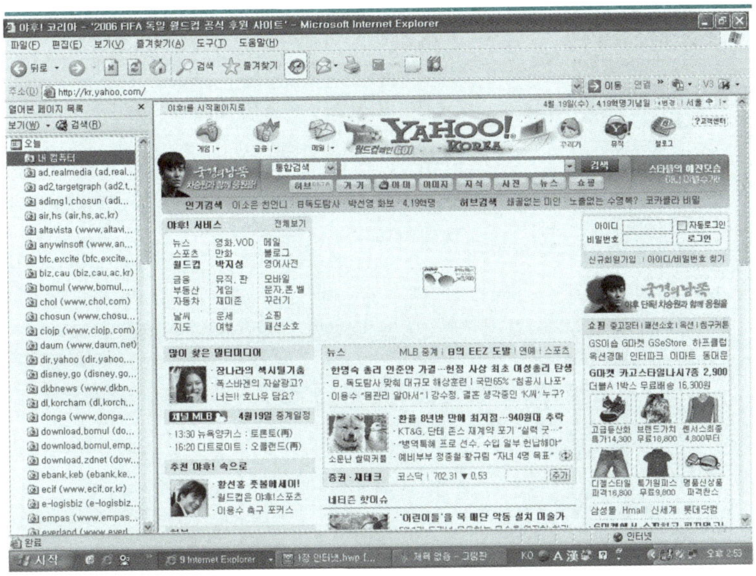

[그림 1-38] 기록보기 이용화면

## 4.3 즐겨찾기

웹 브라우저를 이용하여 자신이 한번 검색한 웹 사이트의 홈페이지를 다음 기회에 다시 검색하고자 할 경우, 그때마다 웹 사이트의 URL을 새롭게 입력하는 것은 번거로운 작업이 될 수 있다. 인터넷 익스플로러에서는 이와 같이 한번 검색한 웹 사이트의 URL을 등록해 놓으면 매번 웹 사이트의 URL을 입력하는 불편함 없이 쉽게 접속할 수 있는 기능으로서 즐겨찾기라는 기능이 있다.

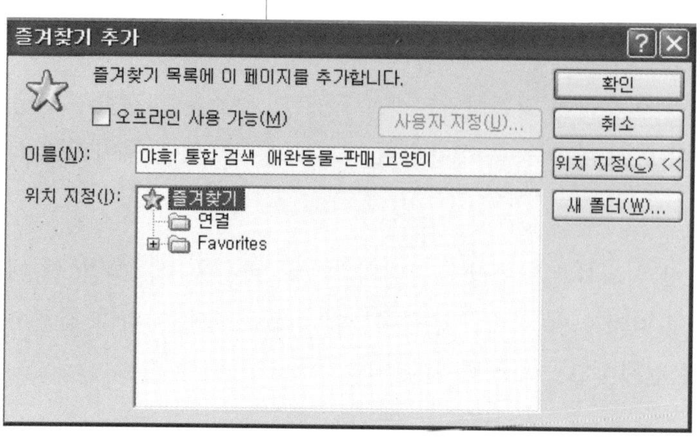


[그림 1-39] 즐겨찾기 추가 대화상자

즐겨찾기 기능을 이용하기 위해서는 먼저 원하는 URL 주소를 즐겨찾기에 등록시켜야 한다. URL 주소의 등록을 위해서는 원하는 웹 사이트의 홈페이지가 펼쳐진 화면에서 즐겨찾기-즐겨찾기에 추가 명령을 실행한다. 즐겨찾기 추가 대화상자에 URL이 입력된 상태에서 "확인" 버튼을 누르면 웹 사이트의 URL 주소가 즐겨찾기에 등록이 되는 것이다.

그런데 즐겨찾기에 너무 많은 URL 주소들을 등록해 놓으면 자신이 등록한 URL 주소를 찾는 것이 오히려 불편한 작업이 될 수도 있다. 그렇기 때문에 공통적인 관련성을 갖고 있는 URL 주소는 폴더를 작성하여 그 폴더 안에 관련 있는 URL들을 지정해 줌으로써 편리하게 주소를 관리할 수가 있다.

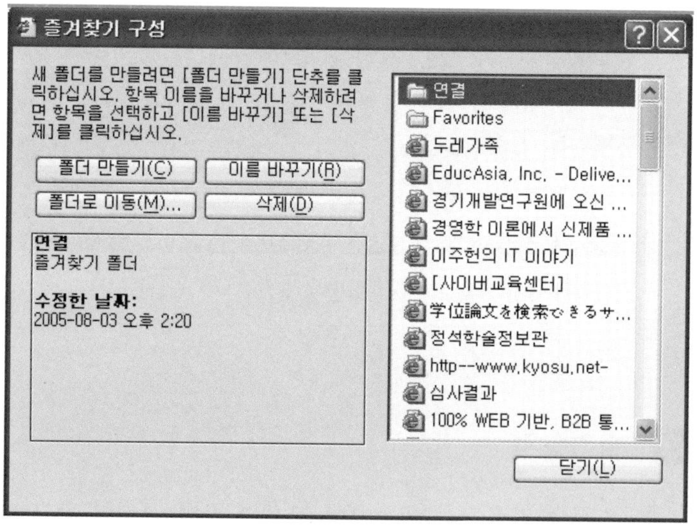


[그림 1-40] 즐겨찾기 구성 대화상자

이러한 폴더를 작성하기 위해서는 즐겨찾기-즐겨찾기 구성 명령을 실행하여, 즐겨찾기 구성 대화상자에서 "폴더 만들기" 버튼을 클릭하면 새 폴더가 만들어져,

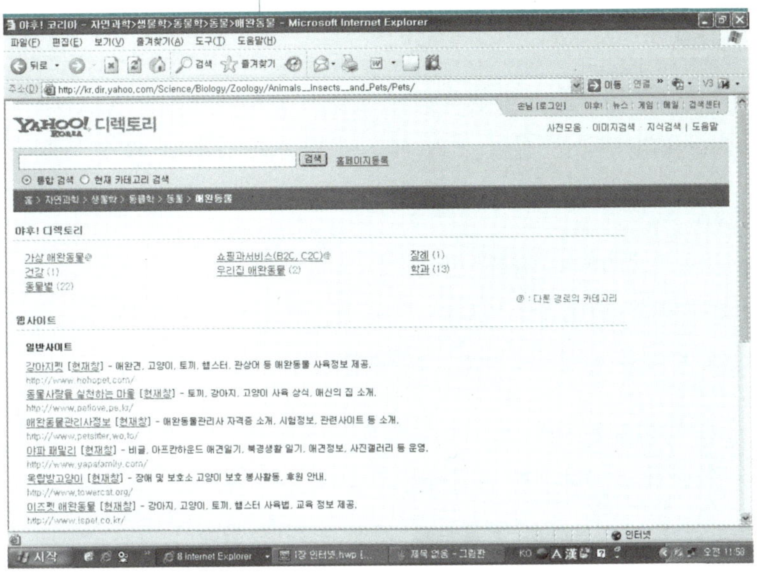

[그림 1-41] 즐겨찾기를 이용한 사이트의 접속화면

원하는 폴더의 이름으로 변경한 다음, "폴더로 이동" 버튼을 누른다.

그러면 폴더 찾아보기 대화상자가 펼쳐져 원하는 폴더로 URL 주소를 마우스로 드래그 하여 이동해 주면 된다.

즐겨찾기에 등록된 URL 주소를 웹 브라우저 화면에 펼치고자 할 경우, "즐겨찾기" 아이콘을 클릭하면 그림 1-41과 같은 화면이 펼쳐지며, 화면 왼쪽 창에 나타나는 등록 주소들 중에서 마우스를 이용하여 원하는 URL을 클릭하면 선택한 사이트로 접속이 가능하게 된다.

## 4.4 즐겨찾기 주소표시 창을 통한 사이트 접속

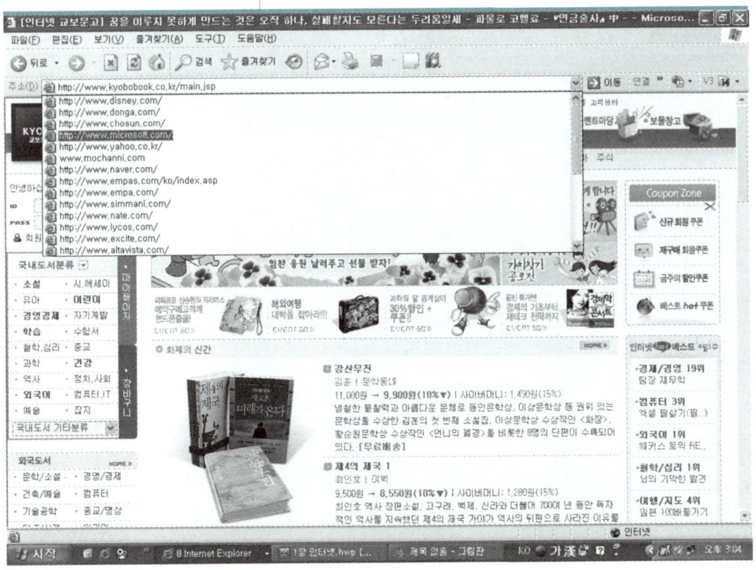

[그림 1-42] 주소 표시창의 드롭다운 버튼을 이용 화면

주소표시 창에 URL 주소를 입력하여 특정한 사이트에 접속할 경우, 일정기간 동안 URL 주소가 주소표시 창에 기록이 되어 나타난다. 그렇기 때문에 최근에 방문한 사이트를 연결하고자 할 경우, 주소표시 창의 드롭다운 아이콘을 클릭하여 접속하고자 하는 URL 주소가 나타나면 URL 주소를 선택하여 접속하면 된다.

## 4.5 수집한 정보의 저장

인터넷과의 접속을 끊어도 웹 브라우저 프로그램을 종료하지 않으면, 접속 중에 열어 놓은 사이트들의 정보는 살아 있기 때문에 다음과 같은 조작 중 하나를 이용하여 사이트를 펼칠 수가 있다.

1. 인터넷 익스플로러 툴 바의 "뒤로" 아이콘을 클릭한다.
2. 인터넷 익스플로러의 URL 주소입력란 끝에 있는 드롭다운 버튼을 클릭하여 나타나는 URL 주소들 중에서 원하는 사이트를 클릭한다.

하지만 이와 같은 방법들은 어디까지나 일시적인 저장 방법으로서, 웹 페이지에 있는 내용들을 확실하게 저장하기 위해서는 다음과 같이 저장하여야 한다.

인터넷 익스플로러의 **파일-다른 이름으로 저장** 명령을 실행한 다음, 웹 페이지 저장 대화상자에 파일의 형식을 html로 입력하고 원하는 파일이름으로 저장한다.

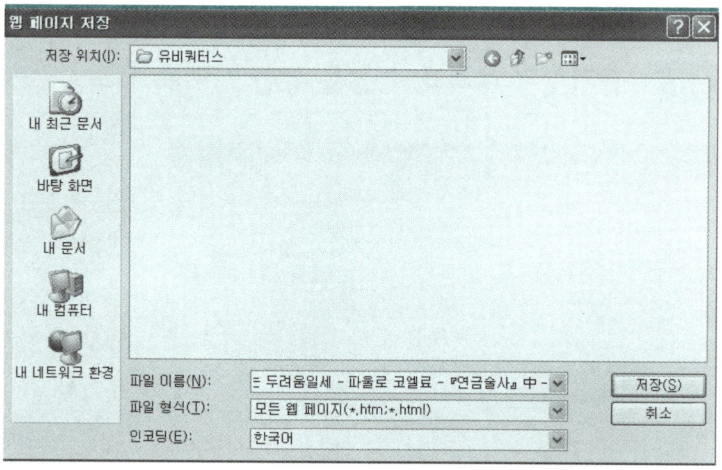


[그림 1-43] 웹 페이지 저장 대화상자

저장된 파일을 펼치고자 할 경우에는 보통 파일과 마찬가지로 **파일-열기** 명령을 선택한다.

또한 웹 페이지 상의 그림이나 사진과 같은 이미지만을 별도로 저장하기 위해서는 저장을 하고자 하는 그림 위에 마우스의 포인터를 이동한 다음, 오른쪽 버튼을 눌러

"다른 이름으로 그림 저장" 명령을 선택하고 그림저장 대화상자에 원하는 파일 이름을 지정한 뒤 "저장" 버튼을 클릭한다.

## 4.6 익스플로러의 환경설정

인터넷 익스플로러를 사용자가 이용하기 위하여 자신의 컴퓨터나 네트워크 환경에 맞도록 설정하고 사용하여야만 한다. 익스플로러를 사용하기 위한 일반적인 웹 환경설정은 보기–인터넷 옵션 명령을 실행한다.

### 4.6.1 시작 페이지의 설정

인터넷에 접속하기 위하여 웹 브라우저 프로그램을 실행했을 때, 제일 먼저 펼쳐지는 사이트를 설정해 주는 기능이다. 따라서 자신이 자주 사용하는 특정한 사이트를 지정해 주는 것이 좋다.

인터넷 옵션 대화상자의 일반 탭에서 홈페이지 주소 입력란에 원하는 웹 사이트의 URL 주소를 입력해 주면 된다.

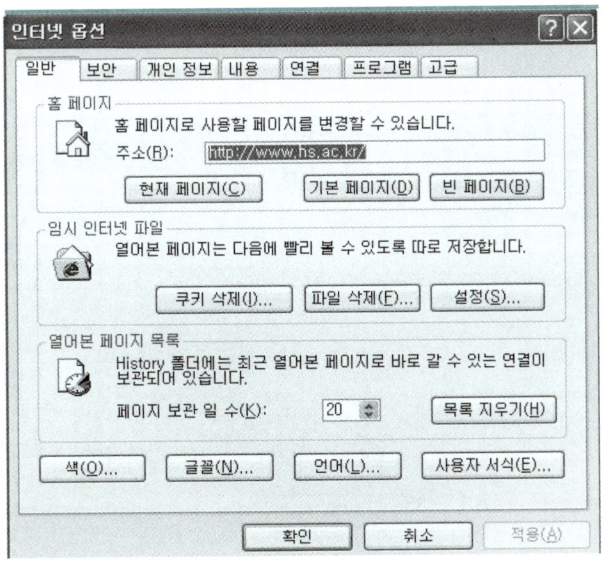


[그림 1-44] 인터넷 옵션 대화상자

### 4.6.2 캐쉬(Cache)기능의 설정

캐쉬기능을 설정하면 자주 접속하는 특정한 사이트의 자료를 하드디스크에 저장하고 있다가 사용자가 다시 그 사이트에 접속하려면 네트워크를 이용하여 새로 접속하지 않고 하드디스크의 자료를 펼쳐서 빠르게 볼 수 있게 해주는 기능이다.

인터넷 옵션 대화상자의 일반 탭에서 임시 인터넷 파일의 "설정"을 클릭하고, 설정 대화상자의 "저장한 페이지의 새 버전 확인" 방법과 임시 인터넷 파일 폴더에서 캐쉬로 사용할 디스크 공간을 할당해준다.

기본적으로는 디스크 용량의 3%를 사용하도록 설정되어 있는데, 자신의 디스크 용량에 따라서 조정이 가능하다.

### 4.6.3 열어본 페이지 목록(History)의 설정

최근 방문하였던 사이트의 주소를 기억해 주는 설정으로서 기본적으로 20일 동안 자신이 방문한 사이트들의 페이지를 보관해 준다.

인터넷 옵션 대화상자의 열어본 페이지 목록에서 페이지 보관일수를 지정해 주면 된다.

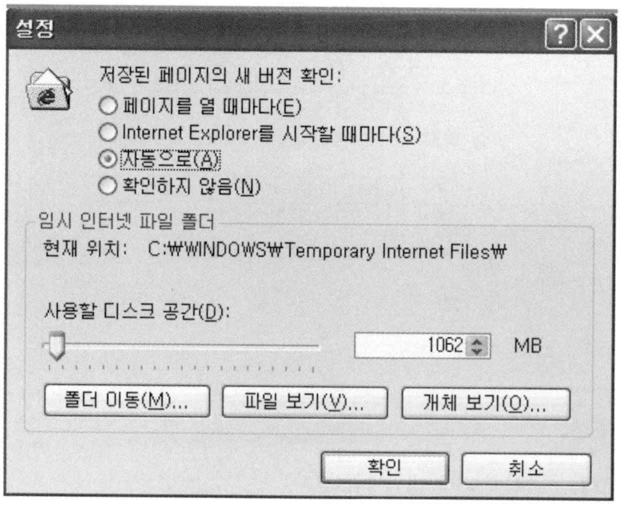


[그림 1-45] 설정 대화상자

Chapter 2

# e-Mail

# 1 e-Mail

우리들이 오늘날 편리하게 사용하는 e-메일이 기존의 우편, 전화, 팩시밀리와 같은 정보전달 방법과 다른 점이 있다면 전달되어지는 정보가 디지털이라는 것이다. e-메일은 편지, 사진, 숫자데이터 등의 정보를 눈에 보이는 형태로 보낼 수가 있다. 그런 점에서는 우편이나 팩시밀리와 비슷하다고 하겠다. 그렇지만 e-메일을 이용한 정보는 우편, 팩시밀리와 같이 종이에 써넣은 단순한 이미지가 아니라 컴퓨터의 데이터로서 주고받는 것을 말한다.

이와 같이 e-메일은 컴퓨터 네트워크를 통하여 다른 네트워크의 이용자와 편지를 주고받는 것으로서 다음과 같은 장점이 있다.

- 상대방이 자리에 없어도 송신이 가능하며, 송신하는 시간대에 관계없이 커뮤니케이션이 가능하다.
- 송신하는 내용이 많을 경우 전화요금보다 비용이 적게 든다.
- FAX와 비교하여 정보를 재이용하기가 쉽다.
- 일반 편지와 다르게 전송하는 거리와 관계없이 도착 시간의 차이가 거의 없다는 점 등이다.

## 1.1 Outlook Express

아웃룩 익스프레스는 마이크로소프트사에서 제공하는 프로그램으로서 웹 브라우저인 인터넷 익스플로러에 포함되어 있는데, 우리가 아웃룩 익스프레스를 실행하기 위해서는 윈도우 초기 화면에서 아웃룩 익스프레스 단축 아이콘을 클릭 하거나 시작-인터넷 익스플로러-아웃룩 익스프레스 명령을 실행하면 된다.

또한 인터넷 익스플로러 화면상에서 그림 2-1과 같이 "메일" 아이콘을 클릭하여 메일 읽기를 선택하여도 된다.

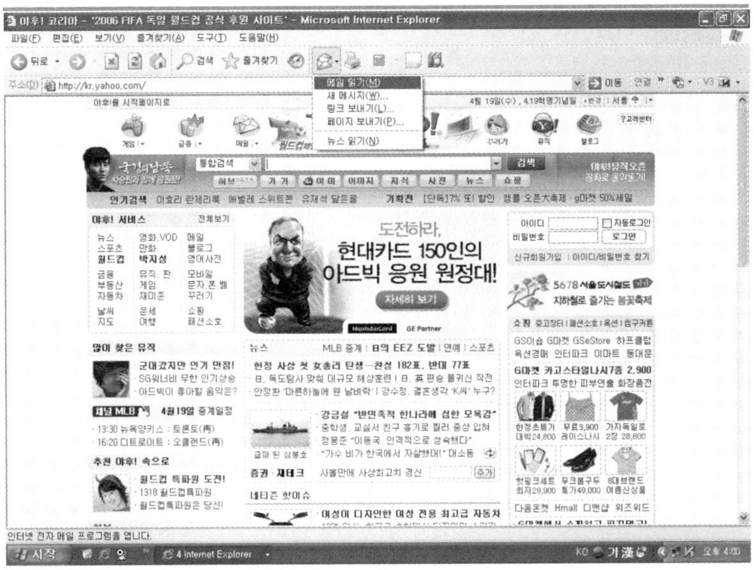


[그림 2-1] 아웃룩 익스프레스의 실행

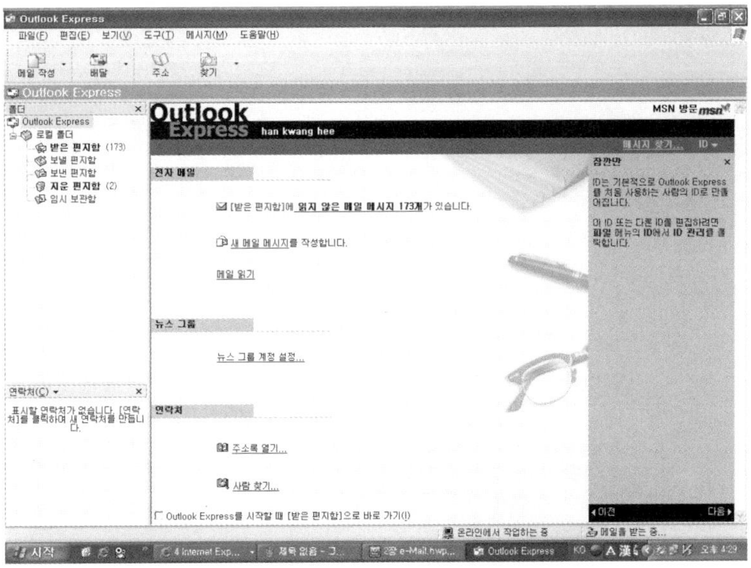


[그림 2-2] 아웃룩 익스프레스 초기화면

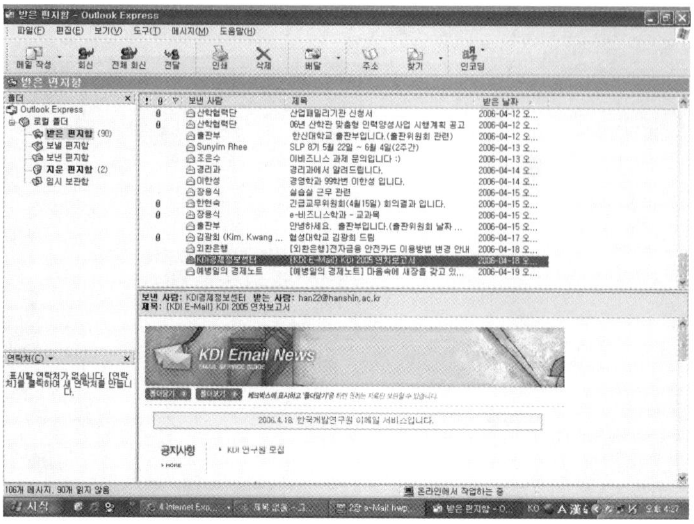


[그림 2-3] 아웃룩 익스프레스 화면

다음은 아웃룩 익스프레스 초기화면에 있는 tool bar를 나타내는 것으로서, 하나하나의 기능을 살펴보기로 한다.

[그림 2-4] 아웃룩 익스프레스의 tool bar

| tool bar | 내 용 |
|---|---|
|  메일 작성 | 상대방에게 편지를 작성하기 위하여 사용하는 버튼 |
|  회신 | 현재 펼쳐 놓은 편지에 대한 답장을 보낼 때 사용하는 버튼 |
|  전체 회신 | 다수의 상대방에게 편지를 작성하기 위하여 사용하는 버튼 |
|  전달 | 현재 펼쳐 놓은 편지를 다른 사람에게 전송할 때 사용하는 버튼 |
|  인쇄 | 현재 펼쳐 놓은 편지를 인쇄하고자 할 때 사용하는 버튼 |

계속

| | |
|---|---|
| 삭제 | 현재 펼쳐 놓은 편지를 삭제하고자 할 때 사용하는 버튼 |
| 배달 | 현재 작성한 편지를 전송하고자 할 경우에 사용하는 버튼 |
| 주소 | 주소록에 등록된 주소를 사용하고자 할 때 사용하는 버튼 |
| 찾기 | 우편함에 있는 특정한 편지를 찾고자 할 때 사용하는 버튼 |

## 1.2 Outlook Express를 위한 환경설정

아웃룩 익스프레스의 메일기능을 이용하려면 메일과 관련된 환경설정을 해주어야 한다. 이와 같은 환경설정은 아웃룩 익스프레스 화면에서 도구-계정 명령을 선택한다.

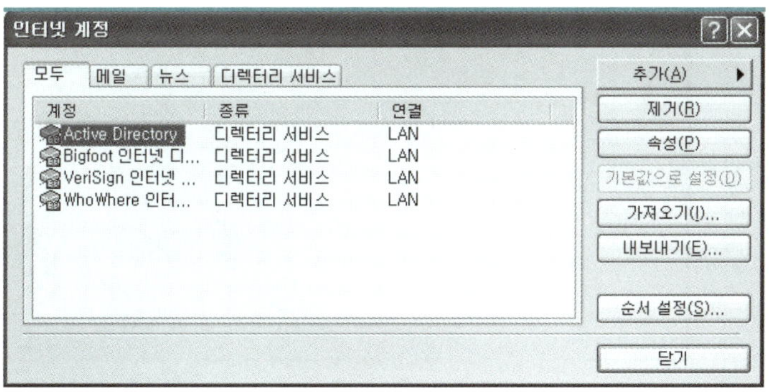


[그림 2-5] 인터넷 계정 대화상자

인터넷 계정 대화상자의 "추가" 버튼을 클릭하여 나타나는 항목 중에서 "메일"을 선택하면 인터넷 연결 마법사 1단계 대화상자가 나타나 사용자의 이름을 입력해 준다.

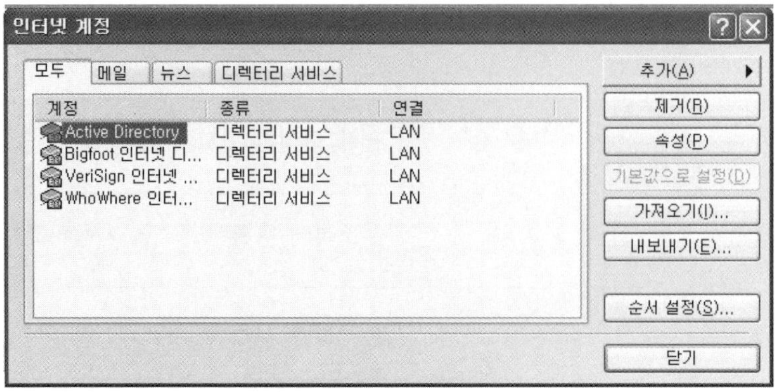


[그림 2-6] 인터넷 연결 마법사 1단계

인터넷 연결 마법사 2단계 화면에서는 자기가 속한 통신망이나 직장에서 발급해준 전자우편 주소를 입력한다.

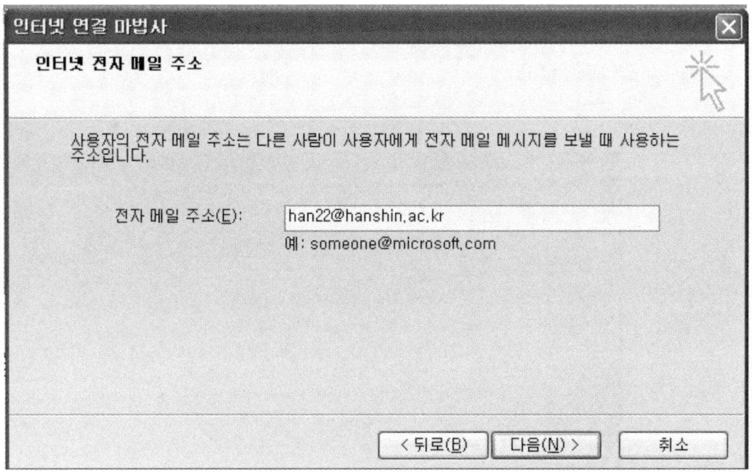


[그림 2-7] 인터넷 마법사 2단계

인터넷 연결 마법사 3단계에서는 자신이 접속하는 전자우편 서버에 관한 환경을 설정하는 것으로서 국내에서 사용되는 인터넷서비스는 모두 POP3을 지원하므로 POP3을 설정해준다. 그리고 받는 메일과 보내는 메일 서버의 도메인 네임을 입력하는데 일반적으로 받는 메일과 보내는 메일의 서버는 같은 경우가 대부분이다.

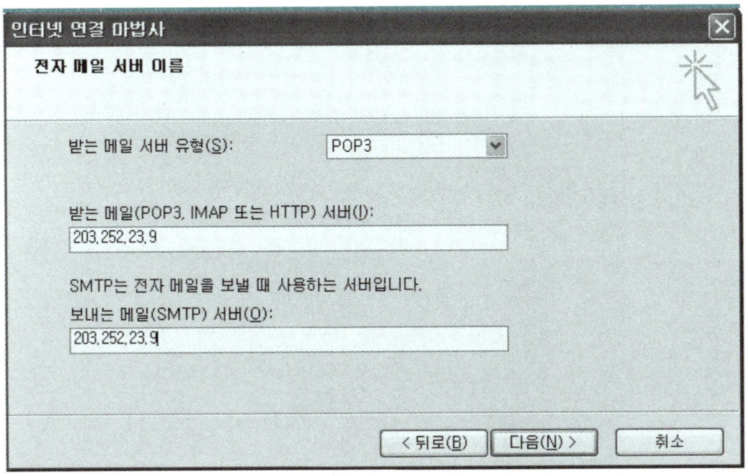


[그림 2-8] 인터넷 마법사 3단계

## 쉬어가기

### POP3(Post Officer Protocol 3)

전자 수신을 담당한다. 즉 메일을 전달하는 기능이다.

자신에게 온 편지를 조회해 볼 때 필요하다.

사용자의 전자메일 계정이 등록되어 있는 호스트명이 문자로 된 도메인 네임 형식으로 기입한다.

### SMTP(Simple Mail Transport Protocol) 서버

POP3와 반대로 남에게 편지를 보낼 경우에 그 일을 수행해 줄 호스트 컴퓨터 이름이다.

POP3 서버와 동일한 것이 대부분이다.

### POP3 계정

POP3 계정은 POP3 서버에 등록된 사용자 ID와 동일하며 암호를 입력해야만 한다.

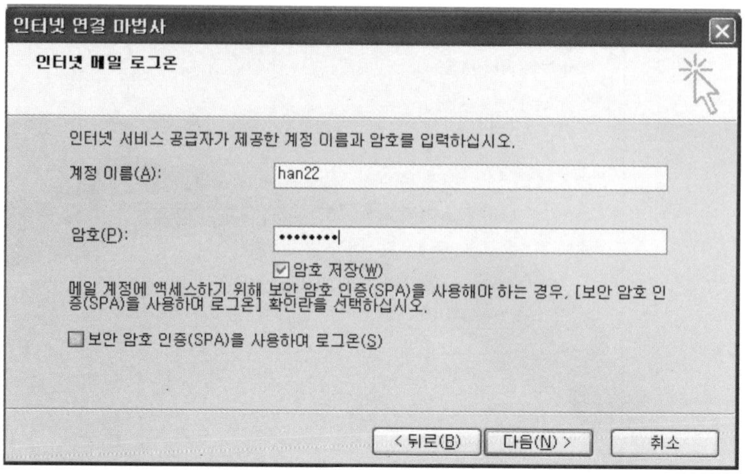


[그림 2-9] 인터넷 연결 마법사 4단계

인터넷 연결 마법사 4단계 화면에서는 자신의 계정이름과 암호를 입력한다.

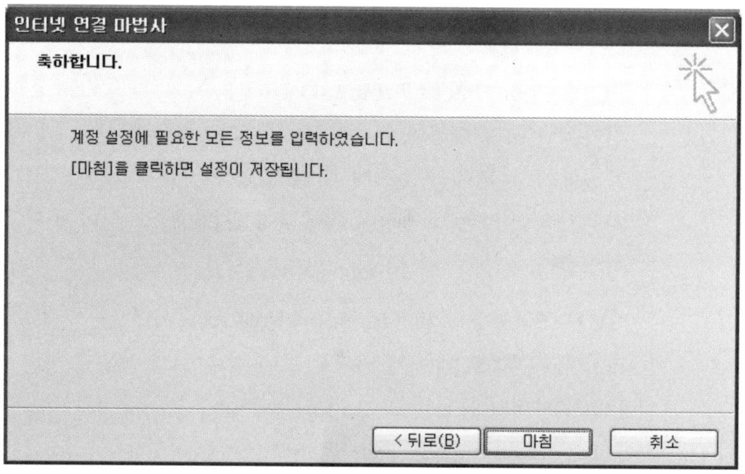


[그림 2-10] 인터넷 연결 마법사 5단계

인터넷 연결 마법사 5단계 화면에서 "마침" 버튼을 누르면 입력한 내용이 설정되어 메일의 사용이 가능하게 된다.

## 1.3 Outlook Express를 이용한 e-메일의 송신

아웃룩 익스프레스를 이용하여 메일을 작성한 다음, 전자우편으로 보내고자 하려면 아웃룩 익스프레스 화면상에서 "새 메일" 아이콘을 클릭한다. 그러면 e-메일을 작성할 수 있는 화면이 펼쳐진다.

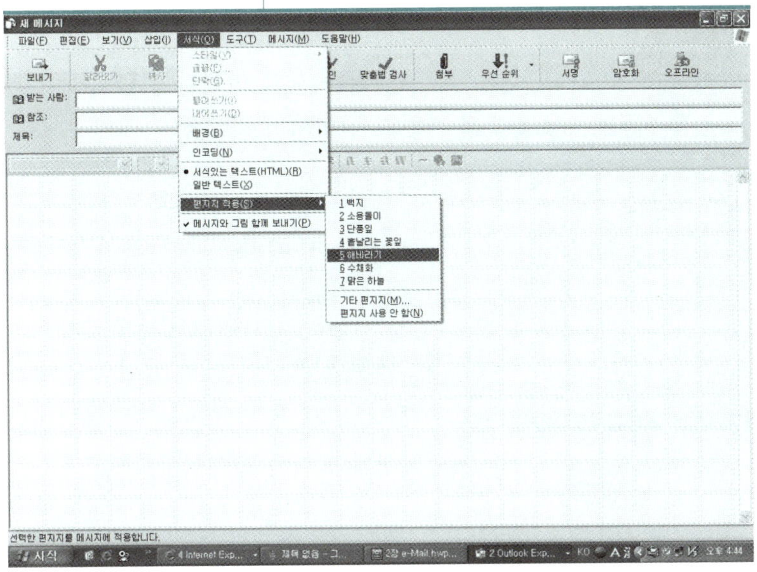

[그림 2-11] 편지지 배경무늬의 선택

그런데 아웃룩 익스프레스에서 메일을 작성할 경우 메일을 작성하고자 하는 편지지에 특정한 디자인 무늬를 삽입하여 작성할 수도 있다. 작성하고자 하는 편지지에 편지지 디자인을 설정하기 위해서는 새 메일 아이콘의 드롭다운 버튼을 눌러서 원하는 형태의 편지지 디자인을 지정해 주면 지정한 무늬의 편지지가 만들어진다.

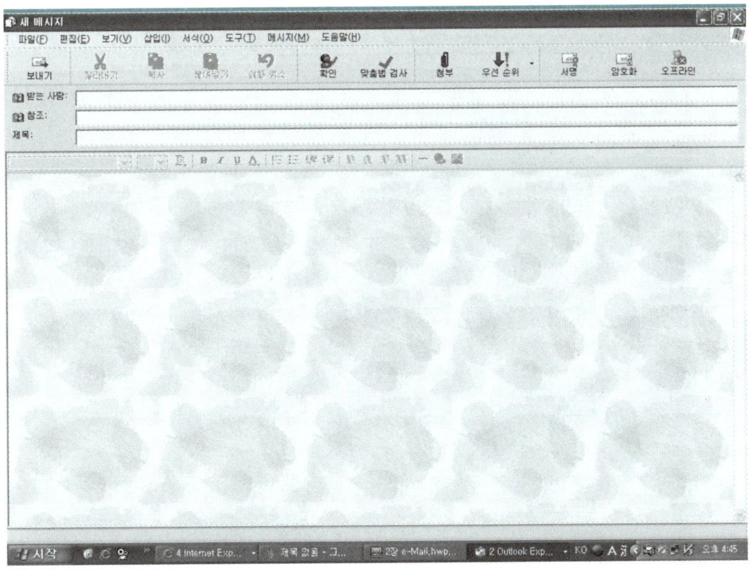

[그림 2-12] e-메일 송신을 위한 1단계

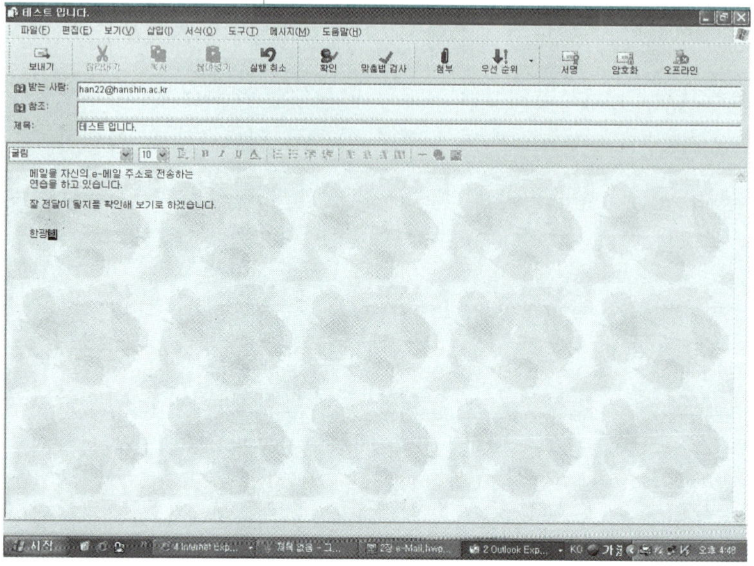

[그림 2-13] e-메일 송신을 위한 2단계

이렇게 만들어진 편지지에 받는 사람의 e-mail 주소를 입력하고, 제목 입력란에는 편지의 내용을 의미하는 간단한 제목을 입력한 다음, 마우스의 포인터를 본문 입력란에 클릭하여 본문을 입력하면 된다.

우리는 여기서 자신의 e-mail 주소로 간단한 메일을 작성하여 전송해 보기로 한다.

메일의 작성이 모두 끝났으면 마지막으로 "보내기" 아이콘을 클릭하면 작성된 편지는 전송이 된다.

## 1.4 아웃룩 익스프레스를 이용한 e-메일의 수신

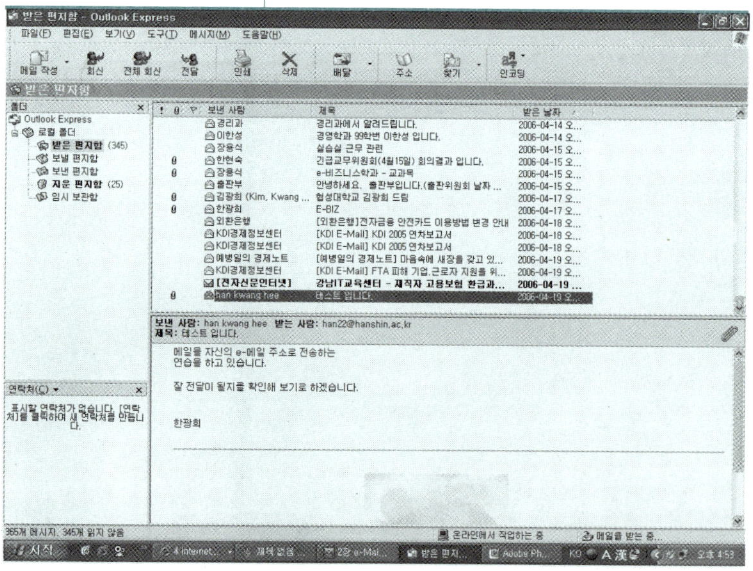

[그림 2-14] 새로운 메시지가 도착된 화면

e-메일의 수신을 실습해 보기 위하여 자신의 e-mail 주소로 전송한 메일을 받아보기로 한다. 아웃룩 익스프레스 화면을 펼치면 받은 편지함에 새롭게 배달된 읽지 않은 편지가 몇 장이 있는지를 나타내준다. 그러면 오른쪽에 표시되어 있는 읽지 않은 메일은 편지봉투가 아직 닫혀 있는 모습으로 나타내주며, 그 편지를 더블클릭해주면 편지의 내용을 펼쳐서 읽을 수가 있는 것이다.

## 1.5 아웃룩 익스프레스를 이용한 e-메일의 답장

자신에게 전송된 메일을 읽은 뒤 상대방에게 답장을 작성하기 위해서는 자신에게 전송된 메일을 펼쳐 놓은 상태에서 “회신” 아이콘을 클릭한다. 그러면 메일의 제목을 입력하는 위치의 앞부분에 자동으로 “Re:” 라는 내용의 제목이 입력되어 있음을 알 수 있다. 이것은 답장을 의미하는 Reply의 약자인 것이다. 또한 편지의 내용을 입력하는 란에도 문장 앞에 수직으로 된 선이 붙어있는 것을 볼 수 있는데 이것은 인용된 문장이라는 것을 알려주는 표시이다.

답장을 입력한 다음, “보내기” 아이콘을 클릭해주면 작성한 답장의 편지가 전송이 된다.

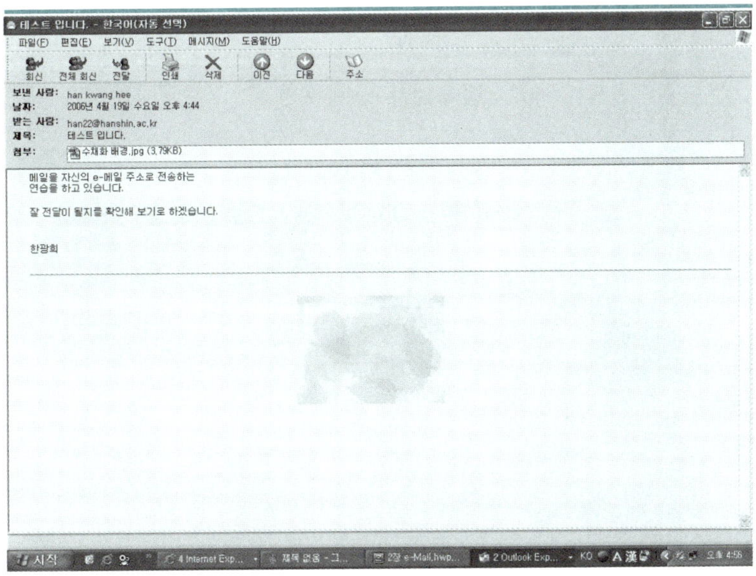


[그림 2-15] 답장 보내기 1단계 화면

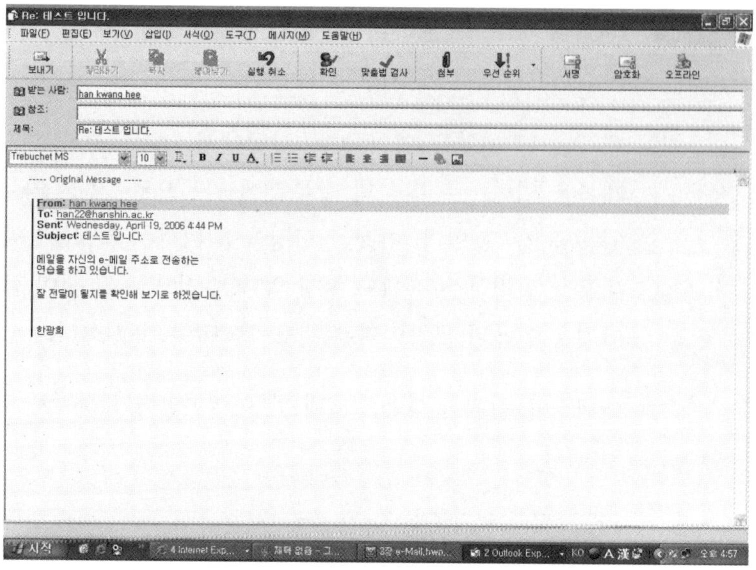


[그림 2-16] 답장 보내기 2단계 화면

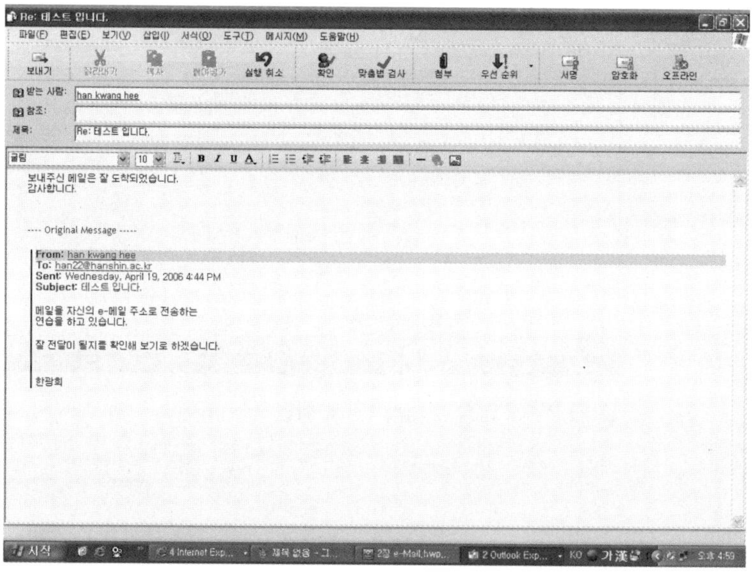


[그림 2-17] 답장 보내기 3단계

## 1.6 아웃룩 익스프레스를 이용한 e-메일의 재전송

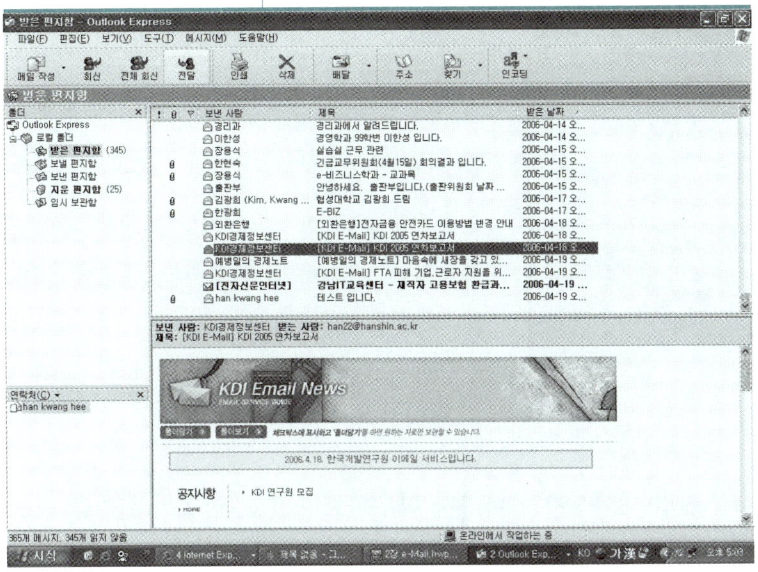


[그림 2-18] 재전송을 위한 1단계 화면

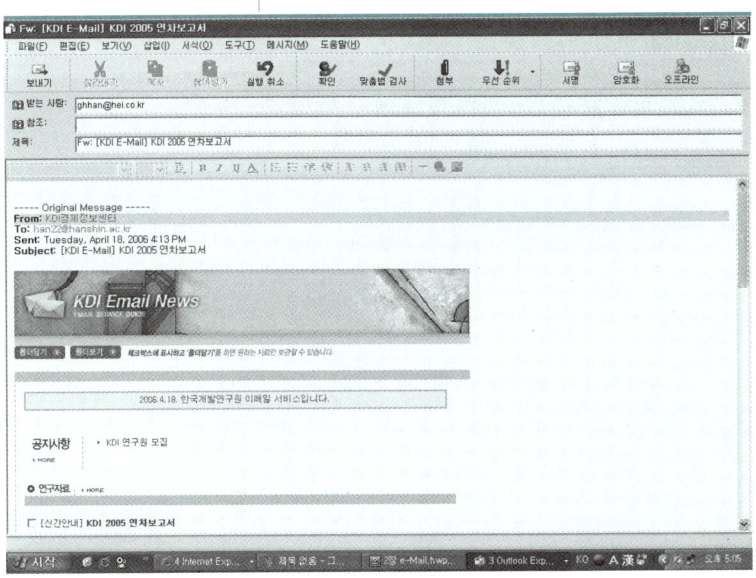


[그림 2-19] 재전송을 위한 2단계 화면

메일의 재전송이란 자신이 다른 사람으로부터 받은 어떠한 내용의 편지를, 또 다른 사람에게 알려주기 위하여 다시 보내야할 필요가 있을 때 이용하는 기능이다. 다른 사람으로 받은 내용을 그대로 다른 사람에게 재전송할 수 있는 정보를 누구나 공유할 수 있다는 측면에서 매우 편리한 기능이라고 하겠다.

자신에게 전송되어 온 메일을 다른 사람에게 재전송하기 위해서는, 재전송하고자 하는 메일을 아웃룩 익스프레스 화면에 펼쳐 놓은 상태에서 "전달" 아이콘을 클릭한다. 그러면 제목 입력란의 제목 앞에 "Fw:"라는 표시가 있는데 이것은 재전송되는 편지라는 것을 의미하는 것이라고 하겠다.

메일을 재전송하고자 하는 사람의 e-mail 주소를 받는 사람 입력란에 입력하고 "보내기" 아이콘을 클릭하면 재전송이 실행된다.

## 1.7 파일을 첨부한 e-메일의 전송

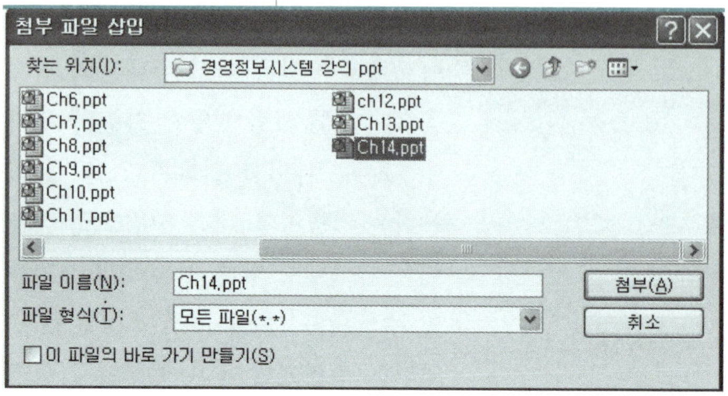


[그림 2-20] 첨부파일 삽입 대화상자

아웃룩 익스프레스를 이용하여 메일을 전송할 경우, 단순한 문서뿐만이 아니고 그림이나 음악과 같은 파일도 메일에 첨부하여 전송할 수 있다.

작성한 메일과 함께 어느 특정한 파일을 첨부하여 전송하기 위해서는 새로운 메일을 작성할 때와 같이 "새 메일" 아이콘을 클릭하여 메일을 작성하고, "첨부" 아이콘을 클릭한다.

그러면 첨부파일 삽입 대화상자가 나타나 첨부하고자 하는 파일의 위치를 지정하여 전송할 파일을 선택한 다음, "첨부" 버튼을 클릭하면 수신자 정보 입력란에 첨부하고자 선택한 파일이 표시된 것을 볼 수가 있다.

첨부할 파일이 표시된 것을 확인한 다음, "보내기" 아이콘을 클릭하면 작성된 메일과 함께 첨부한 파일도 같이 전송이 되는 것이다.

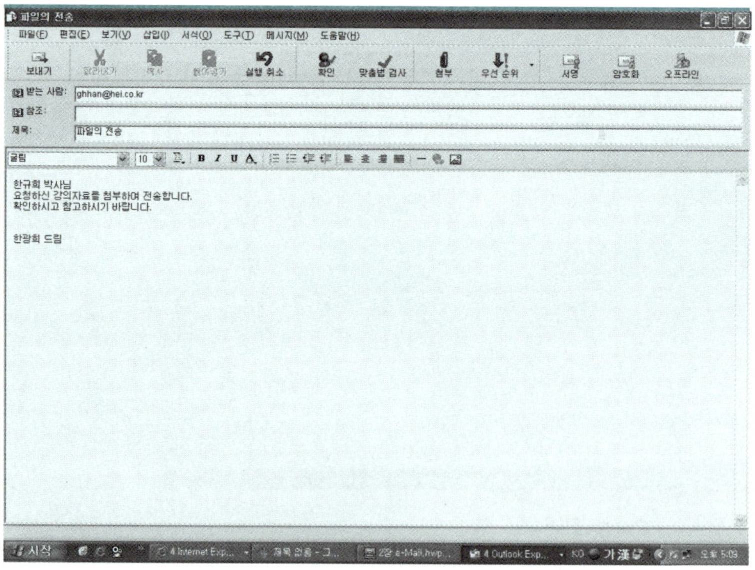


[그림 2-21] 파일 첨부를 위한 e-메일 전송 1단계

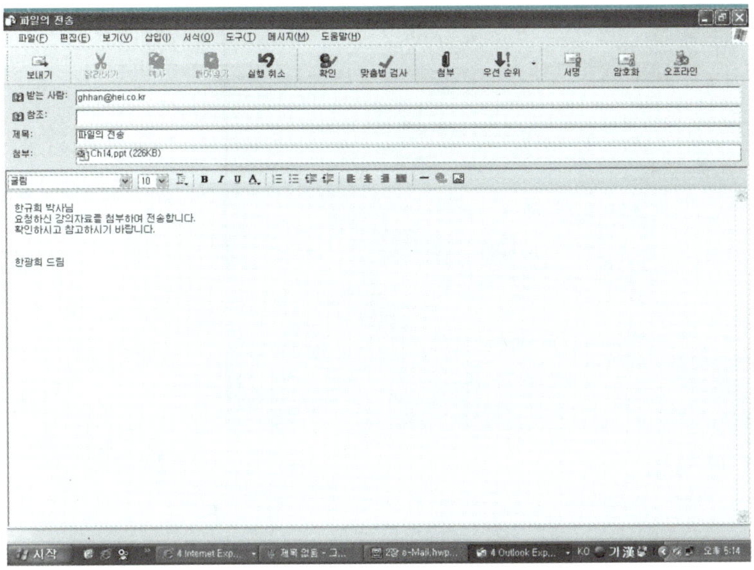


[그림 2-22] 파일 첨부를 위한 e-메일 전송 2단계

## 1.8 주소록 이용하기

아웃룩 익스프레스에서 주소록 이용하기 기능을 이용하면 자주 메일을 전송해야 하는 상대방의 e-메일 주소를 일일이 입력하지 않고도 편리하게 메일을 전송할 수 있다.

주소록을 이용하여 메일을 전송하기 위해서는 아웃룩 익스프레스의 도구-주소

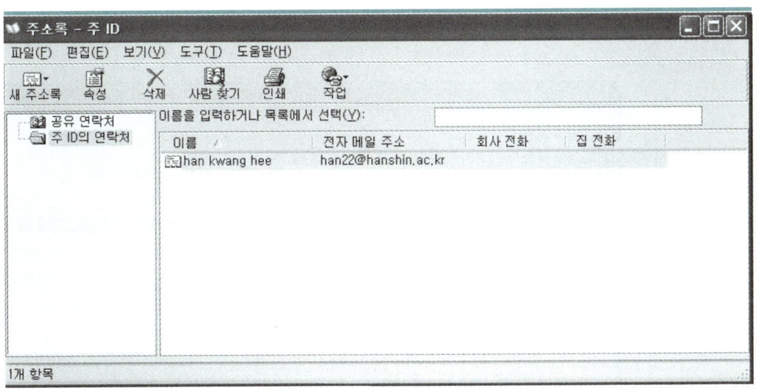


[그림 2-23] 주소록 대화상자

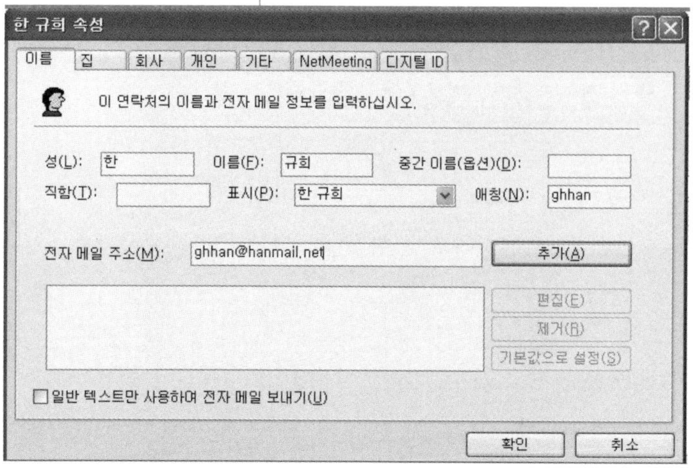


[그림 2-24] 속성 대화상자

록 명령을 실행하여 "새 주소록" 버튼을 클릭한다.

속성 대화상자에 e-메일을 전송할 상대방의 관련 내용을 각 항목에 입력한다.

새로 추가 입력란에 상대방의 e-메일 주소를 입력하고, "추가" 버튼을 클릭한다. 모든 입력이 끝났으면 "확인" 버튼을 클릭한다.

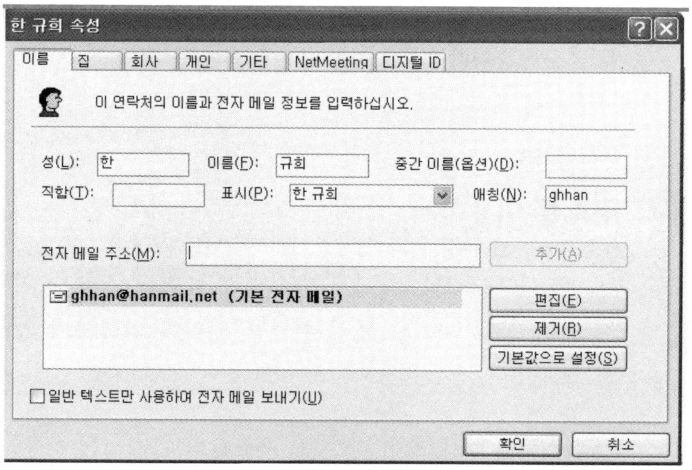


[그림 2-25] 주소록에 설정된 화면

[그림 2-26] 주소록에 등록된 화면

## 1.9 주소록을 이용한 편지 보내기

이미 등록되어 있는 주소록을 이용하여 새로운 메시지를 작성하고자 할 경우, 아웃룩 익스프레스의 "메일 작성" 아이콘을 클릭하고 받는 사람: 을 클릭한다.

받는 사람 선택 대화상자에서 보내고자 하는 사람의 이름을 선택하고 받는 사람(T): -> 버튼을 클릭하면 메시지 받는 사람 항목으로 이동이 된다.

받는 사람 선택 대화상자의 "확인" 버튼을 클릭하면 지정한 사람의 이름이 받는 사람 입력에 입력이 되어 나타난다.

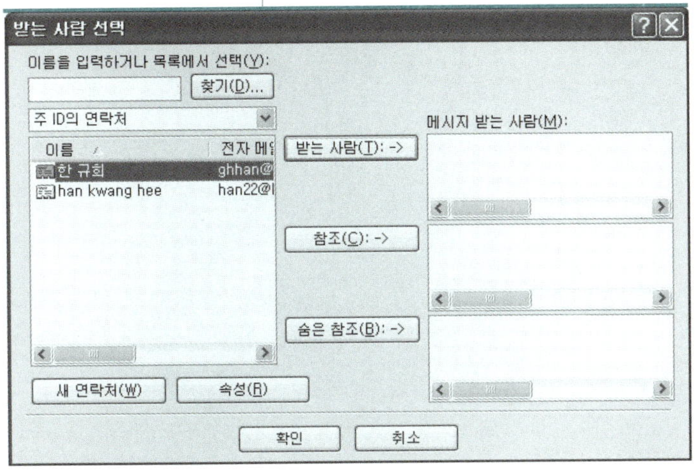


[그림 2-27] 주소록에서 받는 사람의 이름을 설정한 화면

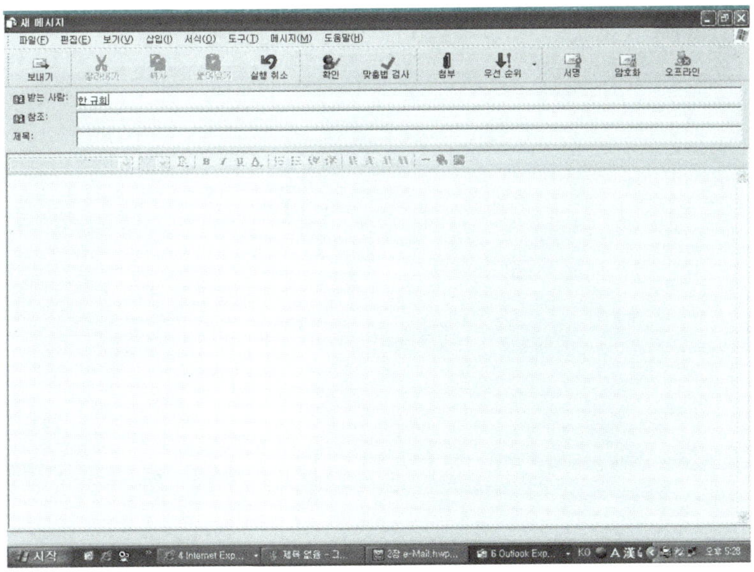


[그림 2-28] 받는 사람의 주소가 지정된 화면

Memo

Chapter 3

# 홈페이지(Home Page)

# 1 홈페이지(Home Page)

오늘날 우리들은 인터넷을 이용하여 여러 가지 정보들을 얻고 있으며, 그러한 정보들을 일상생활에 매우 편리하게 활용하고 있다. 우리가 정보를 얻기 위하여 접속하는 홈페이지의 구성요소들을 볼 것 같으면 많은 문자들과 그림, 동영상, 사운드와 같은 것들로 구성되어 있다. 홈페이지의 이러한 구성요소들은 실제로는 각각 별도로 만들어진 데이터들을 하이퍼링크라는 기능을 통하여 상호 밀접하게 연결되어 있기 때문에, 우리는 단지 웹 브라우저 화면을 통하여 편리하게 접할 수가 있는 것이다.

## 1.1 홈페이지란 무엇인가?

웹 사용자에게 홈페이지는 웹 사용자가 넷스케이프나 인터넷 익스플로러와 같은 웹 브라우저를 실행시켰을 때 처음으로 펼쳐지는 웹 문서를 말한다. 또한 웹사이트 개발자의 입장에서 홈페이지는 사용자가 웹상에서 어떤 사이트에 접속했을 때 제일 먼저 보여주고자 하는 웹 문서인 것이다.

그렇기 때문에 웹 사이트의 주소는 홈페이지의 주소를 의미하는 것이다. 홈페이지 주소는 도메인 네임이라고도 하며 한국에서는 한국인터넷정보센터에서 등록업무를 담당하고 있다. 홈페이지 주소인 도메인 네임은 그 자체가 상업적인 가치를 지니고 있기 때문에 기억하기 쉬운 도메인 네임을 선점하기 위한 경쟁이 치열하게 일어나는 것이다.

우리가 홈페이지를 작성하기 위해서는 무엇보다도 먼저 홈페이지를 작성하기 위한 제작도구와 함께, 만들어진 홈페이지를 특정한 서버에 저장하기 위한 저장공간이 무엇보다도 필요하다. 홈페이지를 제작하기 위한 프로그램으로는 나모 인터렉티브에서 개발한 나모 웹에디터(Namo Web Editor), 마이크로소프트의 프론트페이지(Frontpage)와 매크로미디어의 드림위버(Dreamweaver) 등이 잘 알려져 있다.

또한 홈페이지를 저장하기 위한 공간 이용은, PC 통신업체나 포털 사이트 업체들의 사이트에 회원으로 가입하면 가입자에 한하여 작업한 홈페이지 내용을 무료로 저장할 수 있는 공간을 제공해 주는 사이트들을 이용하면 된다.

오늘날 개인용 홈페이지는 인터넷을 통하여 전 세계의 사람들과 만나서 정보를 교환하거나 커뮤니케이션 할 수 있는 만남의 장으로 활용되고 있으며, 기업의 홈페이지라면 자사의 제품이나 서비스를 전 세계로 홍보하며 알릴 수 있는 자사 홍보실 기능뿐만 아니라, 전 세계인을 대상으로 사이버 공간에서 자사의 제품이나 서비스를 판매할 수 있는 판매 창구의 역할도 할 수 있는 것이다.

## 1.2 홈페이지 제작 과정

우리가 홈페이지를 실제로 만들기 위해서는 일반적으로 다음과 같은 방법에 의하여 작성하게 된다.

### 1.2.1 작성하고자 하는 홈페이지의 주제를 잘 선정한다.

먼저 홈페이지를 만들기 위해서는 만들고자 하는 홈페이지의 주제를 결정해야 한다. 먼저 홈페이지의 주제인 목표가 있을 때 그 홈페이지를 만드는 과정이 계획대로 진행될 수가 있는 것이다. 우리가 자주 접속하는 인기 있는 홈페이지들은 모두 명확한 주제를 가지고 만들어진 홈페이지인 것이다.

홈페이지의 주제라고 해서 너무 고차원적인 주제만이 요구되는 것은 아니다. 예를 들어 같은 취미를 가지고 있는 사람들을 찾고 싶다든가, 아니면 자신의 주장을 발표하는 장으로 만들고 싶다던가, 아니면 친구를 만들고 싶다던가 하는 단순한 내용의 주제도 관계가 없는 것이다. 주제의 결정은 자신의 홈페이지를 주로 사용할 사람이 누구인가를 고려하면서 결정하게 된다.

- 자신의 홈페이지를 주로 사용할 사람이 누구인가를 먼저 결정하여야 한다.
- 다른 사람들의 주제를 살펴보아야 한다. 특히 자신이 만들고자 하는 홈페이지의 주제와 유사한 주제를 다루고 있는 홈페이지는 반드시 방문하여야 한다.

### 1.2.3 주제에 맞는 소재들의 준비 및 홈페이지 내용을 구성한다.

앞에서 특정한 주제가 결정되었으면 그 주제에 맞고 어울릴 수 있는 이미지를 결정하고 그것과 관련된 소재들을 준비한다. 즉 특정한 주제를 표현하고자 하는 문장이나 배너 타이틀이나 버튼, 사진이나 그림 등을 준비하는 것이다. 전체적인 이미지가 결정되었다 하더라도 실제적으로 작성하는 과정에서 사전에 생각했던 것보다 매끄럽지 않은 부분들이 발생할 수 있기 때문에 가능하다면 자신이 만들고자 하는 홈페이지의 주제와 유사한 주제를 다루고 있는 홈페이지는 반드시 방문하여 참고사항들을 체크해 보는 것도 좋은 방법이다. 아울러 홈페이지를 어떠한 구조로 구성할 것인지를 구상해야 한다.

일반적으로 홈페이지의 구성은 다음과 같은 세 가지 방법에 의하여 만들어진다.

#### 순차적 방식

순차적인 방식은 초보자가 홈페이지를 제작하는데 가장 쉬운 방식으로 현재 페이지가 끝나면 다음 페이지로 프레임이 넘어가도록 하는 방식으로서, 사용자 매뉴얼이나 어떠한 내용을 프레젠테이션과 같은 방식으로 처리되는 과정을 말한다.

#### 선택적 방식

홈페이지의 도입 부분에 여러 개의 부수적인 내용들을 나누어 구성하는 방법으로서 주어진 내용을 이용자가 선택적으로 선택하여 이용하도록 하고자 할 경우에 주로 사용되는 방법이다.

#### 계층적 방식

일명 트리구조 방식으로서 여러 개의 핵심 내용들로 구성이 나누어져 있으며, 그것들은 또 다른 그룹으로 나뉘어 형성되어진다. 홈페이지를 방문한 사용자들이 홈페이지의 중심적인 내용을 따라서 계속적으로 관련된 내용으로 진행할 수 있도록 구성된 방식이다. 하지만 이 경우 잘못하면 진행해 오는 과정을 잃어버릴 수 있기 때문에 반드시 홈페이지로 돌아가는 길을 만들어 주어야 한다.

계층적 방식은 순차적 방식과 선택적 방식을 복합한 형태로서, 최근의 홈페이지의 제작에 가장 많이 사용되는 형태라고 하겠다.

### 1.2.4 주제에 맞게 준비된 소재들을 이용하여 홈페이지를 제작한다.

결정된 주제와 사용자들을 고려하여 홈페이지 제작을 실시한다. 홈페이지를 방문하는 이용자들이 홈페이지의 내용을 잘 알기 쉽게 제작하도록 하여야 한다. 효과적인 홈페이지의 제작을 위해서는 무엇보다도 홈페이지의 창조성, 통일성, 조형성, 참신성 등이 우선적으로 고려되어야 한다.

또한 그래픽 기능을 과다하게 사용하거나 너무 큰 그래픽을 홈페이지에 사용할 경우 접속하는 로딩 속도가 눈에 띠게 느려지게 되므로, 적당한 양과 크기를 고려하여 그래픽 기능을 사용하여야 한다.

### 1.2.5 작성한 홈페이지를 인터넷상에 출판한다.

완성된 홈페이지를 종합적으로 테스트 해 본 다음, FTP 프로그램을 이용하여 서버에 출판한다. 한번 출판한 홈페이지는 지속적으로 관리해주어야 하며, 홈페이지에 들어 있는 내용에 변동이 있을 때에는 즉시 업데이트해 주어야만 한다.

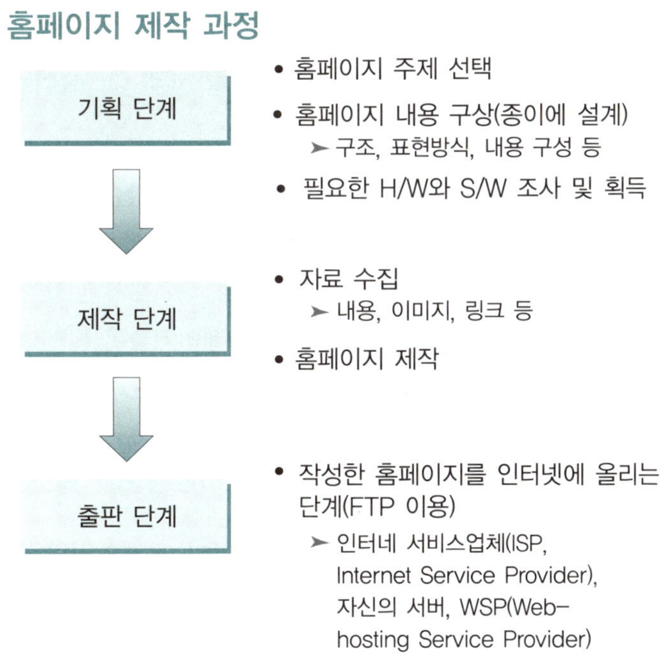


[그림 3-1] 홈페이지 제작 과정

## 1.3 홈페이지를 작성할 때의 주의사항

### 1.3.1 홈페이지는 이용자의 입장에서 만들어져야만 한다.

홈페이지를 만드는 주된 목적은 자신만을 위한 것이 아니라 어디까지나 자신의 홈페이지를 방문하는 이용자들을 위한 것이기 때문에, 무엇보다도 먼저 홈페이지를 방문하는 이용자의 입장에서 홈페이지의 내용, 속도, 디자인, 사용언어 등을 결정하여야 한다.

### 1.3.2 자바스크립트, 음악파일, 그래픽 등을 복사해 사용할 때 저작권 침해 문제를 확인하여야 한다.

홈페이지의 내용을 효과적으로 만들어 주기 위한 목적으로 자신의 홈페이지에 CGI나 자바스크립트를 사용하게 되는데, 이러할 경우 자바스크립트의 머리 부분에 나오는 저작권에 대한 사항을 자세히 읽고 그 지시에 따라서 사용해야 할 것이다. 그리고 다른 홈페이지에 만들어져 있는 그래픽이나 음악파일의 경우도 저작권에 침해되는 것인지를 확인하고 사용해야 한다.

### 1.3.3 모방에 의한 홈페이지보다는 자신의 창조적이며 독창적인 홈페이지를 만들어야 한다.

수없이 많은 홈페이지 중에서 많은 사용자들이 방문할 수 있도록 하기 위해서는, 무엇보다도 홈페이지가 내포하고 있는 주제와 밀접한 관련성이 있는, 독특하고 참신한 정보들이 제공되도록 해야만 할 것이다. 이러한 홈페이지가 되기 위해서는 역시 같은 주제의 홈페이지들을 많이 방문하고 분석하는 노력이 필요한 것이다. 개성이 있는 홈페이지는 저절로 만들어지는 것이 아니다.

### 1.3.4 홈페이지의 업데이트를 정기적으로 하여야 한다.

아무리 내용이 좋은 훌륭한 홈페이지라 할지라도 사용자가 방문할 때마다 똑같은 정보만을 보여준다고 한다면, 사용자의 재 방문은 기대하기 어려운 것이다. 웹상에 출판한 홈페이지의 생명을 지속적으로 유지시키기 위해서는 효율적인 관리가 얼마나 정기적으로 이루어지는가에 따라서 결정된다고 하겠다.

## 1.4 홈페이지 작성을 위한 준비 도구

최적의 홈페이지를 만들기 위해서는 다음과 같은 프로그램들이 기본적으로 준비되어야 한다. 우선적으로 웹에디터 프로그램과 여러 가지 디자인과 그림을 만들기 위한 그래픽 프로그램, 그리고 동적인 홈페이지를 만들기 위한 프로그램 등이 필요하다고 하겠다.

우리가 다른 홈페이지와 비교하여 차별화된 홈페이지로 만들기 위해서는 많은 프로그램들이 제공하는 기능들을 효과적으로 활용하면서 만드는 것이 중요하겠다.

### 1.4.1 웹 브라우저

홈페이지를 볼 수 있도록 해주는 프로그램으로서, 인터넷 익스플로러와 넷스케이프가 전 세계적으로 많이 사용되고 있다.

만들어진 홈페이지가 브라우저의 종류에 따라 홈페이지가 다른 모습으로 보일 수 있으므로 인터넷 익스플로러와 넷스케이프 모두에서 잘 보이는지 테스트를 해 볼 필요성이 있다.

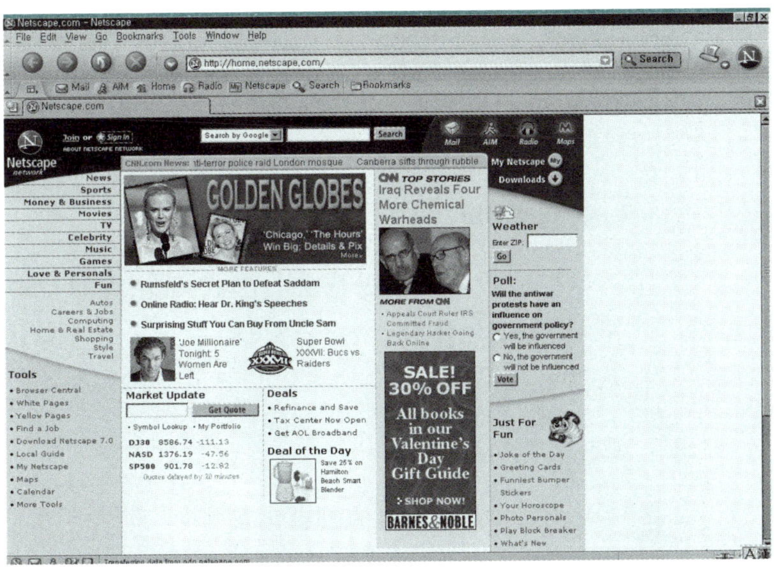


[그림 3-2] 넷스케이프

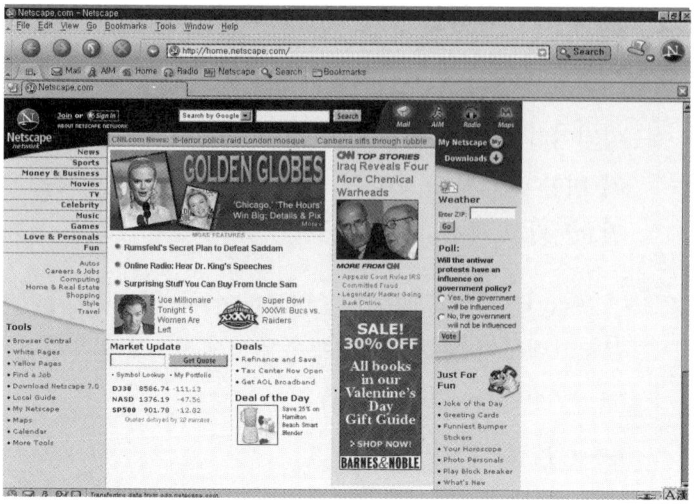


[그림 3-3] 인터넷 익스플로러

## 1.4.2 웹에디터

화면상으로 작성하고자 하는 홈페이지를 직접 보면서 편집할 수 있는 프로그램들을 말한다. 홈페이지는 근본적으로 HTML이나 JAVA와 같은 프로그램 언어로 이루어져있지만, 전문적인 프로그램 언어를 모르는 사람이라도 웹에디터를 사용하면 프로그램언어로 자동 생성시켜주기 때문에 우리는 웹에디터를 이용하여 그림편집이나 문서편집을 하듯이 눈으로 보면서 홈페이지를 작성할 수가 있다.

### 나모 웹에디터

초보자부터 고급 사용자까지 편리하고 쉽게 사용할 수 있으며, 사용자의 편의를 최대한 고려한 작업환경을 제공하는 국산 웹에디터로 많은 사용자들이 이용하고 있다.

### 프론트 페이지

마이크로소프트사에서 개발한 웹에디터로 많은 사랑을 받았으나 최근 고급메뉴들을 갖춘 웹에디터들의 등장으로 사용자가 많이 줄었다.

### 드림위버

매크로 미디어사의 드림위버는 홈페이지 저작도구 중 고급사용자들을 위한 웹에디터로 유명하다. 인터페이스가 다른 웹에디터와는 차이가 있어 초급자나 중급자들에게는 다소 어려운감이 있다.

그렇지만 이러한 전용 웹에디터가 아니라도 우리들이 일반적으로 사용하는 문서 작성용 프로그램인 한글, MS 워드, 훈민정음, 메모장 등과 같은 프로그램을 이용하여 홈페이지를 작성할 수도 있다.

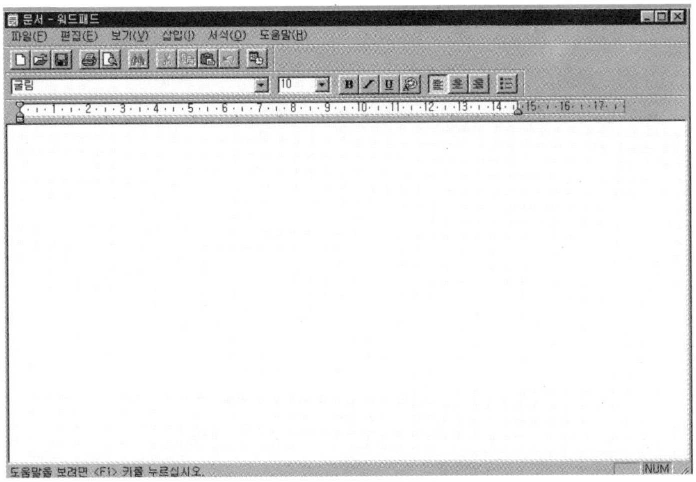


[그림 3-4] 워드 패드

[그림 3-5] 메모장

[그림 3-6] 한글 2002

[그림 3-7] MS 워드

### 1.4.3 그래픽 프로그램

홈페이지에 사용되는 다양한 그래픽들을 제작하기 위하여 필요한 프로그램으로 페인트 샵, 포토샵이 대표적인 프로그램이다.

#### 포토샵

어도비사의 포토샵은 그래픽 프로그램으로 가장 폭넓게 활용되고 있는 프로그램이다. 강력한 레이어 기능으로 다양한 표현이 가능하고 홈페이지 작업을 위한 기능들도 지원하고 있다. 따라서 홈페이지 디자인 작업의 거의 모든 부분들은 포토샵을 이용하여 만들어지고 있다.

[그림 3-8] 포토샵

#### 일러스트레이터

역시 어도비사의 그래픽 프로그램이며 벡터방식의 그래픽작업 도구로서 주로 아이콘이나 캐릭터 제작 등에 많이 사용된다.

#### 이미지레디

어도비사의 그래픽 프로그램으로 포토샵과 거의 비슷한 기능을 제공하며 웹 디자인을 위한 기능이 잘 갖추어져 있다.

#### 페인트 샵 프로

초보자들도 배우고 쓰기 쉬우며 간단하면서 짜임새 있는 구조로 인하여 많은 사용자들이 사용하고 있다.

### 1.4.4 애니메이션 프로그램

#### 플래시

홈페이지에 애니메이션 효과를 표현해 주는 플래시는 벡터형식의 애니메이션 제작 프로그램으로서, 적은 용량만으로도 큰 효과를 나타낼 수 있기 때문에 최근에는 많은 홈페이지에서 플래시로 작업한 내용들을 확인할 수가 있다.

[그림 3-9] 플래시

### 1.4.5 기타 프로그램

움직이는 그래픽을 만들기 위한 프로그램과 자신이 만들 홈페이지를 서버에 올리기 위하여 필요한 FTP 프로그램 등이 필요하다.

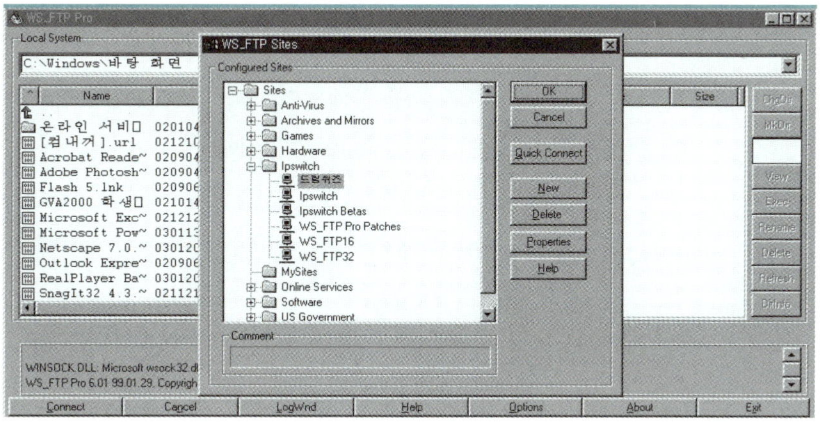


[그림 3-10] WS-FTP

이와 같이 최적의 홈페이지를 작성하기 위하여 최신의 홈페이지를 둘러보거나 또는 기존에 작성된 시나리오를 최대한 참조하면서 작성하는 것이 최상의 홈페이지를 제작하는 길이다.

## 1.5 최근의 홈페이지 경향 및 특징

얼마 전까지 만들어진 홈페이지의 주된 기능은 개인이 자신을 소개하기 위한 목적으로, 기업은 단순히 자사를 홍보하기 위한 목적으로 홈페이지의 기능이 극히 한정되어 사용되었다.

그런데 최근의 홈페이지를 볼 것 같으면 매우 다양한 분야로 폭넓게 이용되고 있는 것을 볼 수가 있다. 최근의 개인 홈페이지나 기업과 같은 특정한 조직의 홈페이지들의 경향을 보면 다음과 같은 특징을 발견할 수가 있다.

### 1.5.1 홈페이지 제공 서비스가 매우 다양화되고 있다.

즉 얼마 전까지의 기업 홈페이지를 볼 것 같으면 대부분의 홈페이지들이 기업의 홍보를 위한 목적에 중점을 두고 만들어져 운용되어 왔던 것이, 최근에는 단순히 기업을 홍보하는 차원보다는 홈페이지에 접속하는 이용자들의 실용적인 측면에 중점을 두고 다양한 정보를 제공하고 서비스하는 홈페이지들이 증가하고 있다.

### 1.5.2 홈페이지의 규모의 대형화가 이루어지고 있다.

과거에는 대부분의 홈페이지들이 개인이나 조직의 간단한 소개나 안내와 같은 길잡이 역할에 중점을 두고 만들어졌던 것이, 최근에는 개인 홈페이지라 할지라도 전문영역에 대한 방대한 정보나 지식을 제공하는 개인 홈페이지나 기업 홈페이지가 증가해 가고 있다.

### 1.5.3 홈페이지의 그래픽화가 이루어지고 있다.

과거에는 대부분의 홈페이지들이 텍스트 위주로 만들어진 것들이 주종을 이루었던 것에 비하여, 최근의 홈페이지들은 다양한 멀티미디어 기능의 제공은 물론 그 내용에 있어서도 점점 더 화려한 그래픽 기능들이 증가헤기고 있다.

Chapter 4

# HTML

# 1 HTML

HTML이란 HyperText Markup Language의 약자로서, 우리가 WWW 상에서 볼 수 있는 하이퍼 텍스트 문서를 만들기 위한 언어를 말한다. 이러한 HTML은 유닉스, 윈도우, 매킨토시, 리눅스 등 어떠한 OS 환경에서도 사용이 가능하다는 편리성이 있다.

HTML 문서 파일은 일반 텍스트 문서와 같은 아스키(ASCII)파일의 형식으로서 .htm이나 .html의 확장자를 갖는다. 또한 HTML 문서는 문서의 내용 이외에 문서를 나타내고자 하는 형식을 지정하는 여러 개의 태그(tag)들로 구성되어 있다.

HTML 태그가 갖고 있는 특성은 다음과 같다.

- 태그는 시작과 끝을 나타내는 <명령어>........</명령어> 형식의 쌍으로 구성된다. 단 예외적으로 종료태그가 불필요한 태그가 약간 있다.
- 태그는 알파벳 대문자, 소문자를 구분하지 않는다.
- 표시된 태그는 웹 브라우저 상에서는 보이지 않는다.
- html 문서의 저장은 반드시 확장자가 .html이거나 .htm이어야 한다.

## 1.1 HTML 태그의 기본구조와 기능

| | |
|---|---|
| <html> | html 문서의 시작 |
| <head> | 머리부분의 시작 |
| <title>문서의 제목</title> | html 문서의 제목 |
| </head> | 머리부분의 끝 |
| <body> | html 실제 내용의 시작 |
| .................. | 내용 |
| </body> | 내용부분의 끝 |
| </html> | html 문서의 끝 |

HTML 태그의 기본적인 구성과 기능을 이해하기 위하여 아래와 같이 간단한 HTML 문서를 입력하고 웹 브라우저 화면을 통하여 확인해 보기로 한다. 간단한 HTML 문서의 입력은 메모장이나 워드패드와 같은 문서편집용 프로그램이나 HTML 문서의 작성을 편리하게 해주는 전용 프로그램을 이용하여 입력할 수가 있다. 본 장에서는 윈도우 프로그램의 보조 프로그램으로 제공되고 있는 메모장을 이용하여 HTML 문서를 작성하기로 한다.

시작-프로그램-보조 프로그램 명령을 실행하여 메모장 프로그램을 펼친 다음에, 아래의 따라서 해보기 ex01.html 문서를 입력하고 저장한다. 다른 이름으로 저장 대화상자를 이용하여 HTML 문서를 저장할 경우 파일 형식은 반드시 모든 파일로 지정해 주고, 파일명 뒤에도 반드시 .html이라는 확장자명을 반드시 입력해 주어야 한다.

### 따라서 해보기: ex01.html

```
<html>
<head>
<title>환영합니다</title>
</head>

<body>
여러분 안녕하세요.
지금부터 HTML 태그를 중심으로 웹 문서를 작성하는 방법을 같이 공부하기로 하겠습니
다. 천리 길도 한 걸음부터라고 하나하나씩 배워가기로 하겠습니다.
</body>
</html>
```

이제 ex01.html이라는 파일명으로 저장한 웹 문서를 웹 브라우저를 이용하여 어떠한 모습으로 나타나는지 펼쳐보기로 한다.

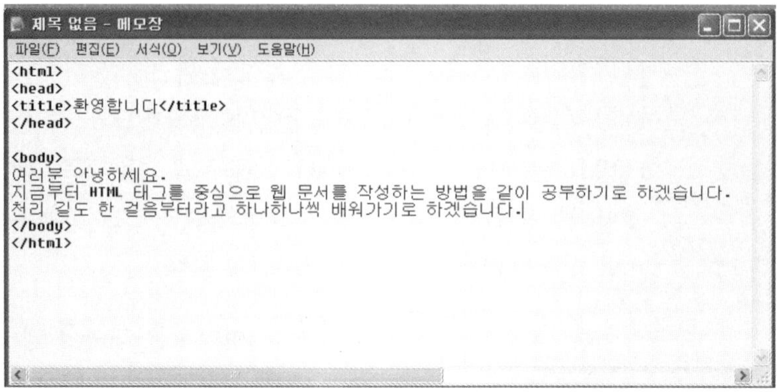


[그림 4-1] 메모장에 입력한 html 문서

[그림 4-2] 다른 이름으로 저장 대화상자

① 먼저 웹 브라우저 화면을 펼친 다음, 파일–열기 명령을 실행한다.

② 열기 대화상자의 찾아보기 버튼을 클릭한다.

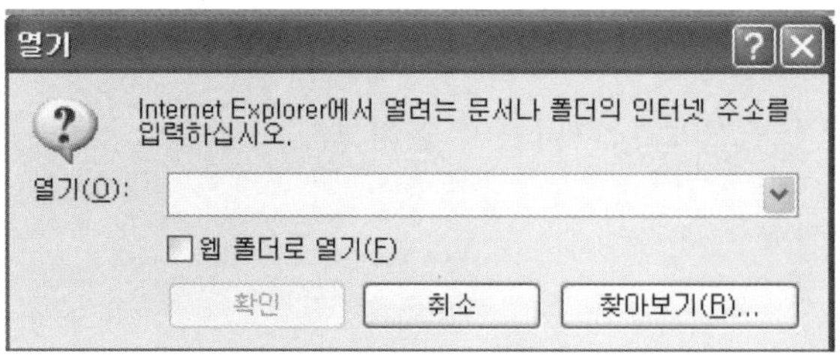


[그림 4-3] 열기 대화상자

③ 찾기 대화상자의 ex01.html 파일을 선택하고 "열기" 버튼을 클릭한다.

④ 열기 대화상자의 열기 항목에 ex01.html 파일명이 표시되고 "확인" 버튼을 클릭한다.

⑤ 웹 브라우저 화면에 지정한 ex01.html 문서가 펼쳐진다.

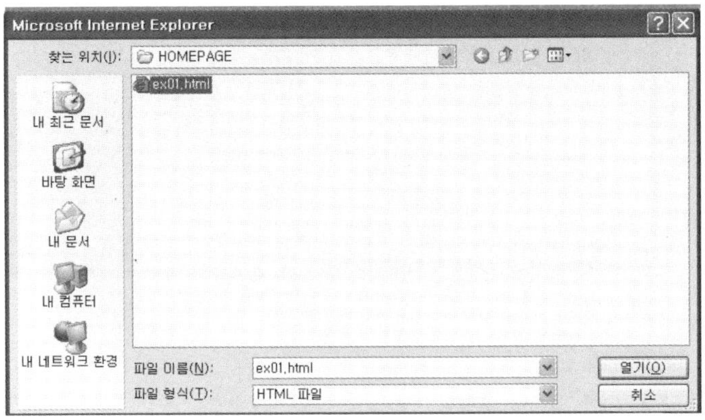


[그림 4-4] 찾기 대화상자

[그림 4-5] 열기 대화상자

실행 화면

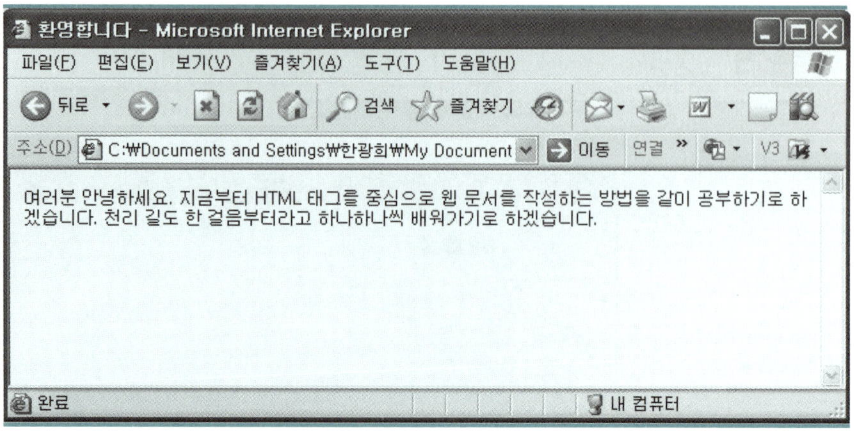


## 1.2 태그의 속성 지정

HTML문서를 작성하는데 있어 입력되는 문자나 이미지 등을 보다 구체적으로 표시하기 위하여 시작 태그와 함께 관련된 속성 및 값을 지정해 줄 수가 있다.

따라서 <태그>.....</태그>로 둘러쌓인 부분은 태그가 지정하는 속성으로 웹 브라우저에 그대로 출력되게 된다.

〈태그명 속성1 = 값1  속성2 = 값2 .........〉

활용 예

```
<BODY text= "black"          글자색 지정(검정)
      link= "blue"           링크 글자색 지정(파랑)
      vlink= "violet"        방문한 링크 글자색 지정(보라)
      alink= "red" >         링크 글자의 클릭 순간의 색(빨강)
      .........
      </BODY>
```

# 2 글자모양

## 2.1 제목글자 태그 〈Hn〉

HTML 문서를 작성하고자 할 경우 문서의 제목에 해당하는 문자를 입력하고자 할 경우 사용하는 기능을 말한다. 일반적으로 <H>태그는 여섯 단계 수준의 태그가 있는데 그 중에서 <H1>태그가 가장 크고 <H6>태그가 가장 작은 크기를 표시해 준다.

일반적으로 <H>태그로 표시되는 제목글자는 <FONT>태그와 달리 글씨체가 굵은 모습으로 표시가 되며, HTML 문서를 작성할 경우 주로 사용되는 태그는 <H1>이나 <H2>가 자주 사용된다.

Heading의 약자인 <H>태그를 사용하면 <P>태그를 사용한 것처럼 한 줄 띄어쓰기가 자동으로 실행된다.

**따라서 해보기: ex02.html**

```
<html>
<head>
<title>제목크기의 표시</title>
</head>
<body>
<h1>h1태그를 이용한 제목표시</h1>
<h2>h2태그를 이용한 제목표시</h2>
<h3>h3태그를 이용한 제목표시</h3>
<h4>h4태그를 이용한 제목표시</h4>
<h5>h5태그를 이용한 제목표시</h5>
<h6>h6태그를 이용한 제목표시</h6>
</body>
</html>
```

실행 화면

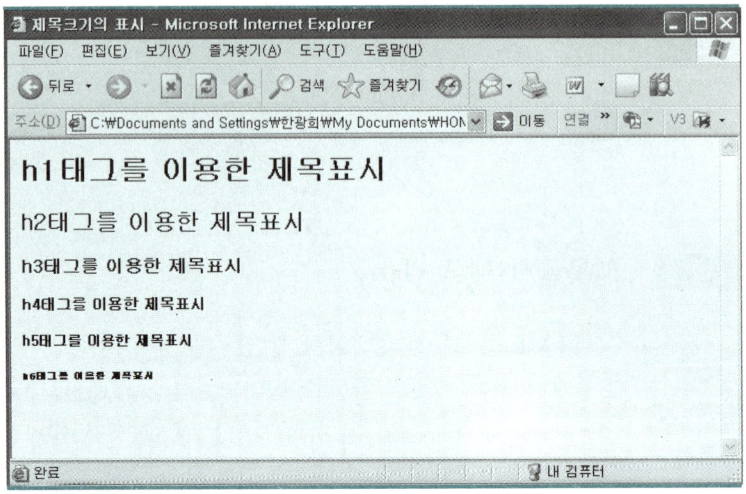


## 2.2 본문글자 태그 〈FONT〉

본문의 글자크기를 지정할 때 사용하는 태그인 <FONT>는 7단계의 크기로 제공되며, 가장 큰 글자크기는 7이고 기본값은 3이다. 일반적으로 기본값 3은 <H4> 태그 크기와 같다.

본문 글자의 크기는 <FONT SIZE=>태그로 표시해 주며, 본문 글자의 글자색은 <FONT COLOR=>태그로 표시해 주고, 본물 글꼴의 종류는 <FONT FACE=>태그로 설정해 주면 된다.

태그 다음에 오는 명령어를 속성이라고 하며, 속성에 대한 사용법은 <태그속성=값>으로 표시해 준다. 그리고 하나의 태그라 하여도 여러 개의 속성을 지정해 줄 수가 있으며, 속성을 추가하고자 할 경우에는 한 칸씩 띄어쓰기를 해 주어야 한다.

```
<FONT SIZE=(1-7)>...........</FONT>
```

```
<FONT COLOR=("색상명", "#RGB 값")>...........</FONT>
```

```
<FONT FACE=(글꼴명)>...........</FONT>
```

## 따라서 해보기: ex03.html

```
<html>
<head>
<title>본문 글자의 크기</title>
</head>
<body>
<font size=1 color=“red”>본문 글자의 크기 font size=1로 지정</font>
<font size=2 color=“green”>본문 글자의 크기 font size=2로 지정</font>
<font size=3 color=“yellow”>본문 글자의 크기 font size=3으로 지정</font>
<font size=4 color=“#ff0000”>본문 글자의 크기 font size=4로 지정</font>
<font size=5 color=“#ff00ff”>본문 글자의 크기 font size=5로 지정</font>
<font size=6 color=“#ffff00”>본문 글자의 크기 font size=6으로 지정</font>
<font size=7 color=“pink”>본문 글자의 크기 font size=7로 지정</font>
</body>
</html>
```

### 실행 화면

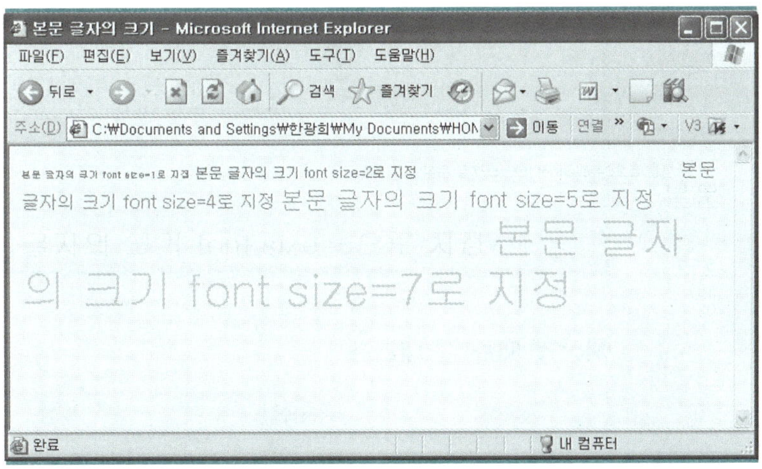

## 따라서 해보기: ex04.html

```
<html>
<head>
<title>본문 글자의 글꼴</title>
</head>
<body>
<font size=3 face="arial">본문글자의 글꼴을 지정한 것입니다.</font>
<font size=4 face="courier">본문글자의 글꼴을 지정한 것입니다.</font>
<font size=5 face="궁서체">본문글자의 글꼴을 지정한 것입니다.</font>
</body>
</html>
```

### 실행 화면

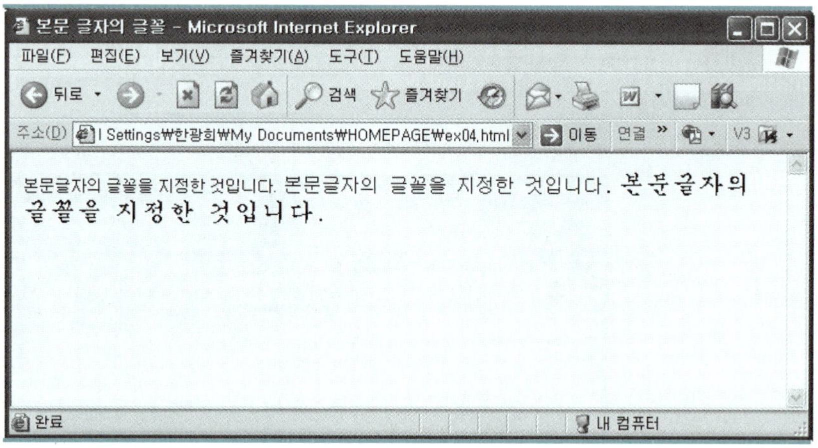


### 색상과 RGB값 대조표

| 색상 | RGB값 | 색상 | RGB값 |
|---|---|---|---|
| antiquewhite | #faebd7 | ivory | #fffff0 |
| aqua | #00ffff | lomonchiffon | #fffacd |
| azure | #f0ffff | htblue | #add8e6 |
| beige | #f5f5dc | lightyellow | #ffffe0 |
| black | #000000 | magenta | #ff00ff |

(계속)

| 색상 | RGB값 | 색상 | RGB값 |
|---|---|---|---|
| blue | #0000ff | maroon | #800000 |
| brown | #a52a2a | mediumpurple | #9370db |
| chartreuse | #7fff00 | mediumturquoise | #48d1cc |
| cornflowerblue | #6495ed | moccasin | #ffe4b5 |
| crimson | #dc143c | navy | #000080 |
| darkcyan | #008b8b | orange | #ffa500 |
| darkgray | #a9a9a9 | papayawhip | #ffefd5 |
| darkgreen | #006400 | pink | #ffc0cb |
| darkpink | #ff1493 | rosybrown | #bc8f8f |
| firebrick | #b22222 | salmon | #fa8072 |
| floralwhite | #fffaf0 | silver | #c0c0c0 |
| fuchsia | #ff00ff | slateblue | #6a5acd |
| gold | #ffd700 | tan | #d2b48c |
| greenyellow | #adff2f | tomato | #ff6347 |
| gotpink | #ff69b4 | white | #ffffff |
| indigo | #4b0082 | yellow | #ffff00 |

## 2.3 특수문자의 입력

특수문자는 키보드로 직접 입력하여 웹 브라우저로 보여줄 수 없는 문자나 HTML 문자에서 예약어로 사용되고 있는 문자를 의미한다. 이러한 특수 문자를 나타낼 때에는 “&”로 시작하여 “;”로 끝을 표시해 주면 된다.

| 태 그 | " | < | > | ! | $ | % | ? |
|---|---|---|---|---|---|---|---|
| 특수문자 | “ | < | > | ! | $ | % | ? |
| 태 그 |  | · | &zcute; | &copy | &reg | & |   |
| 특수문자 | - | · | ′ | © | ® | & | 빈공간 |

### 따라서 해보기: ex05.html

```
<html>
<head>
<title>특수 문자의 입력</title>
</head>
<body><font size=4>
&#36; 태그는 언제 사용할 수가 있을까요?
&lt; 태그는 언제 사용할 수가 있을까요?
&#37; 태그는 언제 사용할 수가 있을까요?
&copy; 태그는 언제 사용할 수가 있을까요?
&amp; 태그는 언제 사용할 수가 있을까요?
</font>
</body>
</html>
```

**실행 화면**

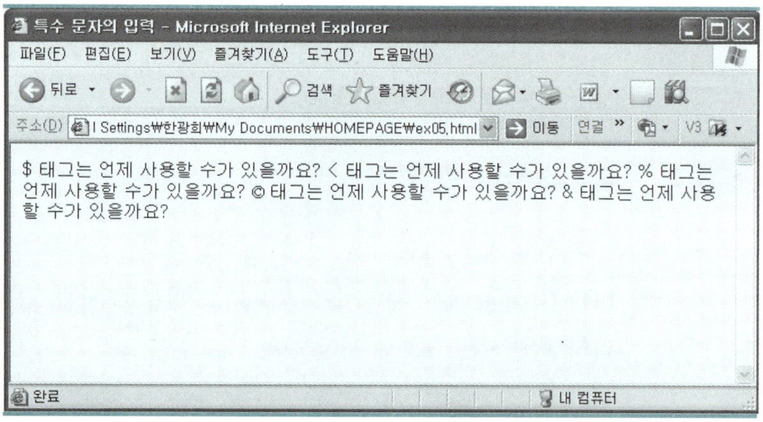


## 2.4 논리적, 물리적 글자모양

HTML 언어에는 논리적 형태와 물리적 형태의 두 가지 글자모양 지정태그가 있다. 논리적 형태의 태그는 태그 이름이 의미하는 바와 같이 글자 형태를 지정해 주는 반면에, 물리적 형태의 태그는 사전에 정의해 놓은 특정 글자모양으로 지정해 준다.

그런데 우리가 HTML 문서상에서 지정한 글자모양이라 하더라도 웹 브라우저가 지정한 모든 글꼴들을 지원해 주지는 못하기 때문에, 항상 지정된 글자모양대로 홈페이지 상에 표시되는 것은 아니다. 이런 경우에 물리적 형태로 지정된 태그는 웹 브라우저가 태그를 무시해 버리지만, 논리적 형태인 경우에는 그 쓰임에 따라 지정된 글자모양을 보여주기 때문에, 물리적 형태의 태그보다 논리적 형태의 태그를 우선적으로 사용하는 것이 좋다.

### 논리적 글자모양

| 논리적 글자모양 태그 | 설명 |
|---|---|
| <EM>.....</EM> | 문자강조에 사용(EMphasis) |
| <STRONG>.......</STRONG> | 글자모양 강조에 사용(STRONGER emphasis) |
| <CODE>......</CODE> | 프로그램 코드 입력용 문자에 사용(CODE) |
| <KBD>......</KBD> | 사용자 입력문구에 사용(Key BoarD) |
| <CITE>......</CITE> | 책의 제목이나 인용 문구에 사용(CITE) |

### 따라서 해보기: ex06.html

```
<html>
<head>
<title>논리적 글자 모양</title>
</head>
<body>
<em>em태그는 문자를 강조할 때 사용</em><p>
<strong>strong태그는 글자모양을 강조할 때 사용</strong><p>
<code>code태그는 프로그램 코드 입력용으로 사용</code><p>
<kbd>kbd태그는 사용자 입력문구에 사용</kbd><p>
<cite>b태그는 책의 제목이나 인용 문구에 사용</cite><p>
</body>
</html>
```

### 실행 화면

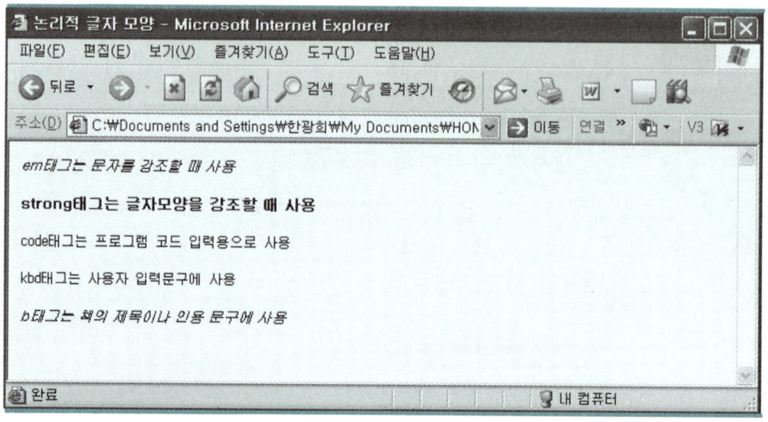


### 물리적 글자모양

| 물리적 글자모양 태그 | 설 명 |
|---|---|
| <B>.....</B> | 굵은 글씨체(Bold) |
| <I>.......</I> | 이탤릭체(Italic) |
| <U>......</U> | 밑줄 글씨체(Underline) |
| <TT>......</TT> | 타자체(Typewriter Text) |
| <SUP>......</SUP> | 위첨자 글씨체(SUPerscript) |
| <SUB>......</SUB> | 아래첨자 글씨체(SUBscript) |

### 따라서 해보기: ex07.html

```
<html>
<head>
<title>물리적 글자 모양</title>
</head>
<body>
<b>b태그는 굵은 글씨체를 나타냄</b><p>
<i>i태그는 이탤릭 글씨체를 나타냄</i><p>
<u>u태그는 밑줄을 나타냄</u><p>
<tt>tt태그는 타자체를 나타냄</tt><p>
<sub>sub태그는 아래첨자를 나타냄</sub>
```

### 따라서 해보기: ex07.html(계속)

```
<sup>sup태그는 윗첨자를 나타냄</sup><p>
<strike>strike태그는 삭제표시를 나타냄</strike><p>
</body>
</html>
```

**실행 화면**

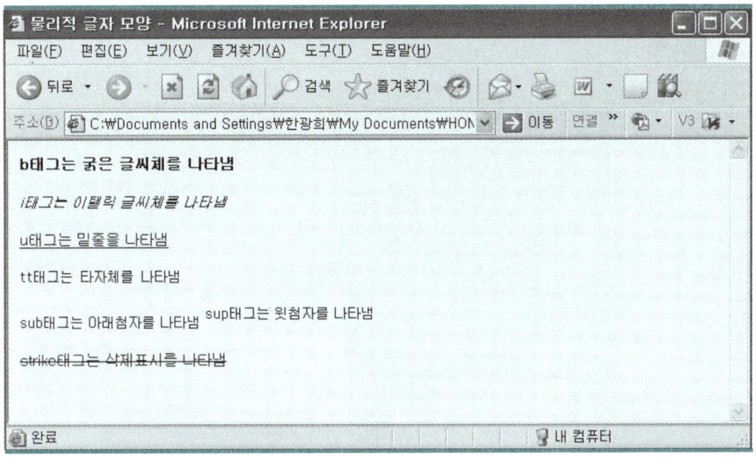


## 2.5 문자 배경색의 설정

돋보이는 HTML 문서를 표현하기 위하여 웹 문서에 배경색을 지정할 수가 있다. 문서에 배경색을 나타내기 위해서는 <BODY>태그에 BGCOLOR라는 속성을 이용하여 원하는 색상을 지정할 수가 있다. 즉 <body bgcolor="yellow">라고 입력해 주면 홈페이지의 배경색은 노란색으로 표시되는 것이다.

### 따라서 해보기: ex08.html

```
<html>
<head>
<title>문서 배경색</title>
</head>
```

## 따라서 해보기: ex08.html(계속)

```
<body bgcolor="yellow">
어떻습니까? HTML 태그가 재미있지 않습니까?
우리는 웹 문서를 보다 돋보이게 하기 위하여 배경색을 지정할 수가 있습니다. 여러분이
좋아하는 색상을 배경색으로 지정해 보세요.
</body>
</html>
```

### 실행 화면

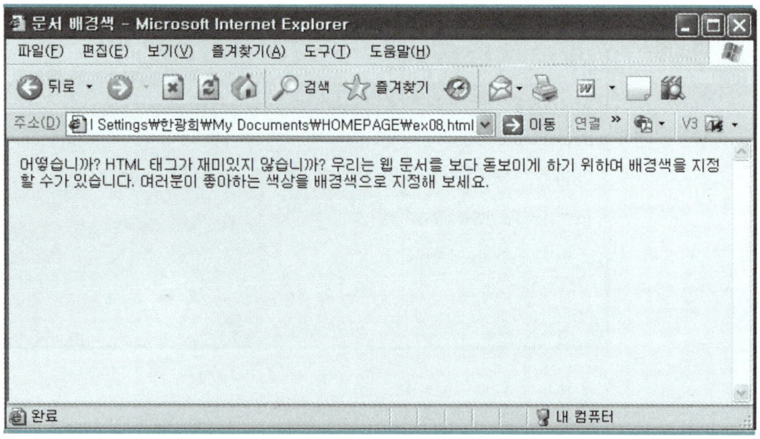

# 3 문단모양

HTML 언어에서 문장이나 문단을 자동으로 나누어 주는 기능은 없다. 그렇기 때문에 HTML 문서를 작성하면서 문장을 나누어주고자 하려면 <BR>태그를 이용하고 문단을 나누어주고자 하려면 <P>태그를 이용하면 된다. 단, 강제적으로 문장이 나누어지는 것을 방지하는 태그로는 <NOBR>태그를 이용한다.

## 3.1 줄바꾸기 태그 〈BR〉

HTML 문서의 줄을 바꾸는 태그는 Break의 약자인 <BR>태그를 사용한다. HTML 문서는 여백을 인식하지 못하기 때문에 줄을 바꾸고자 하려면 반드시 <BR>태그를 사용해야만 한다.

**따라서 해보기: ex09.html**

```
<html>
<head>
<title> br 용법 </title>
</head>
<body>
HTML 문서의 줄을 바꾸는 태그는 Break의 약자인 BR 태그를 사용합니다.<br>
HTML 문서는 여백을 인식하지 못합니다.<br>
그렇기 때문에 줄을 바꾸고자 하려면 반드시 BR 태그를 사용해야만 한다.<br>
</body>
</html>
```

### 실행 화면

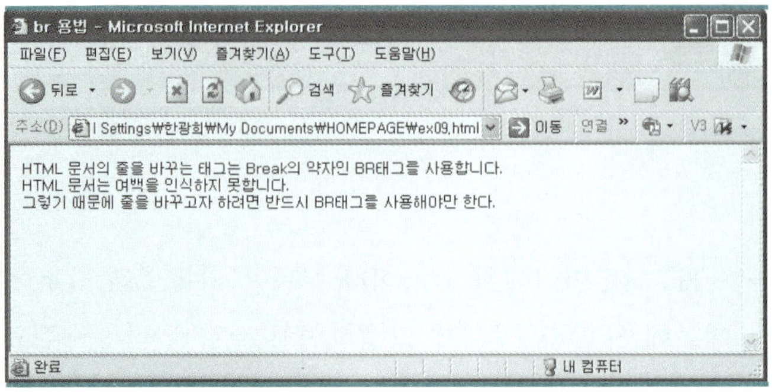


## 3.2 문단나누기 태그 〈P〉

Paragraph의 약자인 <P>태그는 두 줄 아래로 이동하여 문단의 단락을 구분하여 주는 태그이다. 즉 <BR>태그가 워드프로세서에서 Enter 키를 한 번 실행한 것과 같은 효과라면, <P>태그는 Enter 키를 두 번 실행한 효과를 나타낸다.

단, <P>태그는 <BR>태그와 달리 <P>태그를 여러 번 실행해도 <P>태그를 한 번 실행한 것과 동일한 결과를 나타내기 때문에, 문단 간격을 넓게 유지해 주기 위해서는 <BR>태그를 반복적으로 실행하면 된다.

### 따라서 해보기: ex10.html

```
<html>
<head>
<title> p 태그 </title>
</head>
<body>
P태그는 BR태그와 약간 다른 점이 있습니다.<P>
그것은 BR태그와 달리 P태그를 여러 번 실행해도 P태그를 한 번 실행한 것과 동일한 결과를 나타냅니다.<p>
그렇기 때문에, P태그보다 문단 간격을 더 넓게 유지해 주기 위해서는 BR태그를 반복적으로 실행하면 됩니다.
</body>
</html>
```

### 실행 화면

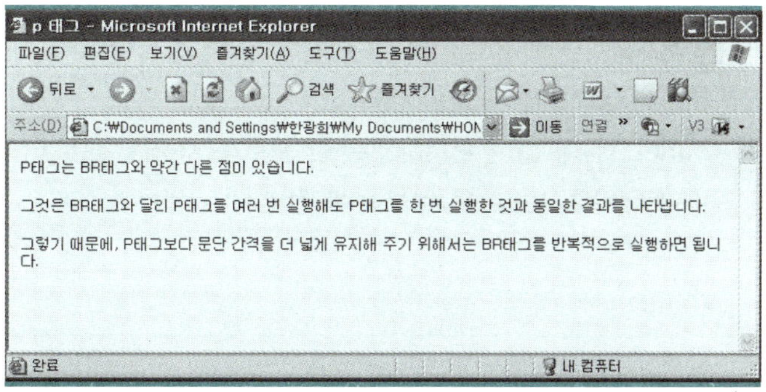


<P>태그는 문단을 나누어 줄뿐만 아니라 속성 태그인 ALIGN을 이용하여 문단의 정렬까지도 가능하게 해주는 태그이다.

## 3.3 줄바꾸기 금지 태그 〈NOBR〉

Nobreak의 약자인 <NOBR>태그는 <BR>태그의 반대 기능으로서, <NOBR>과 </NOBR>태그 사이의 문장은 절대적으로 행을 바꾸지 말라는 의미의 태그이다.

예를 들어 웹 브라우저 상에서 하나의 줄을 넘어 두 번째 줄에 하나 내지 두 세 개 정도의 문자가 나타날 경우, 방문자가 읽기 편리하도록 한 줄로 표시하는 것이 더욱 효과적일 것이다. 이런 경우에 <NOBR>태그는 유용하게 활용할 수 있는 태그이다.

### 따라서 해보기: ex11.html

```
<html>
<head>
<title> nobr 용법 </title>
</head>
<body>
```

### 따라서 해보기: ex11.html(계속)

```
웹 브라우저 상에서 하나의 줄을 넘어 두 번째 줄에 하나 내지 두 세 개 정도의 문자가 나타날 경우가 있다.<br>
<nobr>그런데 읽기 편리하도록 한 줄로 표시하는 것이 더욱 효과적일 것이다. 이런 경우에 NOBR태그는 매우 유용한 태그이다.</nobr>
</body>
</html>
```

실행 화면

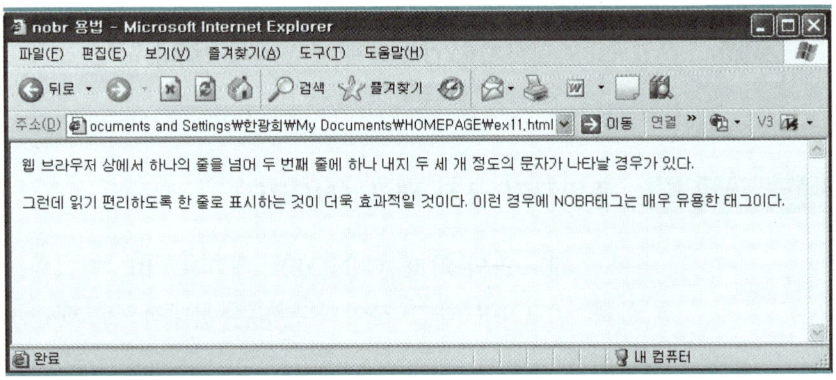


## 3.4 문단정렬 태그 〈P〉

HTML 문서에서 입력된 문단을 정렬하기 위하여 사용하는 태그가 문단정렬 태그이며 <P> 태그와 ALIGN 속성을 이용하여 문단정렬을 실행할 수가 있다.

```
<P align = “left/center/right” >...........</P>
```

### 따라서 해보기: ex12.html

```
<html>
<head>
<title> 문단 정렬 </title>
</head>
```

### 따라서 해보기: ex12.html(계속)

```
<body>
<p align= “left”>안녕하세요. 한국대학교 홈페이지에 오신 것을 환영합니다.</p>
<p align= “right”>우리학교에는 5개 단과대학에 30개의 학과, 그리고 5개의 연
구소가 있습니다.</p>
<p align= “center”>우리 열심히 공부해요.</p>
</body>
</html>
```

**실행 화면**

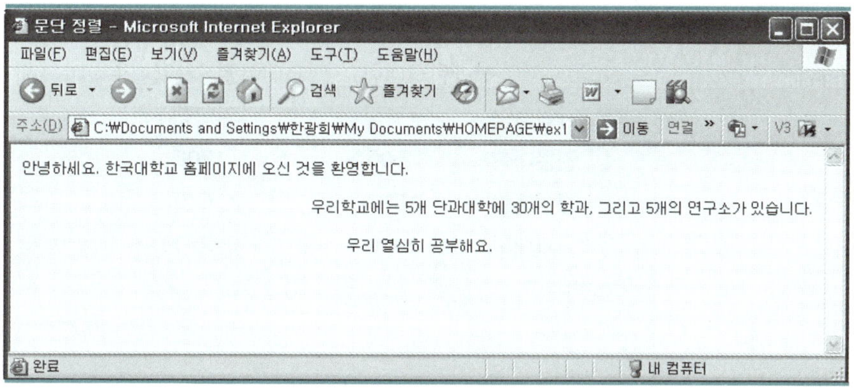


## 3.5 미리 정형화된 문단 태그 〈PRE〉〈XMP〉

Preformatted의 약자인 <PRE>태그는 복잡한 형태의 HTML 문서를 작성하고자 할 경우, 다양하고 복잡한 태그들을 이용하여 문서를 작성하지 않고도 쉽게 HTML 문서를 만들 수 있도록 제공되는 태그이다.

<XMP>태그는 <PRE>태그와 동일한 기능을 제공하고 있지만, <XMP>태그 안에 있는 다른 태그는 본문의 문자로 인식하기 때문에, 웹 브라우저 상에서도 그대로 표시해준다.

우리가 웹 문서에서 들여쓰기나 키, 띄어쓰기를 반복적으로 사용한 HTML 문서를 그대로 나타내고자 할 경우에 <PRE>태그는 매우 편리한 태그이다.

## 따라서 해보기: ex13.html

```
<html>
<head>
<title> pre, xmp태그용법</title>
</head>
<body>
<pre>        <b>한국대학교 단과대학별 재학생 수</b>
    단과대명        남학생수            여학생수
    인문대학          600              1200
    경상대학         1500               640
    공과대학         2050               250
 </pre>
<xmp>        <b>한국대학교 단과대학별 재학생 수</b>
    단과대명        남학생수            여학생수
    인문대학          600              1200
    경상대학         1500               640
    공과대학         2050               250
</xmp>
</body>
</html>
```

### 실행 화면

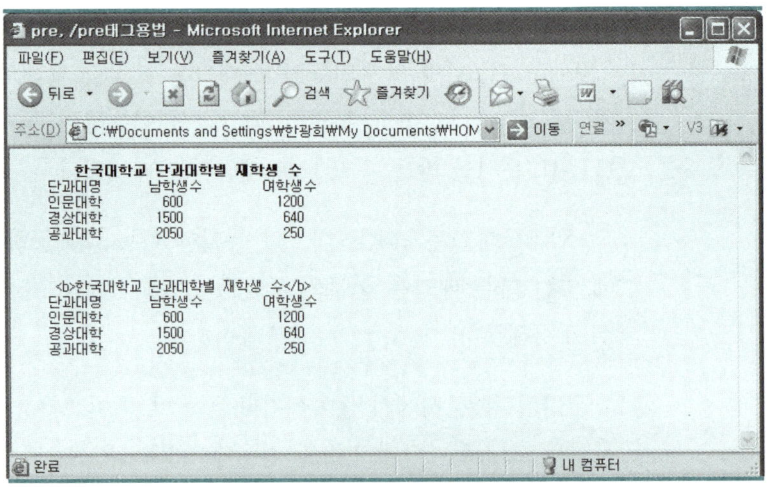

## 3.6 정렬태그 〈CENTER〉

HTML 언어에서 입력하고자 하는 텍스트뿐만 아니라 그림이나 사진, 표와 같은 이미지를 화면의 가운데로 정렬해 주는 태그로 <CENTER>가 있다. 가운데 정렬을 실행하고자 할 경우에는 앞에서 설명한 <P>태그보다 훨씬 편리하게 사용할 수가 있는 태그이다.

**따라서 해보기: ex14.html**

```
<html>
<head>
<title> center 태그용법 </title>
</head>

<body>
<center>
안녕하세요. 한국대학교  홈페이지에  오신 것을  환영합니다.<p>
우리학교에는  5개  단과대학에  30개의  학과, 그리고  5개의  연구소가 있습니다.<p>
우리  열심히  공부해요.<p>
</center>
</body>
</html>
```

#### 실행 화면

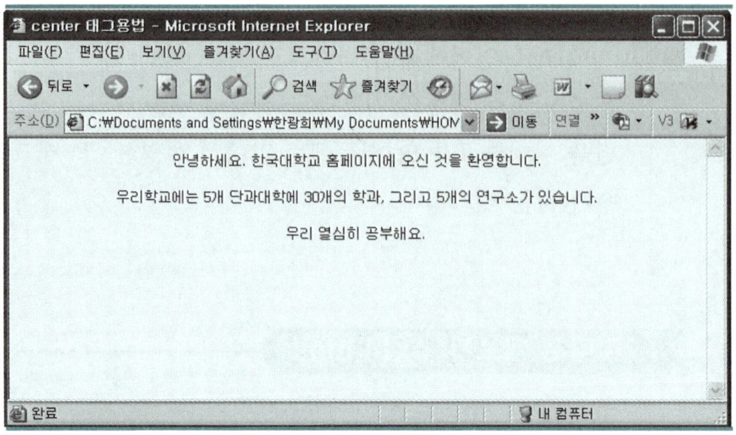


## 3.7 주석문 입력태그 〈!– 문장작성–〉

HTML 문서에 특정한 코멘트 즉 주석문을 작성해 주는 기능이다. HTML 문서를 작성하다가 HTML 소스의 특정한 부분을 알아보기 쉽도록 설명해주기 위하여 주석문을 입력하고자 하는 위치에 <!- 문장작성-> 사이에 문장을 작성해 준다. 이렇게 입력된 주석문은 웹 브라우저 상의 화면에는 나타나지 않고 html 문서상에서만 나타나므로 HTML 소스를 쉽게 구별하고자 할 때에 주로 사용하게 된다.

#### 따라서 해보기: ex15.html

```
<html>
<head>
<title> 주석달기 태그용법</title>
</head>
<body>
<!- center 태그와 관련된 기능을 설명하기 위한 html 문서입니다.(주석문의 활용 예)->

<center>
안녕하세요. 한국대학교 홈페이지에 오신 것을  환영합니다.<p>
우리학교에는 5개 단과대학에 30개의  학과, 그리고 5개의 연구소가 있습니다.<p>
우리  열심히  공부해요.<p>
```

### 따라서 해보기: ex15.html(계속)

```
</center>
</body>
</html>
```

**실행 화면**

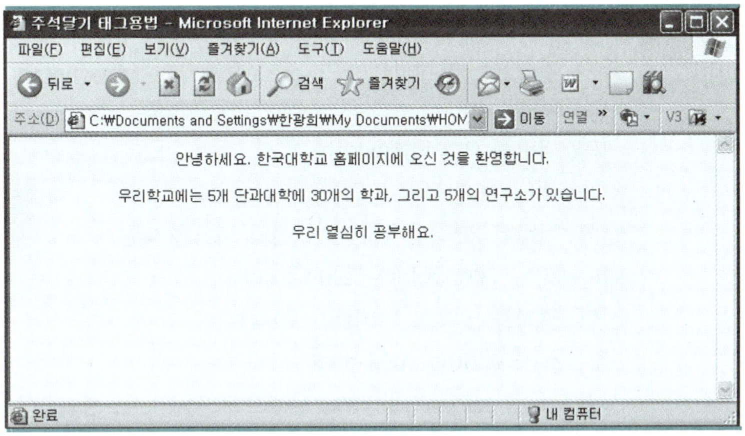


## 3.8 선긋기 태그 〈HR〉

HTML 언어에서 선을 나타내 주는 태그는 <HR>태그로서 Horizontal Rule의 약자를 나타낸다. 일반적으로 홈페이지에서 <HR>태그의 기능은 문단과 문단의 구분을 나타내는 경계선으로 많이 활용되고 있다.

<HR>태그를 이용하여 나타나는 선은 입체적인 모양으로 나타나지만, 이러한 입체적인 선 모양도 <HR NOSHADE>태그를 이용하면 단순한 실선모양으로 나타나게 된다.

| 태 그 | 설 명 |
|---|---|
| <HR> | 입체적인 수평선을 나타내 줌 |
| <HR width=pixel/%> | 선의 길이를 조정함(단위는 픽셀과 백분율로 나타냄) |
| <HR size=pixel> | 선의 굵기를 조정함(단위는 픽셀로 나타냄) |
| <HR align=left/center/right> | 선의 정렬 |
| <HR color=RGB 코드 값 > | 선의 색상을 나타내 줌 |
| <HR noshade> | 입체적이 아닌 검은 선을 나타내 줌 |

## 따라서 해보기: ex16.html

```
<html>
<head>
<title> hr의 네 가지 속성 </title>
</head>
<body>
여러 가지 모양의 수평선을 만들어 봅시다.<p>
선의  굵기를  5픽셀(size).<p>
<hr size=5><br>
선의  너비를  100픽셀(width).
<hr width=100><br>
선의  너비를  브라우저의 70%, 선의 색상을 파랑색으로.
<hr width=70%  color=“blue”><br>
선의  굵기를  5픽셀, 너비를  100픽셀로.
<hr size=5 width=100><br>
선의 너비를 브라우저의 70%,  왼쪽으로 정렬(left), 선의 색상을 빨강색으로.
<hr width=70% align=left  color=“red”><br>
선의 굵기를 10픽셀, 왼쪽정렬, 회색으로 처리(noshade).
<hr size=10 align=left noshade>
</body>
</html>
```

### 실행 화면

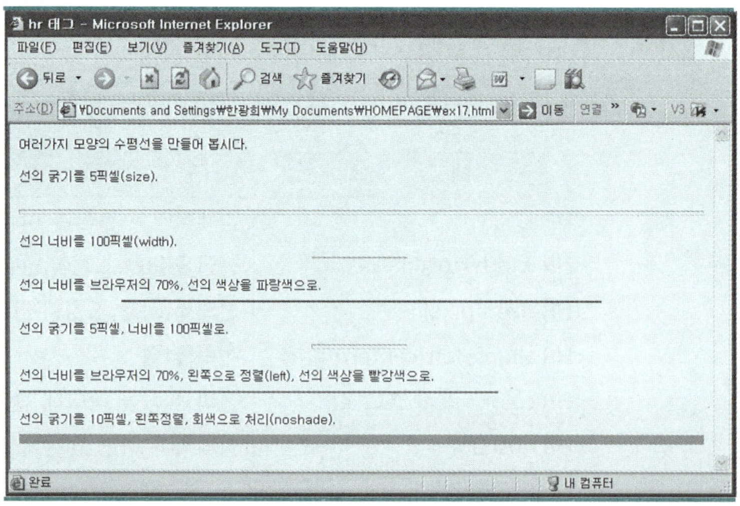

# 4 목록태그

HTML 언어를 이용하여 문서를 작성하는데 있어서 입력한 내용을 한 눈에 알아보기 쉽도록 특정한 내용들을 나열하고자 할 경우가 있는데, 이때 사용할 수 있는 태그가 목록(List)태그이다.

이러한 목록태그에는 일반적으로 순서를 지정하지 않는 태그인 <UL>태그와, 순서를 지정하여 나타내는 태그 <OL>태그 등 두 가지 방법이 있다.

## 4.1 UL 태그

Unordered List의 약자인 <UL>태그는 <UL>태그와 </UL>태그 속에 있는 내부의 리스트 항목을 정의하기 위하여 <LI>태그를 사용한다. <LI>태그를 이용하여 표시되는 각 항목의 내용들은 자동적으로 오른쪽 들여쓰기와 줄 바꾸기를 실행해 준다.

<UL>태그의 type 속성은 아래의 표와 같이 3가지의 유형이 있으며 디폴트값은 검은색 원형인 disk이다.

```
<UL>
    <LI> 리스트의 내용
</UL>
```

| 태 그 | 설 명 |
|---|---|
| <UL TYPE= “disk”> | ●(검은 원 모양) |
| <UL TYPE= “circle”> | ○(흰 원 모양) |
| <UL TYPE= “square”> | ■(검은 사각형 모양) |

### 따라서 해보기: ex17.html

```
<html>
<head>
<title> 목록태그 ul </title>
</head>
<body>
<h3>한국대학교 단과대학 안내입니다</h3>
<ul type= “square”>
<li>인문대학
<li>경상대학
<li>법과대학
<li>공과대학
<li>미술대학
</ul>
</body>
</html>
```

#### 실행 화면

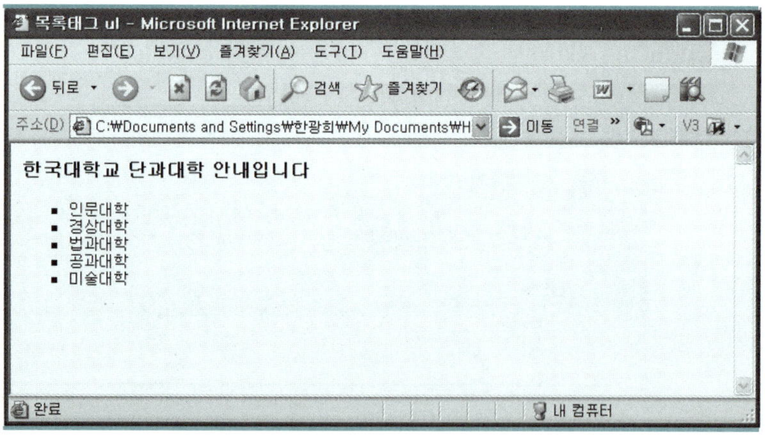


## 4.2 OL 태그

순서가 있는 목록태그인 <OL>태그는 Ordered List의 약자로서, 목록 앞에 블릿 기호가 아닌 번호를 표시해주는 리스트 형식이다. <OL>태그와 </OL>태그 사이에는 다시 내부의 리스트 항목을 정의해주는 <LI>태그를 사용하면 <UL>태그와 같은 방법으로 각 항목은 자동적으로 오른쪽 정렬과 들여쓰기 및 줄바꾸기를 실행해 준다.

<OL>태그의 type 속성은 아래의 표와 같이 5가지의 유형이 있으며 디폴드 값은 1이다.

```
<OL>
   <LI> 리스트의 내용
</OL>
```

| 태 그 | 설 명 |
|---|---|
| <OL TYPE= "A"> | 영문자 대문자 순으로 표시 |
| <OL TYPE= "a"> | 영문자 소문자 순으로 표시 |
| <OL TYPE= "I"> | 로마 숫자 대문자 순으로 표시 |
| <OL TYPE= "i"> | 로마 숫자 소문자 순으로 표시 |
| <OL TYPE= "1"> | 아라비아 숫자 순으로 표시 |

### 따라서 해보기: ex18.html

```
<html>
<head>
<title> 목록태그 ol </title>
</head>
<body>
<h3>한국대학교 단과대학 안내입니다</h3>
<ol type= "I">
<li>인문대학
<li>경상대학
<li>법과대학
<li>공과대학
<li>미술대학
```

## 따라서 해보기: ex18.html

```
</ol>
</body>
</html>
```

### 실행 화면

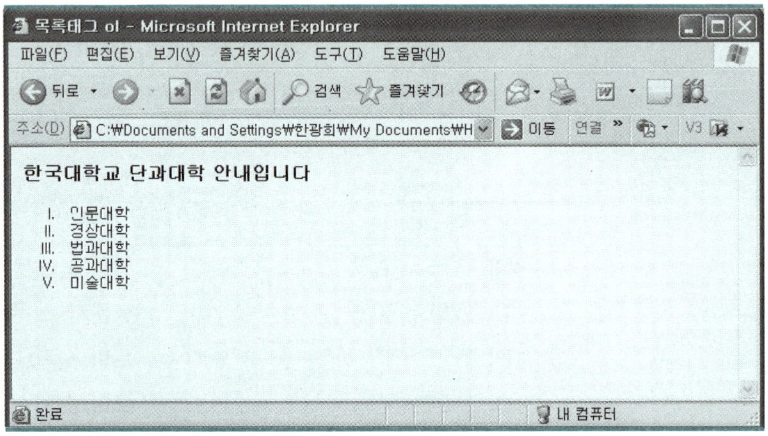


## 따라서 해보기: ex19.html

```
<html>
<head>
<title> 목록태그 </title>
</head>
<body bgcolor="yellow">
<h3>한국대학교 단과대학 안내</h3>
<ol type=1>
<li>인문대학
<ul>
   <li>국문학과
   <li>영문학과
   <li>중문학과
```

## 따라서 해보기: ex19.html(계속)

```
</ul>
<li>경상대학
<ul>
    <li>경영학과
    <li>경제학과
    <li>e-비즈니스학과
</ul>
<li>법학대학
<li>공과대학
<li>음악대학
</ol>
</body>
</html>
```

### 실행 화면

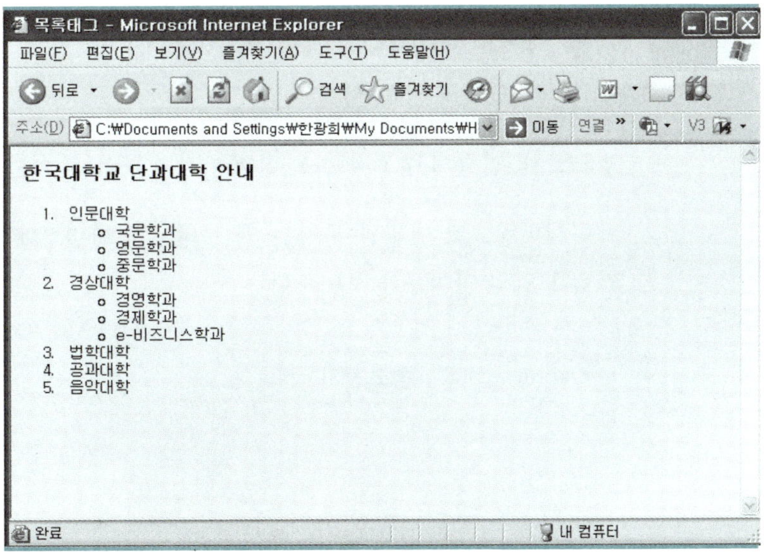

# 5 하이퍼링크 연결하기

HTML 언어로 작성한 문서의 가장 큰 장점 중 하나는 다른 문서의 텍스트나 혹은 이미지로 연결하여 나타내준다는 것이다. 이렇게 텍스트나 이미지를 다른 문서로 연결해주는 것을 하이퍼링크(Hyperlink) 혹은 앵커(Anchor)라고 한다. 하이퍼링크는 웹 문서상에 파란색과 밑줄로 강조된 글자모양을 나타내주는데 이와 관련된 태그가 <A>태그이다.

일반적으로 하이퍼링크에는 세 가지 유형이 있는데, 구체적으로 볼 것 같으면, 다른 서버의 서비스로 연결하기, 다른 문서로 연결하기, 같은 문서 내의 특정 부분으로 연결하기 등이 있다.

## 5.1 다른 서버의 서비스로 연결하기

다른 서버에 있는 HTML 문서의 위치를 지정해 주고자 할 경우에 사용하는 방법으로서, 연결해 주고자 하는 홈페이지의 URL 주소를 모두 적어 주어야만 한다.

하이퍼링크로 연결된 문자는 웹 브라우저 화면상에서 마우스를 접근시키면 손가락 모양의 아이콘을 보여준다.

```
<A href="URL"> 링크 문자 </A>
```

### 따라서 해보기: ex20.html

```
<html>
<head>
<title> 다른 서비스로 연결하기 </title>
</head>
<body bgcolor= "ivory">
<center>
<a href= "http://www.hs.ac.kr">한신대 홈페이지로!</a>
</center>
</body>
</html>
```

**실행 화면**

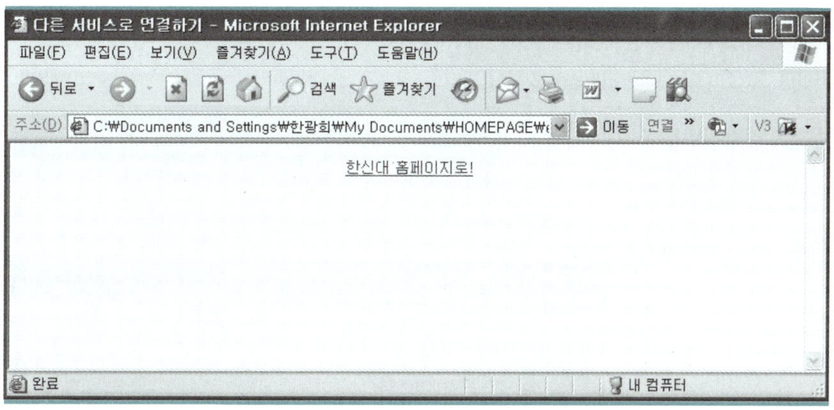


## 5.2 다른 문서로 이동하기

같은 홈페이지의 다른 웹 문서로 이동하기 위해서는, 이동하고자 하는 경로와 파일명을 A 태그를 이용하여 연결해 주면 된다.

```
<A href= "경로 및 파일명"> 링크문자</A>
```

## 따라서 해보기: ex21.html

```
<html>
<head>
<title> 다른 문서로 이동</title>
</head>
<body>
<h3>다른 문서로 이동하는 방법입니다.</h3>
<ul type="square">
<li>같은 레벨의 문서로 이동하는 방법입니다.<br>
<a href="ex10.html">ex10.html로 이동</a><p>
<li>하위 경로의 문서로 이동하는 방법입니다.<br>
<a href="study/st.html">st.html 로 이동</a><p>
<li>상위 경로의 문서로 이동하는 방법입니다.<br>
<a href="../index.html">index.html로 이동</a>
</ul>
</body>
</html>
```

### 실행 화면

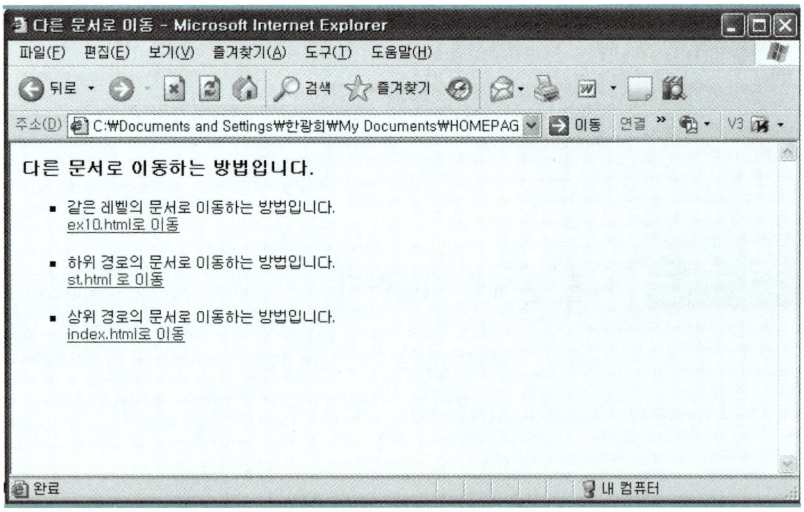

## 5.3 같은 문서 내의 특정부분으로 연결

웹 문서의 어느 특정한 부분을 클릭하면 동일문서의 지정된 위치로 웹 문서를 이동하게 해주는 기능을 말한다. 웹 문서의 내용이 길게 작성되어 웹 브라우저의 화면에 모두 표시되지 않고 아래 부분으로 길게 표시되어 있는 웹 문서일 경우 많이 사용하는 방법이다.

### 따라서 해보기: ex22.html

```
<html>
<head>
<title> 동일 문서내에서의 연결</title>
</head>
<body bgcolor= "yellow">
    <strong>한국대학교</strong><br>
    <p>
    <a href= "#sample1">인문대학</a><br>
    <a href= "#sample2">경상대학</a><br>
    <a href= "#sample3">법학대학</a><br>
    <a href= "#sample4">공과대학</a><br>
    <a href= "#sample5">음악대학</a><br><br><br><br>

<a name= "sample1"><i>(1)인문대학</i></a><p>
국문학과<br>
영문학과<br>
<br><br><br><br><br><br><br><br><br><br>
<a name= "sample2"><i>(2)경상대학</i></a><p>
경영학과<br>
e-비즈니스학과<br>
<p align= "right"><a href= "#TOP">맨위로</a></p><br>
<br><br><br><br><br><br><br><br><br><br>
<a name= "sample3"><i>(3)법과대학</i></a><p>
법학과<br>
<br><br><br><br><br><br><br><br><br><br>
```

### 따라서 해보기: ex22.html(계속)

```
<a name="sample4"><i>(4)공과대학</i></a><p>
전자공학과<br>
건축학과<br>
<p align="right"><a href="#TOP">맨위로</a></p><br>
<br><br><br><br><br><br><br><br><br><br>
<a name="sample5"><i>(5)음악대학</i></a><p>
피아노 전공<br>
성악 전공<br>
<p align="right"><a href="#TOP">맨위로</a></p><br>
<br><br><br><br><br><br><br><br><br><br>
</body>
</html>
```

이와 같이 동일 문서의 특정한 부분에서 다른 부분으로 하이퍼링크를 이용하여 연결해 주기 위해서는 먼저 책갈피를 <A NAME=>속성을 이용하여 지정해 준 다음, <A HREF=# >태그를 이용하여 하이퍼링크를 지정하면 되는 것이다.

```
<A href="#target">anchor text</A>
<A name="target">contents</A>
```

**실행 화면 1**

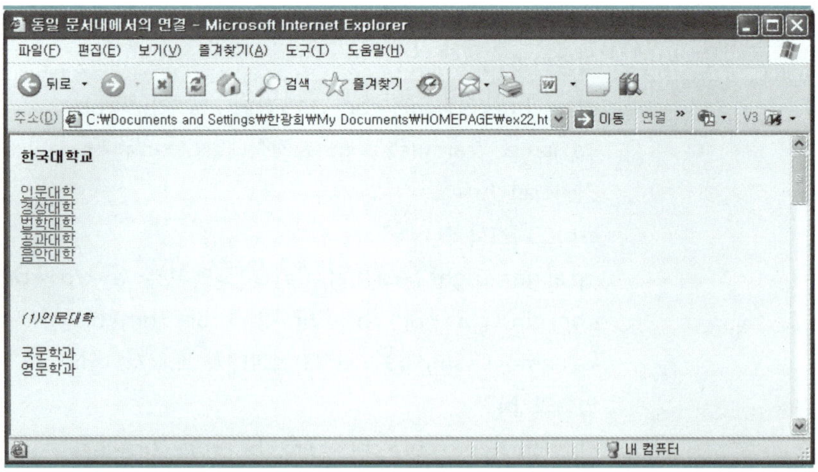

### 실행 화면 2

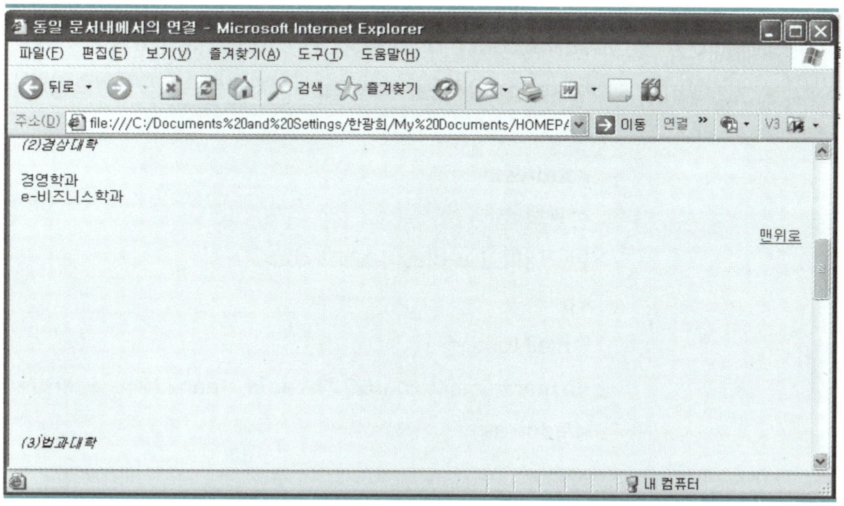


## 5.4 주소입력과 전자우편 보내기

HTML 언어를 이용하여 주소를 입력하거나 e-Mail을 쓰기 위한 링크를 설정하고자 할 경우 사용하는 태그로 <ADDRESS>태그를 사용하는데 이 태그로 감싸준 내용은 이탤릭체 형태로 나타내 준다.

① 주소입력태그

```
<ADDRESS>address 정보</ADDRESS>
```

② e−Mail 보내기

```
<A href= "mailto:URL" >URL</A>
```

### 따라서 해보기: ex23.html

```
<html>
<head>
<title> 전자우편 보내기</title>
</head>
```

## 따라서 해보기: ex23.html(계속)

```
<body bgcolor= “white”>
    <strong>이것은 주소태그와 전자우편 보내기 연습입니다.</strong><p>
    <hr>
    <address>
    한광희<br>
    한국대학교 e-비즈니스학과<br>
    <p>
    E-mail to:<br>
    <a href= “mailto:han22@hs.ac.kr”>han22@hs.ac.kr</a>
    </address>
</body>
</html>
```

### 실행 화면

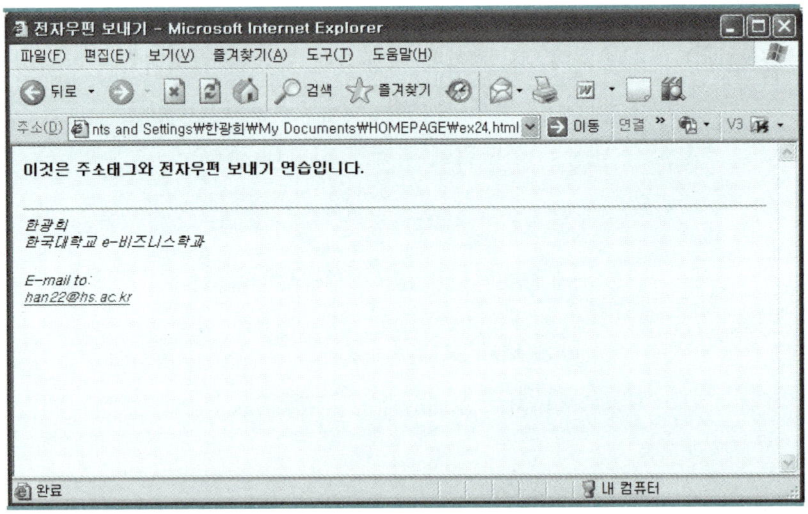

# 6 이미지 넣기

그림이나 사진과 같은 파일을 HTML 문서에 삽입하고자 할 경우 사용하는 태그가 <IMG>태그이다. <IMG>태그를 이용하여 HTML 문서에 삽입하고자 하는 그림이나 사진의 파일명을 SRC 속성을 이용하여 나타내주면 된다. 일반적으로 HTML 문서에서 삽입하는 그림이나 사진의 파일형식은 GIF와 JPG 형식의 파일이어야 한다.

## 6.1 이미지 넣기 태그 〈IMG〉

이미지를 삽입하기 위해서는 IMAGE의 약자인 <IMG>태그를 사용하여 SOURCE의 약자인 SRC 속성에서 그림파일을 지정해주면 웹 브라우저 화면에 지정한 그림이나 사진이 나타난다.

```
<IMG SRC= “URL(file name)” >
```

### 따라서 해보기: ex24.html

```
<html>
<head>
<title> 이미지 파일의 삽입 </title>
</head>
<body bgcolor= “ivory”>
<img src= “hs.jpg”>
</body>
</html>
```

### 실행 화면

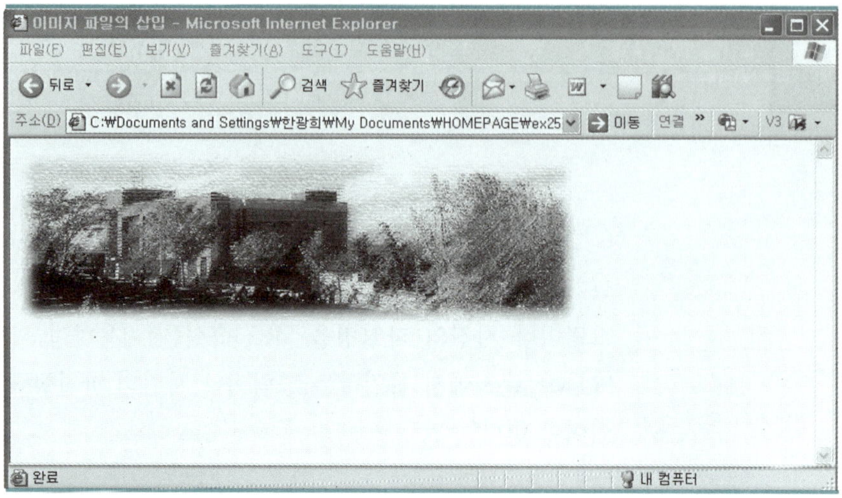


## 6.2 삽입한 이미지의 정렬

삽입한 이미지의 위치를 화면에서 정렬하고자 할 경우에 사용하는 기능으로서, ALIGN 속성을 이용하여 정렬하고자 하는 방향을 RIGHT/LEFT로 설정해 주면 된다.

```
<IMG SRC= "URL(file name)" ALIGN= "left/right">
```

| 태 그 | 설 명 |
|---|---|
| ALIGN= "left" | 삽입된 이미지를 화면의 왼쪽에 정렬 |
| ALIGN= "right" | 삽입된 이미지의 화면의 오른쪽에 정렬 |

### 따라서 해보기: ex25.html

```
<html>
<head>
<title> 이미지 파일의 정렬 </title>
</head>
```

### 따라서 해보기: ex25.html(계속)

```
<body bgcolor="ivory">
<img src="runner.gif" align="left">목표 지점을 향하여 앞으로 앞으로 <br>
달리고 있는 자랑스러운 나의 모습 ...
<p><br><br><br><br><br><br><br><br><br><br>
<img src="runner.gif" align="right">목표 지점을 향하여 앞으로 앞으로 <br>
달리고 있는 자랑스러운 나의 모습 ...<p><br>
</body>
</html>
```

실행 화면

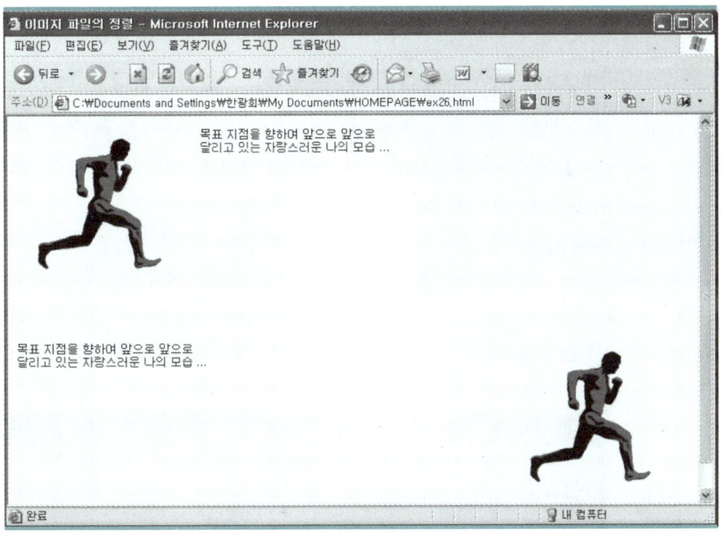


## 6.3 삽입한 이미지의 문자위치

이미지를 삽입하고 그 이미지와 관련된 문자들을 입력하고자 할 경우 입력하는 문자들의 위치를 이미지와 잘 조화를 이루게 하는 것이 중요하다. 삽입된 이미지에 문자들을 입력하고자할 경우, <IMG>태그의 ALIGN 속성을 이용하여 문자들의 위치를 지정해 준다.

```
<IMG SRC= "URL(file name)" ALIGN= "top/middle/bottom">
```

| 태 그 | 설 명 |
|---|---|
| ALIGN="top" | 삽입된 이미지의 위 부분에 문자를 표시 |
| ALIGN="middle" | 삽입된 이미지의 중간 부분에 문자를 표시 |
| ALIGN="bottom" | 삽입된 이미지의 아래 부분에 문자를 표시 |

## 따라서 해보기: ex26.html

```
<html>
<head>
<title> 이미지 파일의 문자위치 </title>
</head>
<body>
<img src="whang.gif" align="top">황선홍입니다.(top) <br><br>
<img src="whang.gif" align="middle">황선홍입니다.(middle) <br><br>
<img src="whang.gif" align="bottom">황선홍입니다.(bottom) <br><br>
</body>
</html>
```

### 실행 화면

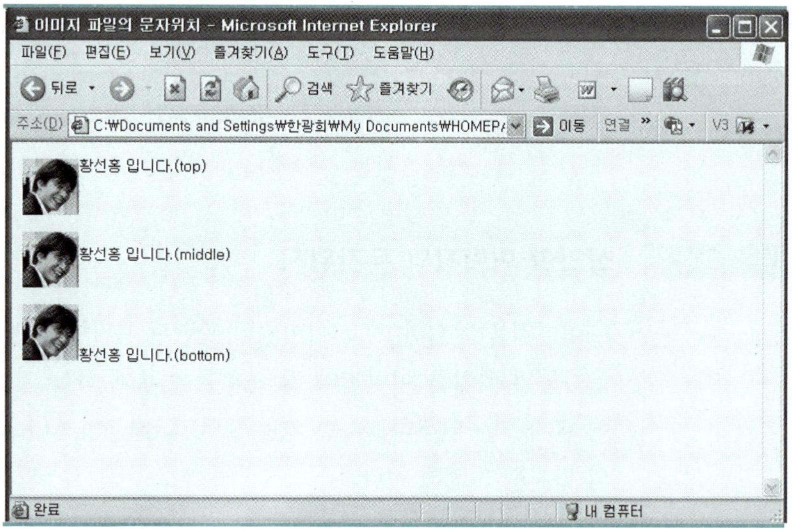

## 6.4 삽입한 이미지의 크기조정

삽입한 이미지의 크기를 조정하고자 할 경우에 사용하는 기능으로서, <IMG>태그 아래에 가로의 크기를 나타내기 위한 WIDTH 속성을 이용하여 나타내고자 하는 이미지의 가로크기를 절대값인 pixel값이나, 상대적인 크기인 %값으로 지정해 준다.

또한 세로의 크기를 나타내기 위해서는 HEIGHT 속성을 이용하여 나타내고자 하는 이미지의 세로크기를 절대값인 pixel값이나, 상대적인 크기인 %값으로 지정해 준다.

```
<IMG SRC= "URL(file name)" WIDTH= "픽셀수, %" HEIGHT= "픽셀수, %">
```

### 따라서 해보기: ex27.html

```
<html>
<head>
<title> 이미지 파일의 크지 조절</title>
</head>
<body>
<img src= "taegukki.gif">원래의 태극기<br><br>
<img src= "taegukki.gif" width=200 height=180>가로 200픽셀 및 세로 180픽셀의
태극기<br><br>
</body>
</html>
```

### 실행 화면

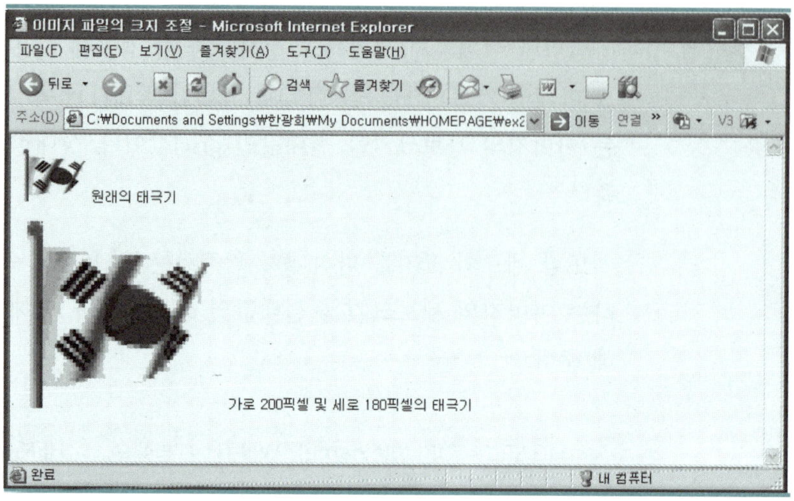


## 6.5 삽입한 이미지의 여백설정

HTML 문서에 삽입한 이미지의 좌우나 상하의 여백을 설정하고자 할 경우에 사용하는 기능이다. 삽입된 이미지의 여백을 일정한 간격으로 설정해 줌으로써 훨씬 안정적인 이미지를 연출할 수가 있다.

삽입한 이미지의 여백을 지정해 주기 위하여, <IMG>태그와 함께 이미지의 상하 여백을 설정해 주는 VSPACE 속성을 이용하여 이미지의 상하 여백을 pixel값으로 지정해 준다.

IMG SRC= "URL(file name)" VSPACE= "픽셀수" HSPACE=" 픽셀수"

또한 이미지의 좌우 여백을 설정해 주기 위해서 HSPACE 속성을 이용하여 이미지의 좌우 여백을 pixel값으로 지정해 준다.

| 태 그 | 설 명 |
|---|---|
| VSPACE= "픽셀수" | 삽입된 이미지의 상하여백을 지정 |
| HSPACE= "픽셀수" | 삽입된 이미지의 좌우여백을 지정 |

## 따라서 해보기: ex28.html

```
<html>
<head>
<title> 이미지 파일의 여백설정 </title>
</head>
<body>
<img src= "hs.jpg" hspace= "30" vspace= "30" align= "left">
가을하늘에 노랗게 물들어 가는 단풍이 너무나도 멋있는 한국대학교의 캠퍼스 풍경입니다. 가을하늘에 노랗게 물들어 가는 단풍이 너무나도 멋있는 한국대학교의 캠퍼스 풍경입니다. 가을하늘에 노랗게 물들어 가는 단풍이 너무나도 멋있는 한국대학교의 캠퍼스 풍경입니다. 가을하늘에 노랗게 물들어 가는 단풍이 너무나도 멋있는 한국대학교의 캠퍼스 풍경입니다. 가을하늘에 노랗게 물들어 가는 단풍이 너무나도 멋있는 한국대학교의 캠퍼스 풍경입니다. 가을하늘에 노랗게 물들어 가는 단풍이 너무나도 멋있는 한국대학교의 캠퍼스 풍경입니다. 가을하늘에 노랗게 물들어 가는 단풍이 너무나도 멋있는 한국대학교의 캠퍼스 풍경입니다. 가을하늘에 노랗게 물들어 가는 단풍이 너무나도 멋있는 한국대학교의 캠퍼스 풍경입니다. 가을하늘에 노랗게 물들어 가는 단풍이 너무나도 멋있는 한국대학교의 캠퍼스 풍경입니다.
</body>
</html>
```

### 실행 화면

## 6.6 삽입한 이미지의 테두리선

삽입한 이미지에 대한 테두리선의 지정과 테두리선의 두께를 픽셀 단위를 이용하여 조정하고자 할 경우에 사용하는 기능이다.

삽입한 이미지에 테두리선을 지정해 주기 위해서는 <IMG>태그에 BORDER 속성을 이용하여 원하는 테두리선의 두께를 pixel 값으로 지정해 준다.

```
<IMG SRC= "URL(file name)"  BORDER= "픽셀수" >
```

| 태 그 | 설 명 |
|---|---|
| BORDER= "픽셀수" | 삽입한 이미지의 테두리신을 픽셀수로 지정<br>BORDER= "0" 로 지정하면 테두리선은 없음 |

### 따라서 해보기: ex29.html

```
<html>
<head>
<title> 이미지 파일의 삽입 </title>
</head>
<body bgcolor= "white">
<img src= "hs.jpg" border=2><br>
<img src= "hs.jpg" border=10>
</body>
</html>
```

### 실행 화면

## 6.7 삽입한 이미지에 링크시키기

삽입한 이미지에 하이퍼링크를 이용하여 특정한 웹 문서나 사이트로 연결하고자 할 경우 사용하는 기능이다. 보다 효과적인 홈페이지로 활용하기 위하여 텍스트가 아닌 그림이나 버튼 모양의 이미지를 이용하여 링크 기능을 이용하는 것을 많이 볼 수가 있다.

```
A HREF= “URL” ><IMG SRC=  “URL(file name)” ></A
```

삽입한 이미지에 하이퍼링크를 설정하기 위해서는 하이퍼링크를 실행해 주는 <A>태그와 </A>태그 사이에 삽입하고자 하는 이미지의 삽입 태그를 지정해 주면 된다.

### 따라서 해보기: ex30.html

```
<html>
<head>
<title> 이미지에 링크시키기 </title>
</head>
<center>
<body bgcolor= “white”>
<a href= “http://www.hs.ac.kr”><img src= “hs.jpg”></a><br><br>
한국대학교 전경을 클릭해 주세요!
</center>
</body>
</html>
```

#### 실행 화면

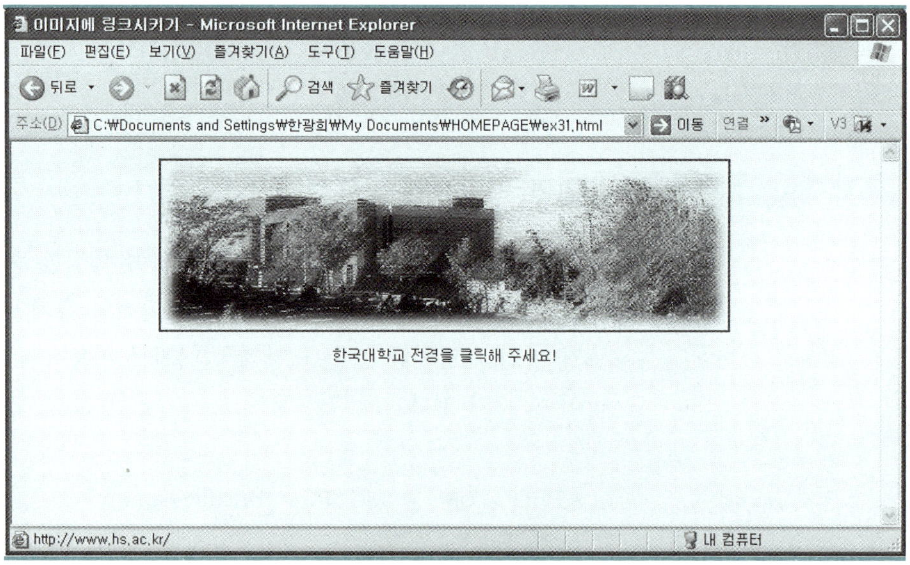

## 6.8 이미지 삽입 총 정리

### 따라서 해보기: ex31.html

```
<html>
<head>
<title> 이미지 삽입 총정리 </title>
</head>
<body bgcolor="ivory">
<img src="hs.jpg" width=280 height=140 align=left hspace=40 vspace=25
border=3 alt="한국대학"?><p>
저녁놀에 빛나는 한국대학교 전경을 보여 주고 있습니다. 여러분 우리 모두 한국대학교 저녁노을의 모습에 오늘 하루를 반성하면서 집으로 돌아가시기 바랍니다. 저녁놀에 빛나는 한국대학교 전경을 보여 주고 있습니다. 여러분 우리 모두 한국대학교 저녁노을의 모습에 오늘 하루를 반성하면서 집으로 돌아가시기 바랍니다. 저녁놀에 빛나는 한국대학교 전경을 보여 주고 있습니다. 여러분 우리 모두 한국대학교 저녁노을의 모습에 오늘 하루를 반성하면서 집으로 돌아가시기 바랍니다.
</body>
</html>
```

### 실행 화면

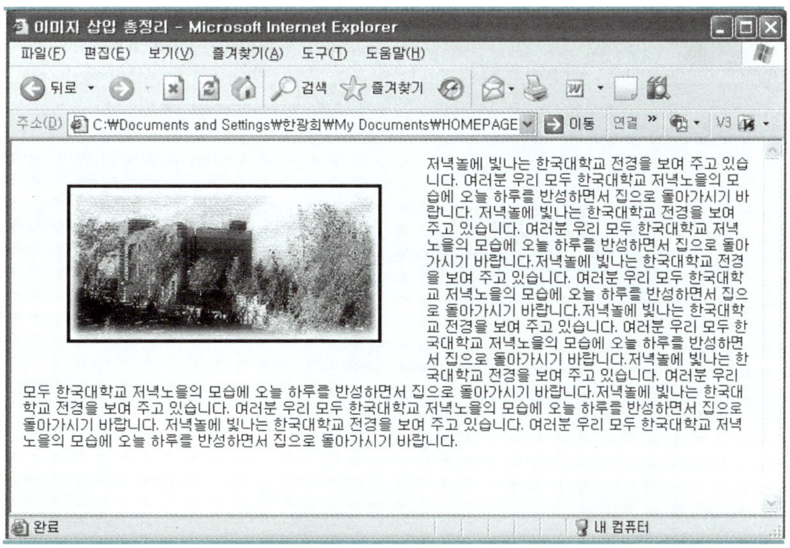

# 7 표 만들기

HTML 언어를 이용하여 홈페이지를 작성하고자 할 경우, 홈페이지에 나타내고자 하는 내용들이 복잡하거나 여러 개의 항목과 필드로 이루어져 있을 경우 표 만들기 기능을 이용하여 작성하면 매우 편리하게 작성할 수가 있다. 그것은 표를 만든 다음에 각 셀 안에 입력하고자 하는 내용들을 행이나 열로 일목요연하게 나누어 표시할 수가 있기 때문이다. HTML 언어에서 표를 작성하기 위한 태그는 <TABLE>태그이다.

## 7.1 표 만들기 태그 〈TABLE〉

HTML 언어를 이용하여 기본적인 표를 작성하기 위해서는 먼저 <TABLE>태그를 이용하여 표가 만들어진다는 정의와 함께, 만들고자 하는 표의 테두리선의 두께를 어느 정도의 굵기로 나타낼 것인가를 BORDER 속성을 이용하여 지정해 주어야만 한다.

**표 작성 태그의 기본구조와 기능**

| | |
|---|---|
| <TABLE>.........</TABLE> | HTML 문서에서 표를 정의해 줌 |
| <CAPTION>....... </CAPTION> | 표의 제목을 나타내 줌 |
| <TR>........</TR> | 표의 행을 정의해 줌 |
| <TH>.......</TH> | 표의 머리부분을 지정해 줌 |
| <TD>.......</TD> | 표의 데이터 셀을 나타내 줌 |

### 실행 화면

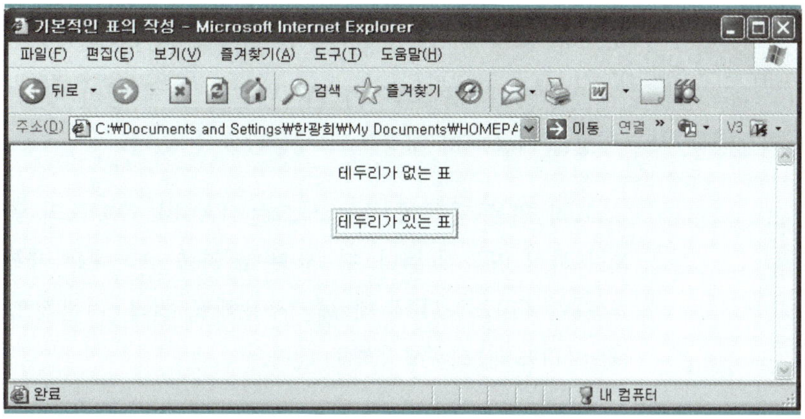


## 따라서 해보기: ex32.html

```
<html>
<head>
<title> 기본적인 표의 작성</title>
</head>
<body>
<center>
   <table>
<tr>
<td>테두리가 없는 표</td>
   </table><p>
<table border=2>
<tr>
<td>테두리가 있는 표</td>
   </table>
</center>
</body>
</html>
```

## 7.2 테이블의 행과 셀의 작성〈TR〉〈TH〉〈TD〉

표의 행을 만드는 태그는 TABLE ROW의 약자인 <TR> </TR>태그를 이용하여 만들게 된다. 그리고 <TR>태그와 함께 행의 배경색을 지정하는 BGCOLOR 속성을 이용하여 배경색도 지정해줄 수 있다.

표의 열을 만들어 주는 태그는 TABLE DATA의 약자인 <TD> </TD>태그를 이용하여 만들게 된다. 단 첫 번째 열을 나타내는 제목열은 TABLE HEADER의 약자인 <TH> </TH>태그를 사용해도 된다. 기본적으로 종료태그인 </TR>태그와 </TD>태그는 생략해도 된다.

### 따라서 해보기: ex33.html

```
<html>
<head>
<title> 테이블의 행과 셀의 작성</title>
</head>
<body>
<center>
  <table border=2>
<tr>
<th>인문대학</th>
<th>경상대학</th>
<th>공과대학</th>
<tr>
<td>국어국문학과</td>
<td>e-비즈니스학과</td>
<td>전자공학과</td>
</table>
</center>
</body>
</html>
```

실행 화면

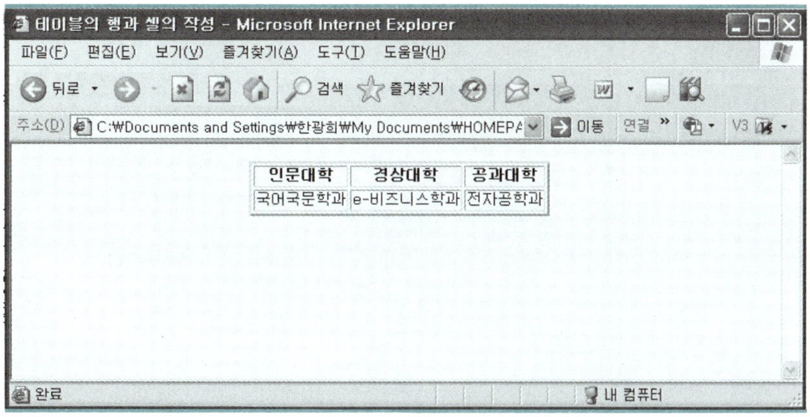


## 7.3 표의 셀 합치기 기능

작성한 표의 특정 셀을 합치고자 할 경우에 사용하는 기능으로서, 홈페이지 상에서 작성한 표가 항상 동일한 행과 동일한 열을 바탕으로 사용되는 것은 아니다. 때로는 특정한 행이나 열들을 합쳐서 원하는 문자나 그림 등을 삽입하게 되는 것이다.

작성한 표에서 특정한 셀을 행 단위로 합치고자 할 경우에는 합치고자 하는 위치의 셀에서<TH>태그나 <TD>태그의 속성으로 ROWSPAN을 이용하여 합치고자 하는 셀의 숫자를 표시해 주면 된다.

동일한 방법으로 작성한 표에서 특정한 셀을 열 단위로 합치고자 할 경우에는 합치고자 하는 위치의 셀에서<TH>태그나 <TD>태그의 속성으로 COLSPAN을 이용하여 합치고자 하는 셀의 숫자를 표시해 주면 된다.

```
<TH ROWSPAN= "n" COLSPAN= "n" >..............</TH>
<TD ROWSPAN= "n" COLSPAN= "n" >..............</TD>
```

### 실행 화면

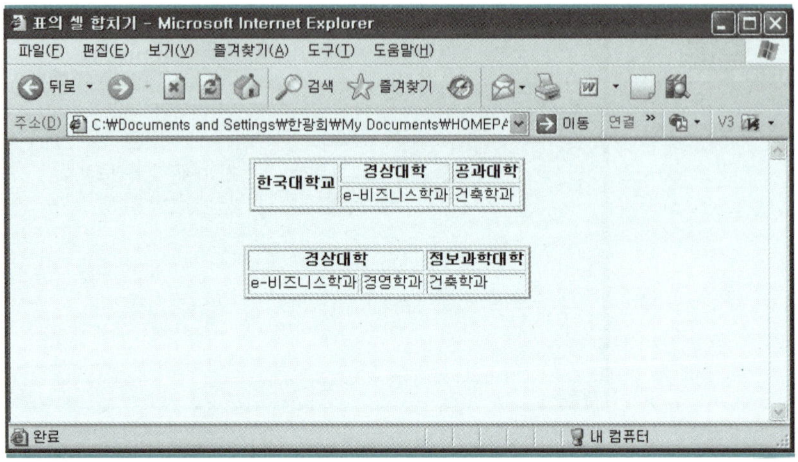


## 따라서 해보기: ex34.html

```
<html>
<head>
<title>표의 셀 합치기</title>
</head>
<body>
<center>
<table border=2>
<tr>
<th rowspan=2 >한국대학교</th>
<th>경상대학</th>
<th>공과대학</th>
<tr>
<td>e-비즈니스학과</td>
<td>건축학과</td>
</table><br><br>
<table border=2>
<tr>
<th colspan=2 >경상대학</th>
<th>정보과학대학</th>
<tr>
```

### 따라서 해보기: ex34.html(계속)

```
<td>e-비즈니스학과</td>
<td>경영학과</td>
<td>건축학과</td>
</table>
</center>
</body>
</html>
```

## 7.4 표의 여백 설정 기능

작성한 표의 셀과 셀 사이의 여백을 조정하고자 할 경우와 셀과 입력된 문자 사이의 여백을 조정하고자 할 경우에 사용하는 기능이다.

먼저 셀과 셀 사이의 여백은 <TABLE>태그의 속성으로 CELLSPACING을 이용하여 여백의 간격을 pixel 값으로 지정해 준다. 표의 셀과 셀 사이의 여백에 대한 기본값은 2 pixel이다. 그리고 표의 각 셀과 셀 안에 입력되는 문자 사이의 여백에 대한 설정은 <TABLE>태그의 속성으로 CELLPADDING을 이용하여 여백의 간격을 pixel 값으로 지정해 준다.

```
<TABLE CELLSPACING= "픽셀수" >..............</TABLE>
<TABLE CELLPADDING= "픽셀수" >..............</TABLE>
```

### 따라서 해보기: ex35.html

```
<html>
<head>
<title>표의 여백 설정하기</title>
</head>
<body>
<center>
<table border=2 cellspacing=10>
```

### 따라서 해보기: ex35.html(계속)

```
<tr>
<th>인문대학</th>
<th>경상대학</th>
<th>공과대학</th>
<tr>
<td>국어국문학과</td>
<td>e-비즈니스학과</td>
<td>전자공학과</td>
</table><br><br>
<table border=2 cellpadding=10>
<tr>
<th>인문대학</th>
<th>경상대학</th>
<th>공과대학</th>
<tr>
<td>국어국문학과</td>
<td>e-비즈니스학과</td>
<td>전자공학과</td>
</table>
</center>
</body>
</html>
```

#### 실행 화면

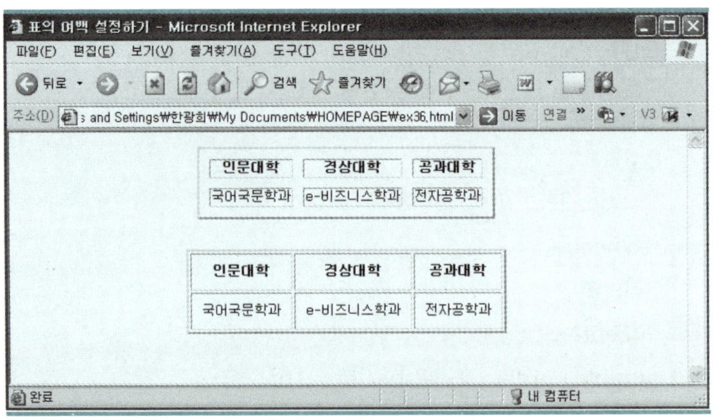

## 7.5 표의 크기 조정

작성한 표의 크기를 조절하기 위하여 사용하는 기능으로서 앞에서 설명한 이미지의 크기 조정과 같은 방법으로 설정해주면 된다. 즉 표의 가로 크기를 조정하기 위해서는 <TABLE>태그의 속성으로 WIDTH 속성을 이용하여 나타내고자 하는 표의 가로크기를 절대값인 pixel값으로 지정하거나, 상대적인 크기인 %값으로 지정해 준다.

또한 표의 세로 크기를 나타내기 위해서는 HEIGHT 속성을 이용하여 나타내고자 하는 표의 세로크기를 절대값인 pixel값으로 지정하거나, 상대적인 크기인 %값으로 지정해 준다.

```
<TABLE WIDTH= "픽셀수, %" HEIGHT= "픽셀수, %" >..............</TABLE>
```

### 따라서 해보기: ex36.html

```
<html>
<head>
<title>표의 크기 조절</title>
</head>
<body>
<center>
<table border=2 width=500>
<tr>
<th>인문대학</th>
<th>경상대학</th>
<th>공과대학</th>
<tr>
<td>국어국문학과</td>
<td>e-비즈니스학과</td>
<td>전자공학과</td>
</table><br><br>
<table border=2 height=100>
<tr>
```

### 따라서 해보기: ex36.html(계속)

```
<th>인문대학</th>
<th>경상대학</th>
<th>공과대학</th>
<tr>
<td>국어국문학과</td>
<td>e-비즈니스학과</td>
<td>전자공학과</td>
</table>
</center>
</body>
</html>
```

실행 화면

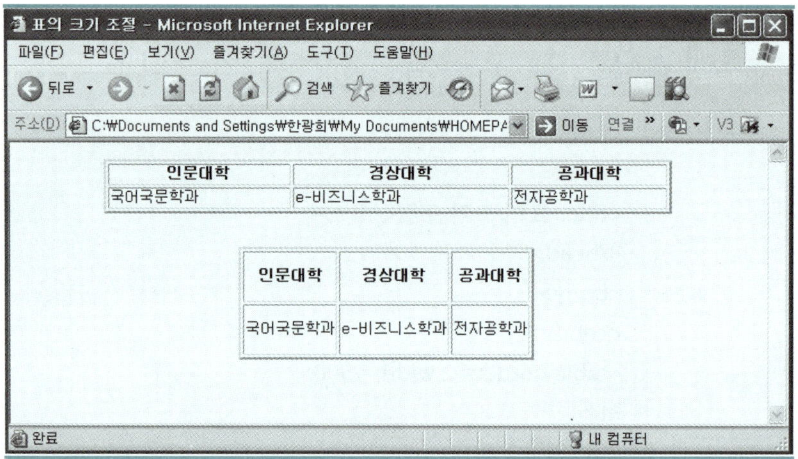


## 7.6 표의 정렬

표의 위치를 특별히 지정하고자 할 경우 사용하는 태그를 이용하여 원하고자 하는 위치를 지정해 줄 수가 있다.

HTML 문서로 작성한 표를 특정한 위치로 정렬하기 위하여 <TABLE>태그에 ALIGN 속성을 이용하여 정렬시키고자 하는 방향을 LEFT/RIGHT로 지정해 주면 된다.

그리고 표를 가운데로 정렬시키고자 할 경우에는 일반적으로 <TABLE></TABLE> 태그의 앞과 뒤에 <CENTER></CENTER>태그를 이용하여 선언해 주는 것이 훨씬 편리할 것이다. HTML 문서에서 표가 정렬되는 기본 값은 왼쪽이다.

```
<TABLE ALIGN= "LEFT" >.........</TABLE>
<TABLE ALIGN= "RIGHT" >.........</TABLE>
```

### 따라서 해보기: ex37.html

```
<html>
<head>
<title>표의 정렬</title>
</head>
<body>
<center>
<table border=2 align= "left">
<tr>
<th>인문대학</th>
<th>경상대학</th>
<tr>
<td>국어국문학과</td>
<td>e-비즈니스학과</td>
</table>
<table border=2 align= "right">
<tr>
<th>인문대학</th>
<th>경상대학</th>
<tr>
<td>영어영문학과</td>
<td>경영학과</td>
</table>
</body>
</html>
```

**실행 화면**

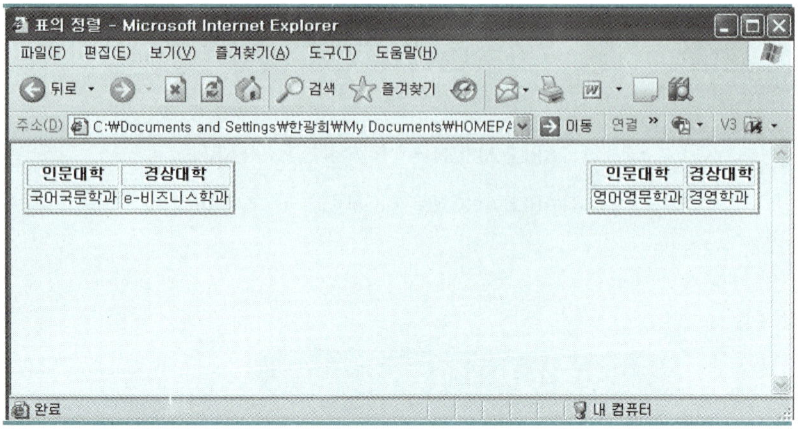


## 7.7 표의 문자열 위치 지정

작성한 표의 셀 안에 입력할 문자열의 위치를 지정하기 위하여 사용하는 기능으로서 좌우와 관련된 문자열 정렬은 <TH><TR><TD>태그에 ALIGN 속성을 이용하여 "left/center/right"값 중에서 하나를 설정해주면 된다.

그리고 표의 상하와 관련된 문자열의 정렬에는 <TH><TR><TD>태그에 VALIGN 속성을 이용하여 "top/middle/bottom"값 중에서 하나를 설정해주면 된다.

기본적으로 ALIGN 속성의 경우 <TH>태그의 기본값은 "center"이며 <TR>과 <TD>태그의 기본값은 "left"이다. 또한 VALIGN 속성의 기본값은 "middle"로 지정되어 있다. 그렇기 때문에 표를 작성하는 과정에서 문자열의 위치를 특별히 지정하지 않아도 기본값으로 설정되어 있는 위치로 문자열이 정렬되어 표시되는 것이다.

```
<TH ALIGN= "left/center/right" VALIGN= "top/middle/bottom">...............</TH>
<TR ALIGN= "left/center/right" VALIGN= "top/middle/bottom">...............</TR>
<TD ALIGN= "left/center/right" VALIGN= "top/middle/bottom">...............</TD>
```

## 따라서 해보기: ex38.html

```
<html>
<head>
<title>표의 문자열 정렬</title>
</head>
<body>
<center>
   <table border=2 width=500 height=100>
<tr>
<th align= “left”>인문대학</th>
<th align= “center”>경상대학</th>
<th align= “right”>공과대학</th>
<tr>
<td valign= “top”>국어국문학과</td>
<td valign= “middle”>e-비즈니스학과</td>
<td valign= “bottom”>전자공학과</td>
</table>
</center>
</body>
</html>
```

### 실행 화면

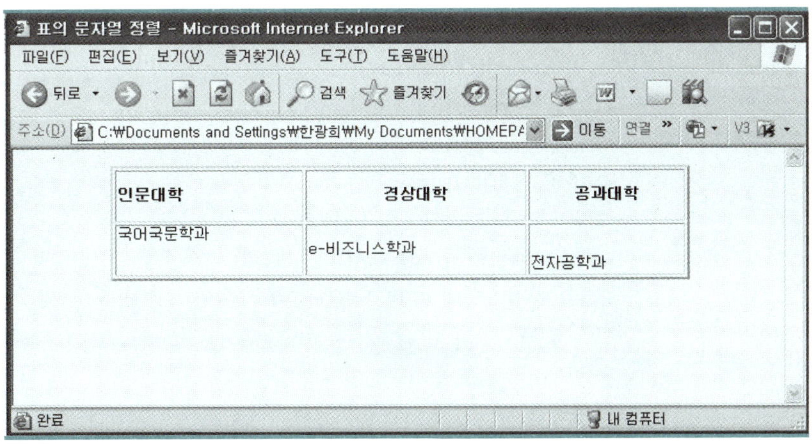

## 7.8 표의 셀에 배경색 표시하기

작성한 표의 셀 안에 배경색을 표시하기 위한 기능으로서 <TABLE><TR><TD> 태그의 속성으로 BGCOLOR= 속성을 이용하여 원하는 배경색을 RGB 헥사 크드 번호나 색상이름을 영어로 입력해 주면 된다. 즉 HTML 문서의 <BODY>태그에서 웹 문서의 바탕색을 지정하는 방법과 같이 설정해주면 된다.

기본적으로 <TABLE>태그와 <TR>태그에서는 지정한 색상으로 해당 셀 모두를 표시해주는데 반하여, <TD>태그는 지정한 하나 하나의 셀 단위로 색상을 표시해 주는 차이점이 있다.

```
<TABLE BGCOLOR= “#RGB 값 또는 색상” >..............</TABLE>
<TR BGCOLOR– “#RGB 값 또는 색상” >..............</TR>
<TD BGCOLOR= “#RGB 값 또는 색상” >..............</TD>
```

### 따라서 해보기: ex39.html

```
<html>
<head>
<title>표의 색상</title>
</head>
<body>
<center>
   <table border=2>
<tr bgcolor= “#ffff00”>
<th>인문대학</th>
<th>경상대학</th>
<th>공과대학</th>
<tr>
<td bgcolor= “white”>중어중문학과</td>
<td bgcolor= “orange”>경제학과</td>
<td bgcolor= “pink”>소프트웨어학과</td>
</table>
</center>
</body>
</html>
```

### 실행 화면

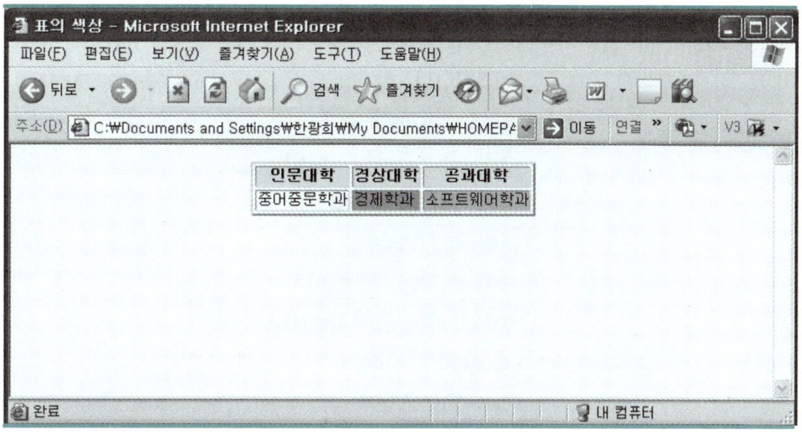

## 7.9 표에 대한 총 정리

앞에서 실습한 HTML 문서를 기본으로 하여 표를 작성하는 기능들을 총괄적으로 정리하기 위하여 아래의 HTML 문서를 입력하고 웹 브라우저 화면에 펼쳐 보기로 한다.

### 따라서 해보기: ex40.html

```
<html>
<head>
<title> 표의 총정리</title>
</head>
<body bgcolor= "lightpink">
<center>
<img src= "hs.jpg"><p>
     <table border=1 cellpadding=5>
     <caption>한국대학교 학교안내</caption>
     <tr bgcolor= "chocolate">
          <th> 인문대학</th>
          <th> 경상대학</th>
          <th> 법과대학</th>
```

## 따라서 해보기: ex40.html(계속)

```
            <th> 공과대학</th>
            <th> 음악대학</th>
        <tr bgcolor= "yellow">
            <td> 국어국문학과</td>
            <td> 경영학과</td>
            <td> 법학과</td>
            <td> 전자공학과</td>
            <td> 성악전공학과</td>
        <tr bgcolor= "yellow">
            <td> 영어영문학과</td>
            <td> 경제학과</td>
            <td> 행정학과</td>
            <td> 건축학과</td>
            <td> 기악전공학과</td>
        </table>
</center>
</body>
</html>
```

### 실행 화면

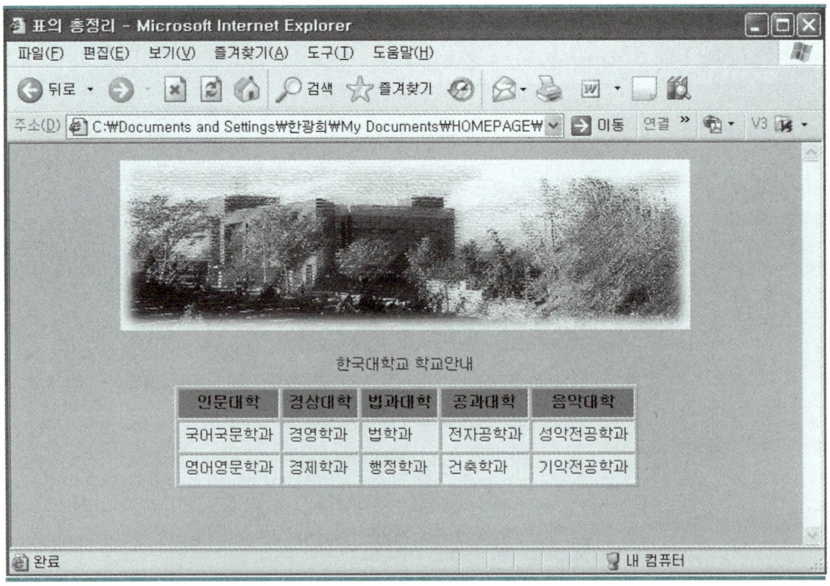

# 8 프레임 만들기

프레임은 하나의 웹 브라우저 화면을 여러 개의 윈도우 창으로 분할하고 분할된 각 창에 각기 다른 내용의 HTML 문서를 표시하는 기능을 말한다. 이러한 프레임을 사용한 홈페이지의 장점은 문서의 이동에 있어서 탁월한 편리함을 제공해 준다는데 있다.

이와 같은 프레임 기능을 이용하여 홈페이지를 작성하기 위해서는 하나의 HTML 문서를 가지고 만드는 것이 아니라, 나누어진 프레임에 여러 장의 HTML 문서가 모여서 하나의 완벽한 홈페이지를 나타내게 되는 것이다.

프레임을 작성하는 기본적인 구조는 먼저 <FRAMSET>태그를 이용하여 만들고자 하는 프레임 창의 구조를 선언해 준 다음, <FRAME>태그를 이용하여 각각의 프레임을 설정해 주는 것이다.

```
<FRAMESET COLS= 픽셀수 %>
  FRAME elements
</FRAMESET>
<FRAMESET ROWS= 픽셀수 %>
  FRAME elements
</FRAMESET>
```

## 8.1 프레임 나누기

화면을 프레임으로 분할하기 위해서는 <FRAMSET> 태그를 이용하여 분할해 준다. 먼저 <FRAMESET>태그를 이용하여 화면을 상하로 분할하고자 하려면 ROWS 속성을 이용하여 분할하고자 하는 프레임의 분할 비율을 절대값인 pixel값이나, 상대적인 크기인 %값으로 지정해 준다. 그리고 각 분할 비율의 사이는 컴마를 이용하여 구분해 준다.

동일한 방법으로 <FRAMSET>태그를 이용하여 화면을 좌우로 분할하고자 하려면 <FRAMSET>태그에 COLS 속성을 이용하여 프레임의 비율을 절대값인 pixel값이나, 상대적인 크기인 %값으로 지정해 준다.

**따라서 해보기: ex41.html**

```
<html>
<head>
<title> 창나누기의 기초</title>
</head>
<frameset cols= "200, *">
  <frame src= "ex41-1.html">
  <frameset rows= "40%, 60%">
    <frame src= "ex41-2.html">
    <frame src= "ex41-3.html">
  </frameset>
</frameset>
</html>
```

**따라서 해보기: ex41-1.html**

```
<html>
<head>
<title> 프레임 1</title>
</head>
<body>
<h2>프레임 1 입니다.</h2>
</body>
</html>
```

### 따라서 해보기: ex41-2.html

```
<html>
<head>
<title> 프레임 2</title>
</head>
<body>
<h2>프레임 2 입니다.</h2>
</body>
</html>
```

### 따라서 해보기: ex41-3.html

```
<html>
<head>
<title> 프레임 3</title>
</head>
<body>
<h2>프레임 3 입니다.</h2>
</body>
</html>
```

#### 실행 화면

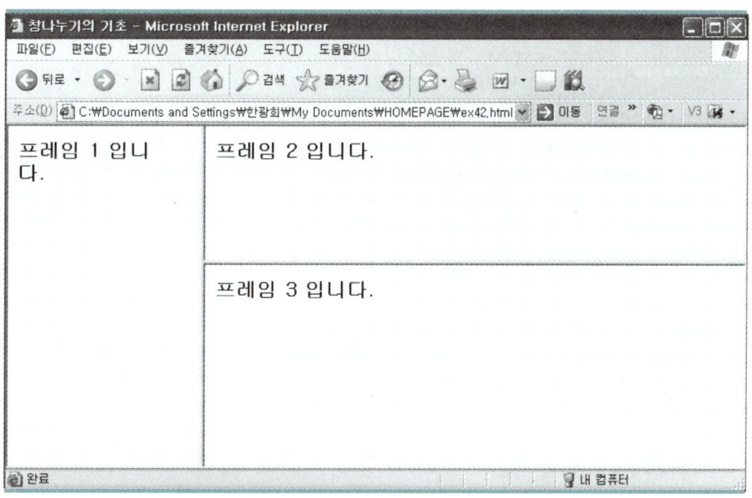

## 8.2 프레임에 스크롤바 나타내기

분할된 프레임 화면의 내용이 많을 경우 감춰진 부분의 내용을 파악하기 위해서 스크롤바가 필요하게 된다. HTML 언어를 이용하여 프레임 창을 작성하고자 할 경우 기본적으로 프레임에 입력된 내용이 많으면 자동적으로 스크롤바가 만들어져 나타난다.

프레임에 스크롤바를 표시하기 위해서는 <FRAME>태그의 속성으로 SCROLLING= 속성을 이용하여 "yes/no/auto"라는 옵션 값을 지정하여 설정하게 된다. 즉 스크롤바의 표시는 "yes", 표시하지 않을 경우는 "no", 내용이 많고 적음에 따라 자동으로 표시하고자 할 경우에는 "auto" 값을 설정해 주면 된다.

### 따라서 해보기: ex42.html

```
<html>
<head>
<title> 스크롤 링의 표시</title>
</head>
<frameset cols= "200, *">
 <frame src= "ex42-1.html"  scrolling= "yes">
 <frameset rows= "40%, 60%">
  <frame src= "ex42-2.html">
  <frame src= "ex42-3.html"  scrolling= "no">
 </frameset>
</frameset>
</html>
```

### 따라서 해보기: ex42-1.html

```
<html>
<head>
<title> 프레임 1</title>
</head>
<body>
<h2>프레임 1 입니다.</h2>
프레임의 스크롤을 표시하고자 합니다.<br>
프레임의 스크롤을 표시하고자 합니다.<br>
프레임의 스크롤을 표시하고자 합니다.<br>
프레임의 스크롤을 표시하고자 합니다.<br>
</body>
</html>
```

### 따라서 해보기: ex42-2.html

```
<html>
<head>
<title> 프레임 2</title>
</head>
<body>
<h2>프레임 2 입니다.</h2>
프레임의 스크롤을 자동으로 표시하고자 합니다.<br>
프레임의 스크롤을 자동으로 표시하고자 합니다.<br>
프레임의 스크롤을 자동으로 표시하고자 합니다.<br>
프레임의 스크롤을 자동으로 표시하고자 합니다.<br>
프레임의 스크롤을 자동으로 표시하고자 합니다.<br>
프레임의 스크롤을 자동으로 표시하고자 합니다.<br>
</body>
</html>
```

## 따라서 해보기: ex42-3.html

```
<html>
<head>
<title> 프레임 3</title>
</head>
<body>
<h2>프레임 3 입니다.</h2>
프레임의 스크롤을 표시하지 않습니다.<br>
프레임의 스크롤을 표시하지 않습니다.<br>
프레임의 스크롤을 표시하지 않습니다.<br>
프레임의 스크롤을 표시하지 않습니다.<br>
프레임의 스크롤을 표시하지 않습니다.<br>
</body>
</html>
```

### 실행 화면

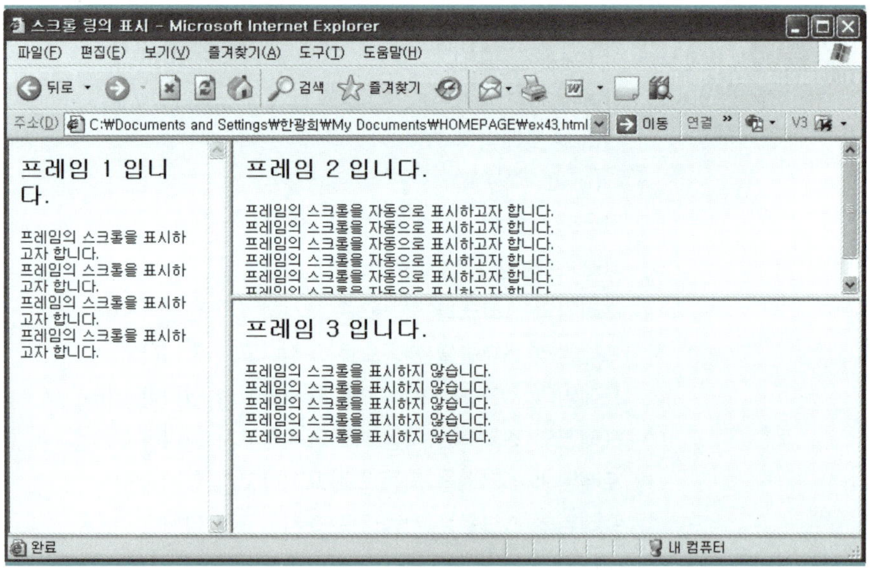

## 8.3 프레임의 경계선 감추기

프레임과 프레임 사이의 경계를 나타내주는 경계선을 표시하고 싶지 않을 경우 사용하는 기능으로서, <FRAMESET>태그의 속성으로 BORDER= 속성을 이용하여 "0"이라는 값을 지정하여주면 된다.

```
<FRAMESET BORDER= "0">
```

### 따라서 해보기: ex43.html

```
<html>
<head>
<title> 프레임 경계선 감추기</title>
</head>
<frameset cols= "200, *" border= "0">
  <frame src= "ex43-1.html">
  <frameset rows= "40%, 60%" border= "0">
    <frame src= "ex43-2.html">
    <frame src= "ex43-3.html">
  </frameset>
</frameset>
</html>
```

### 따라서 해보기: ex43-1.html

```
<html>
<head>
<title> 프레임 1</title>
</head>
<body>
<h2>프레임 1 입니다.</h2>
</body>
</html>
```

## 따라서 해보기: ex43-2.html

```
<html>
<head>
<title> 프레임 2</title>
</head>
<body>
<h2>프레임 2 입니다.</h2>
</body>
</html>
```

## 따라서 해보기: ex43-3.html

```
<html>
<head>
<title> 프레임 3</title>
</head>
<body>
<h2>프레임 3 입니다.</h2>
</body>
</html>
```

### 실행 화면

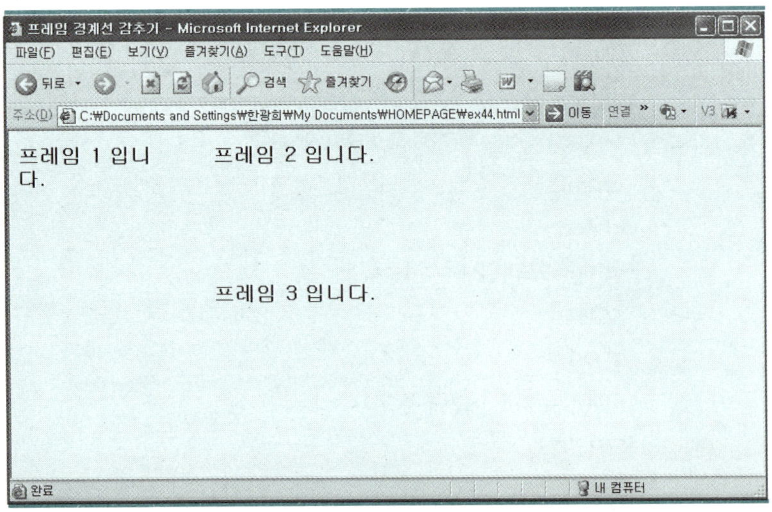

## 8.4 프레임 크기 변경금지

웹 브라우저 화면에 만들어진 프레임의 크기를 변경하고자 하면, 프레임과 프레임 경계선에 마우스를 위치하고 원하는 위치로 끌어주면 크기가 변경된다. 그런데 이러한 프레임의 크기를 강제적으로 고정시키고자 하려면 <FRAME>태그의 속성으로 NORESIZE 속성을 지정해 주면 웹 브라우저 상에서 마우스를 이용하여 프레임의 크기를 조절하는 것이 불가능하게 된다.

**따라서 해보기: ex44.html**

```
<html>
<head>
<title> 프레임 크기 변경금지</title>
</head>
<frameset cols= "200, *">
 <frame src= "ex44-1.html" noresize>
 <frameset rows= "40%, 60%">
  <frame src= "ex44-2.html">
  <frame src= "ex44-3.html">
 </frameset>
</frameset>
</html>
```

**따라서 해보기: ex44-1.html**

```
<html>
<head>
<title> 프레임 1</title>
</head>
<body>
<h2>프레임 1 입니다.</h2>
</body>
</html>
```

## 따라서 해보기: ex44-2.html

```
<html>
<head>
<title> 프레임 2</title>
</head>
<body>
<h2>프레임 2 입니다.</h2>
</body>
</html>
```

## 따라서 해보기: ex44-3.html

```
<html>
<head>
<title> 프레임 3</title>
</head>
<body>
<h2>프레임 3 입니다.</h2>
</body>
</html>
```

### 실행 화면

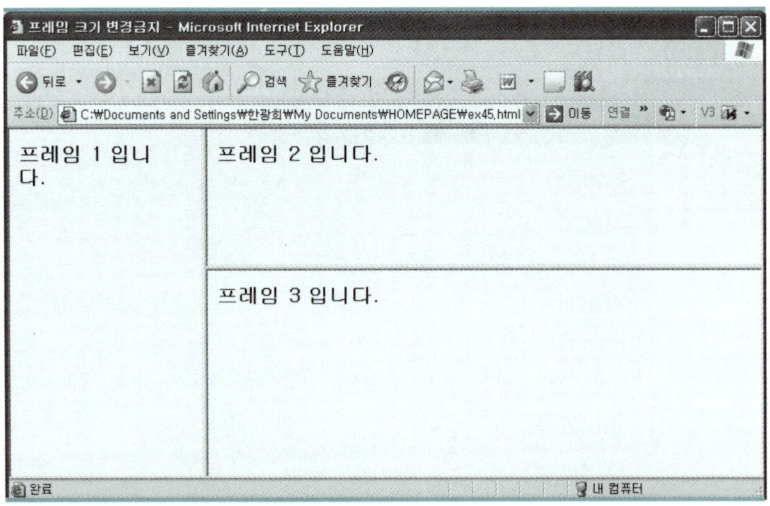

## 8.5 타겟(target) 지정하기

프레임 창에서 특정한 화면에 원하는 내용의 HTML 문서를 나타내고자 할 경우에 사용하는 기능으로서 <FRAME>태그에 특정한 프레임의 이름을 미리 지정하여 정의해 준 다음, 특정한 HTML 문서를 하이퍼링크 기능을 이용하여 지정한 화면에 펼쳐지도록 나타나게 해주는 것이다.

HTML 문서에서 기본적으로 제공되는 target의 이름과 기능은 다음과 같다.

| target 이름 | 설 명 |
|---|---|
| TARGET="_blank" | 새로운 윈도우 창에 링크를 불러온다. |
| TARGET="_self" | 현재의 프레임에 링크를 불러온다. |
| TARGET="_top" | 프레임을 없애고 윈도우 창 전체에 링크를 불러온다. |
| TARGET="_parent" | 부모 프레임의 링크를 불러온다. |

### 따라서 해보기: ex45.html

```
<html>
<head>
<title> 타겟 지정하기</title>
</head>
<frameset cols="200, *">
 <frame src="ex45-1.html" name="room1">
 <frame src="ex45-2.html" name="room2">
</frameset>
</html>
```

### 따라서 해보기: ex45-1.html

```
<html>
<head>
<title> 프레임 1</title>
</head>
<body>
<center>
<h3>menu</h3>
<a href= "ex44-1.html" target= "room2">프레임 1</a><p>
<a href= "ex44-2.html" target= "room2">프레임 2</a><p>
</center>
</body>
</html>
```

### 따라서 해보기: ex45-2.html

```
<html>
<head>
<title> 메인 화면</title>
</head>
<body>
<center>
<h2>메인 화면입니다.</h2>
</center>
</body>
</html>
```

### 실행 화면 1

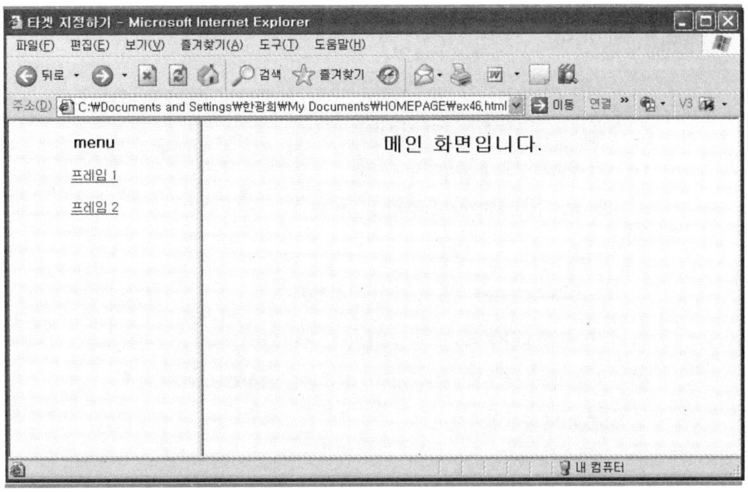


### 실행 화면 2

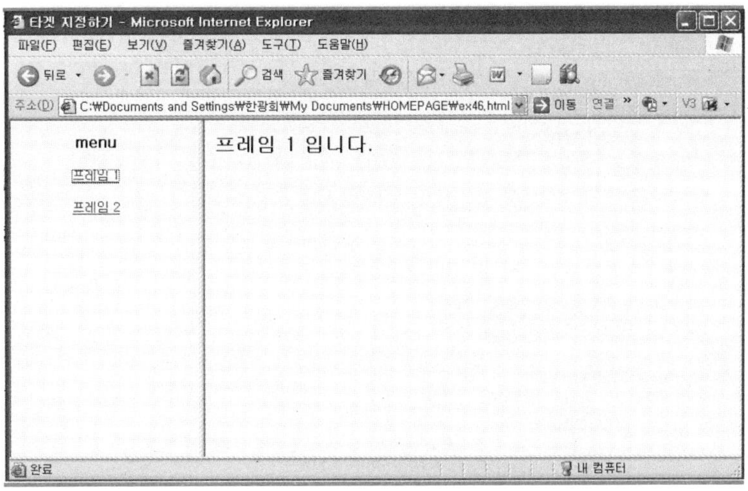


프레임의 왼쪽 메뉴에서 프레임 1을 마우스로 클릭하면 위와 같은 화면으로 링크가 되는 것을 확인할 수가 있다.

### 프레임 기능 총정리

지금까지 설명한 프레임의 기본적인 기능을 복습해 보기 위하여 다음과 같은 HTML 소스를 입력하고 프레임의 내용을 살펴보기로 한다.

### index.html

```
<html>
<head>
<title> index 파일</title>
</head>
<body bgcolor= "yellow">
<center>
<table border=3 width=80%>
<tr><td bgcolor= "lightpink"><marquee><font size=7 color= "blue" face= "궁서체">
한광희의 HOME PAGE</font></marquee></td>
</table><br><br>
<hr size=2><br>
<img src= "hs.jpg"><br><br>
<hr size=8><br><br>
<a href= "frame.html"><strong>CLICK</strong></a>
</center>
</body>
</html>
```

### frame.html

```
<html>
<head>
<title> 프레임의 활용 예</title>
</head>
<frameset cols= "20%, 80%">
<frame src= "frame-1.html" name= "w1">
 <frameset rows= "90%, 10%" >
 <frame src= "frame-2.html" name= "w2">
 <frame src= "frame-3.html" name= "w3" scrolling= "no">
 </frameset>
</frameset>
</html>
```

### frame-1.html

```
<html>
<head>
<title> 왼쪽 프레임에 오는 문서</title>
</head>
<body bgcolor= "ivory">
<center>
<h3>검색시스템</h3>
<hr>
<ol type=I>
<li><a href= "http://www.google.co.kr" target= "w2">구   글!</a>
<li><a href= "http://www.yahoo.co.kr" target= "w2">야   후!</a>
<li><a href= "http://www.yahoo.com" target= "w2">yahoo!</a>
<li><a href= "http://www.excite.com" target= "w2">excite!</a>
</ol>
</center>
</body>
</html>
```

### frame-2.html

```
<html>
<head>
<title> 오른쪽  상단에 오는 문서</title>
</head>
<body bgcolor= "lightpink">
<center>
<h3><strong>한국대학교</strong></h3><br>
<font color= "red"><blink>한국대학교 캠퍼스 전경을 클릭하고 들어오세요
</blink><br>
<a href= "http://www.hs.ac.kr"> <img src= "hs.jpg" border=5></a>
<br><br>
<ul type= "circle">
```

### frame-2.html(계속)

```
<li>진리
<li>자유
<li>사랑
</ul>
</center>
</body>
</html>
```

### frame-3.html

```
<html>
<head>
<title> 오른쪽  하단에 오는 문서</title>
</head>
<body bgcolor= "ivory">
<center>
<address>
mail to:<a href= "mailto:han22@hs.ac.kr">han22@hs.ac.kr</a>
</address>
</center>
</body>
</html>
```

실행 화면 1

index 파일 - Microsoft Internet Explorer
C:\Documents and Settings\한광희\My Documents\HOMEPAGE\index.html
한광희의 HOME PAGE
CLICK

실행 화면 2

프레임의 활용 예 - Microsoft Internet Explorer
C:\Documents and Settings\한광희\My Documents\HOMEPAGE\frame.html
검색시스템
I. 구글!
II. 야후!
III. yahoo!
IV. excite!
한국대학교
한국대학교 캠퍼스 전경을 클릭하고 들어오세요
진리
자유
사랑
mail to:han22@hs.ac.kr

# 9 멀티미디어 홈페이지의 작성

## 9.1 사운드 파일의 삽입

홈페이지에 음악파일을 삽입하고자 할 경우에는 <EMBED>태그를 이용하여 삽입할 수가 있다. 일반적으로 홈페이지에 사용할 수 있는 사운드 파일에는 윈도우에서 제공되는 매체재생기로 들을 수 있는 WAVE 파일(확장자가 wav)과 함께, MIDI 파일(확장자가 mid), AU 파일(확장자가 au), Real Audio 파일(확장자가 ra) 등이 있다.

사운드의 재생이나 정지 등을 웹 브라우저 상에서 조절하고자 할 경우, 조절하고자 하는 상자를 나타내주기 위해서는 <EMBOD>태그의 속성으로 BORDER=, WIDTH=, HEIGHT= 와 같은 속성들을 지정해 주어야 한다.

| 〈EMBED〉태그의 속성 | 설명 |
|---|---|
| VOLUME=숫자 | 최대 100까지 소리의 크기를 지정한다. |
| AUTOSTART="true/false" | 자동연주할 것인지를 지정한다.(기본값은 true) |
| LOOP="true/숫자" | 반복연주를 지정한다.(기본값은 1회) |
| HIDDEN="true/false" | 오디오 세트 감추기를 지정한다.(기본값은 false) |

**따라서 해보기: ex101.html**

```
<html>
<head>
<title> 사운드 파일의 삽입</title>
</head>
<body>
<embed src="gloria.mid">
</body>
</html>
```

**실행 화면**

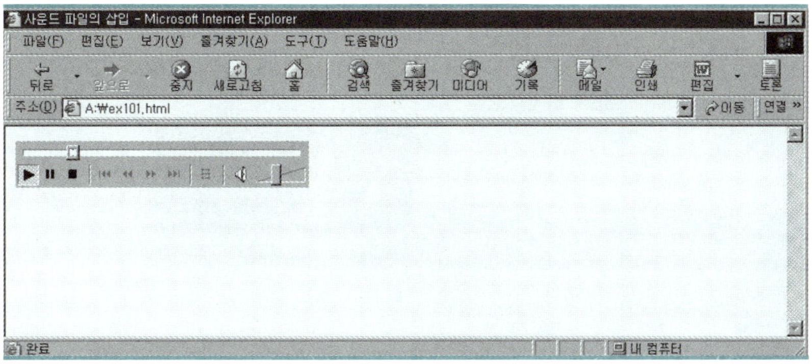


## 9.2 비디오 파일의 삽입

비디오 파일의 삽입도 사운드 파일의 삽입과 같이 <EMBED>태그를 이용하여 삽입할 수가 있다. 웹 브라우저 상에서 펼칠 수 있는 비디오 파일은 일반적으로 AVI 파일(확장자가avi), MPEG 파일(확장자가mpg), QuickTime 파일(확장자가 mov) 등이 있다.

```
<EMBED SRC= "비디오 파일의 URL"
```

**따라서 해보기: ex102.html**

```
<html>
<head>
<title> 비디오 파일의 삽입</title>
</head>
<body>
<embed src= "lasik.mpeg">
</body>
</html>
```

#### 실행 화면

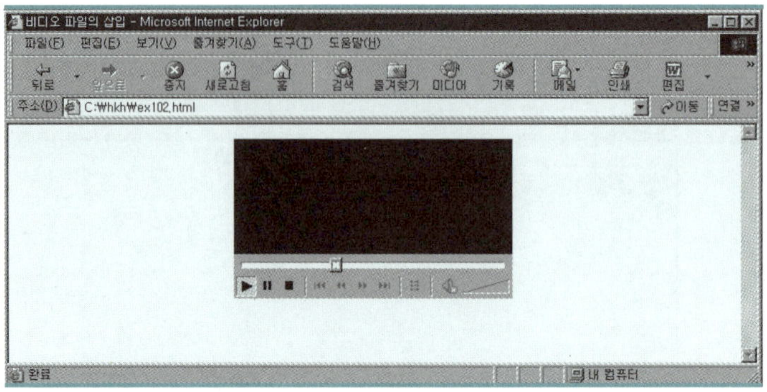


## 9.3 META 태그를 이용한 화면 자동이동

<META>태그는 HTML 문서의 <HEAD>와 </HEAD>태그 사이에 작성되는 문서의 등록정보나 다른 태그로 구현할 수 없는 기능들을 나타내주고자 사용된다.

그 중에서도 홈페이지를 실행했을 때 자동으로 페이지를 이동시켜주는 기능으로 많이 사용되는데, 홈페이지에 접속하면 환영인사와 함께 몇 초 뒤에 자동으로 메인화면이 펼쳐지도록 설정하여 사용한다.

```
<META HTTP-EQUIV= "Refresh" CONTENT= "n초; URL=이동할 HTML파일"
```

### 따라서 해보기: ex103.html

```
<html>
<head>
<title>웹 페이지 자동이동</title>
<meta http-equiv= "Refresh" content= "5; url=ex104.html">
</head>
<body>
<center>
<h3> 이 페이지는 5초 후에 자동으로 페이지가 이동됩니다.</h3>
</center>
</body>
</html>
```

## 따라서 해보기: ex104.html

```
<html>
<head>
<title> 자동으로 이동한 화면</title>
</head>
<body>
<center>
<h3> 여기는 메인 페이지 입니다.</h3>
<img src= “hs.jpg”><p>
</center>
</body>
</html>
```

### 실행 화면 1

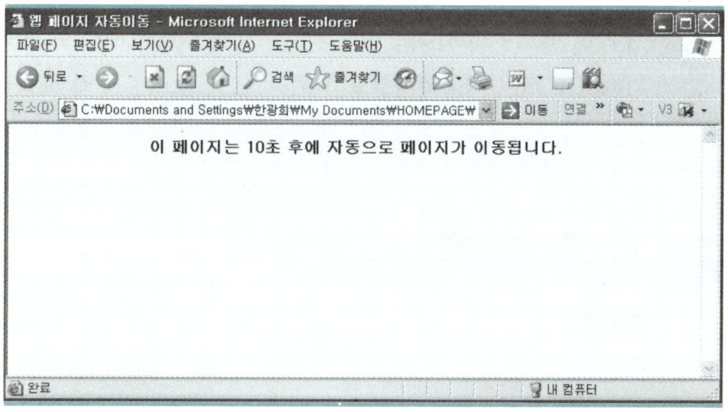


### 실행 화면 2

## 9.4 MARQUEE 태그

HTML 문서를 이용하여 홈페이지에 입력한 문자나 이미지는 항상 정지된 상태로 보여지게 된다. 따라서 홈페이지가 너무 정적인 분위기를 나타내어 지루한 감도 있다. 이러한 홈페이지의 정적인 분위기를 동적인 분위기로 나타내 줄 수 있는 태그가 <MARQUEE>태그이다.

<MARQUEE>태그와 속성들을 혼합하여 우리는 홈페이지를 더욱 동적인 이미지로 연출할 수가 있는데, 이러한 동적인 이미지를 연출하기 위하여 <MARQUEE>태그의 속성으로 활용할 수 있는 내용들은 보면 아래의 표와 같다.

| 〈MARQUEE〉태그의 속성 | 설명 |
|---|---|
| "DIRECTION= "left/right/up/down" | 움직이는 방향을 지정한다.(기본값은 left) |
| SCROLLAMOUNT=n | 움직이는 속도를 지정한다.(숫자가 높을수록 빠름) |
| LOOP=n | 움직이는 회수를 지정한다. |
| BEHAVIOR=alternate | 움직임이 좌우로 반복된다. |
| BGCOLOR= "RGB헥사코드" | 움직이는 곳의 배경색을 지정한다. |

### 따라서 해보기: ex105.html

```
<html>
<head>
<title>움직이는 글자</title>
</head>
<body>
<marquee><h3> 여러분의 홈페이지 방문을 환영합니다.</h3>
</marquee>
</body>
</html>
```

### 실행 화면

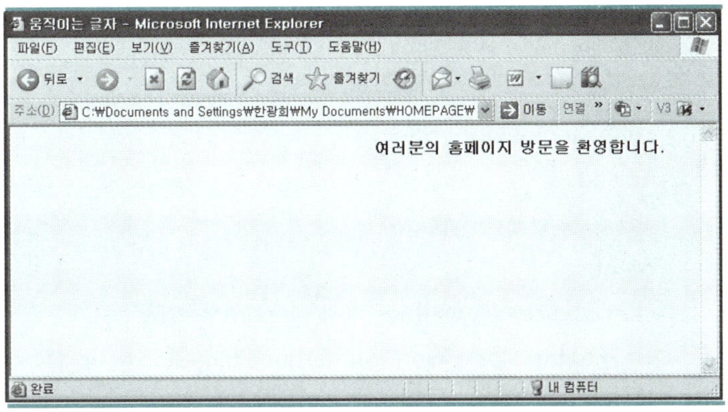


## 따라서 해보기: ex106.html

```
<html>
<head>
<title>움직이는 이미지</title>
</head>
<body>
<h3> <p align="center">여러분의 홈페이지 방문을 환영합니다.</p></h3>
<marquee><img src="hs.jpg"> </marquee>
</body>
</html>
```

### 실행 화면

## 따라서 해보기: ex107.html

```
<html>
<head>
<title> index 파일</title>
</head>
<body bgcolor=“yellow”>
<center>
<table border=3 width=“70%” height=“40%”>
<tr><td bgcolor=“ivory”><marquee direction=“up” scrollamount=2>
<font size=4 color=“green” face=“궁서체”>
<h3>행복하기 위한 삶의 길 </h3> <p>
1. 먼저 내면에 충실한 생활을 하여라.<br><br>
2. 작은 일부터 정성을 쏟아 생활하여라.<br><br>
3. 낮은 자리에서 분수를 지키며 생활하여라.<br><br>
4. 자신의 주위를 깨끗하게 생활하여라.<br><br>
5. 가까운 사람을 소중하게 생각하며 생활하여라.<br><br>
-김진홍 목사-<br><br>
</font></marquee></td>
</table>
</center>
</body>
</html>
```

### 실행 화면

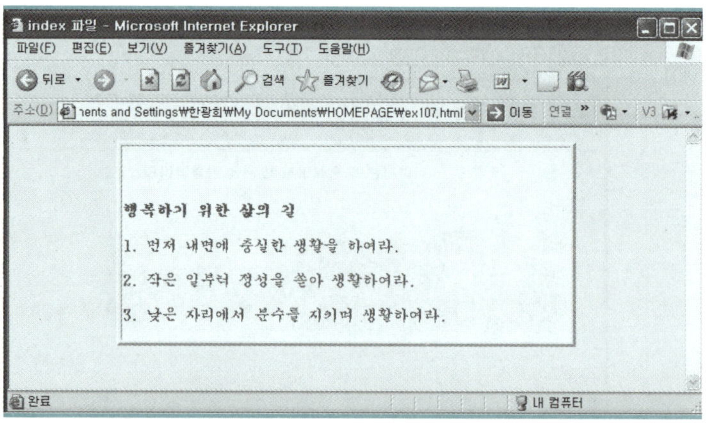

# 10 양식(FORM) 만들기

폼 양식은 웹사이트에 방문한 방문자로부터 정보를 수집하고자 할 경우 사용할 수 있는 기능으로서, 텍스트 필드, 라디오 단추 그룹, 체크상자, 메뉴 등과 같은 기능을 하는 양식 필드를 포함한다.

일반적으로 양식 만들기, 이미지 맵 만들기, 카운터 기능 등은 CGI(Common Gateway Interface) 스크립트에 의해 처리된다. CGI란 웹 브라우저와 웹 서버 등과 응용프로그램 사이를 연결해 주는 표준방식으로서, 사용자의 웹 브라우저로부터 서버로 전달된 데이터를 어떻게 응용 프로그램으로 전달하고, 응용 프로그램이 재가공한 데이터를 다시 사용자의 브라우저로 전달할 수 있도록 하는 인터페이스라고 할 수 있다.

우리는 FORM 태그를 이용하여 웹 문서에 다양한 형태의 양식 문서를 만들어 유용하게 사용할 수가 있다.

## 10.1 폼 태그

<FORM>태그는 양식의 시작을 알려주며 <input> <select> <textarea> 등은 <form> 내에서만 사용된다.

```
<FORM ACTION= "URL" >
</FORM>
```

| 속성 | 값 | 의미 |
|---|---|---|
| action | URL | 양식을 처리해 주는 웹 서버(보통 CGI 스크립트)의 주소를 지정한다. |
| method | get,<br>post | 양식의 내용을 서버에게 보낼 때의 전달방식을 지정한다.<br>디폴트는 "get"이지만, "post"가 더 보편적으로 사용된다. |
| enctype | string | 양식의 내용을 코드화 하는데 사용되는 미디어의 형태를 지정한다.<br>디폴트값은 application/x-www-form-urlencoded이다. |

## 10.2 〈INPUT〉 태그

양식 내에서의 입력을 받아들이는 필드로서 한 줄 또는 여러 줄의 텍스트 필드, 라디오 단추 그룹, 체크상자, 메뉴 등과 같은 양식의 입력 필드를 명세하기 위해 사용된다.

```
<INPUT TYPE= >
```

| 속 성 | 값 | 의 미 |
|---|---|---|
| type | text, password, checkbox,radio, submit,reset,file, hidden,image | 입력필드의 형태를 지정한다. 디폴트값은 text 이다. |
| name | string | 양식을 서버에 전달할 때 필드를 식별하는데 사용되는 이름을 지정한다. submit과 reset인 경우를 제외한 모든 type에 반드시 명시해야 한다. |
| value | string | 입력필드의 초기값을 설정한다. type이 submit과 reset인 경우 텍스트 레이블로 표시된다. type이 radio와 checkbox일 경우에는 반드시 명시되어야 한다. |
| checked | checked | radio와 checkbox의 경우에 필드의 초기값을 미리 체크된 상태로 설정하는 것이다. |
| size | integer | 문자수로 화면에 보이는 필드의 크기를 설정한다. |
| maxlength | integer | 한 텍스트를 필드에 허용될 수 있는 최대 문자수를 설정한다. 디폴트값은 문자수에 제한이 없다. |
| src | URL | background 이미지를 갖는 필드에서 이미지의 주소를 지정한다. |
| align | top, middle, bottom, left, right | 그래픽 제출 단추의 이미지 정렬 방식을 지정한다. 디폴트값은 bottom이다. |

## 10.3 텍스트 입력상자

### 10.3.1 TYPE=TEXT 태그

한 줄의 텍스트를 입력할 수 있는 창을 만들고자 할 때에 사용하는 것이다. 보이는 입력필드 창의 크기는 size 속성을 이용하여 지정해 준다. 이 size는 보이는 입력 필드 창의 크기이지 입력시킬 수 있는 글자 수를 제한하는 것은 아니다. 입력 가능한 최대 글자 수는 maxlength 속성을 이용하여 제한할 수 있다.

또한 name 속성은 필드를 지칭할 때 사용하며, value 속성은 문서가 처음 적재될 때 입력필드 창에 보여지는 텍스트를 초기화하는데 사용된다.

**따라서 해보기: ex108.html**

```
<html>
<head>
<title>form_text</title>
</head>
<body>
 <form method= post action= "cgi-bin/internet">
   name:<input type= "text" name= "name" size=10><p>
   e-Mail Address:<input type= "text" name= "address" size=40>
 </form>
</body>
</html>
```

### 실행화면

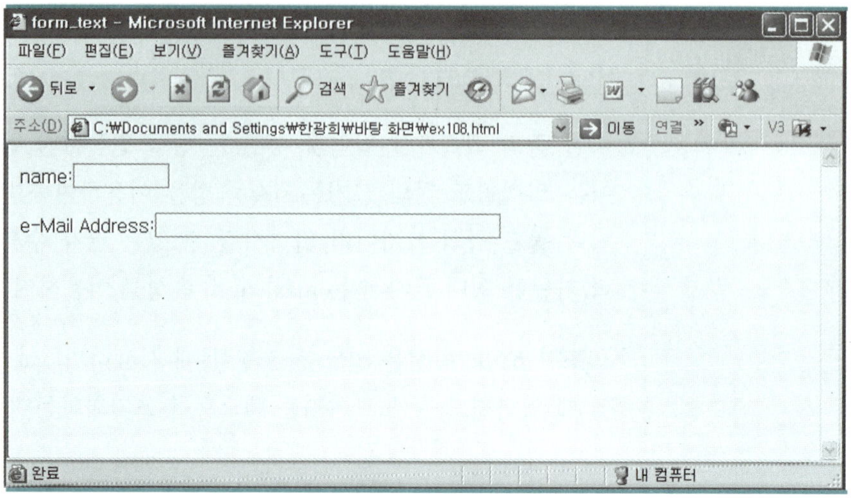


## 10.3.2 TYPE=PASSWORD 태그

암호를 입력하고자 할 경우에 사용하는 것으로서, type=text와 사용방법에 있어서는 동일하나 창에 글자가 보이지 않고 * 나 · 등으로 나타난다.

### 따라서 해보기: ex109.html

```
<html>
<head>
<title>form_password</title>
</head>
<body>
 <form method= post action= “cgi-bin/internet”>
  password:<input type= “password” name= “password_bar” size=20><p>
 </form>
</body>
</html>
```

### 실행화면

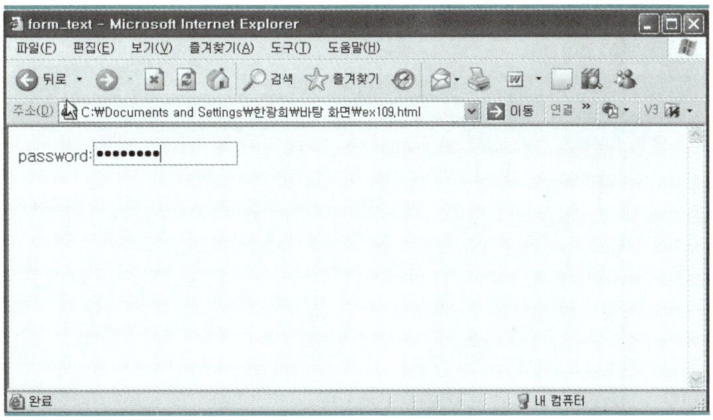

## 10.4 체크상자

여러 개의 선택 필드 중에서 동시에 여러 개를 선택할 수 있는 체크상자를 만들고자 할 경우에 사용한다. 동일한 name에 서로 다른 value 속성을 부여하여 만든다. checkbox와 radio 모두 checked 속성을 사용할 수 있는데 이것은 미리 체크된 상태로 초기화시켜 놓는 것이다.

### 따라서 해보기: ex110.html

```
<html>
<head>
<title>form_checkbox</title>
</head>
<body>
  <form method= post action= "cgi-bin/internet">
  여러분이 응시하는 과목을 선택해 주세요.(복수선택 가능합니다)
  <input type= "checkbox" name= "test" value= "t1">TOEIC<p>
  <input type= "checkbox" name= "test" value= "t2">TOFLE<p>
  <input type= "checkbox" name= "test" value= "t3">JPT<p>
  </form>
</body>
</html>
```

**실행화면**

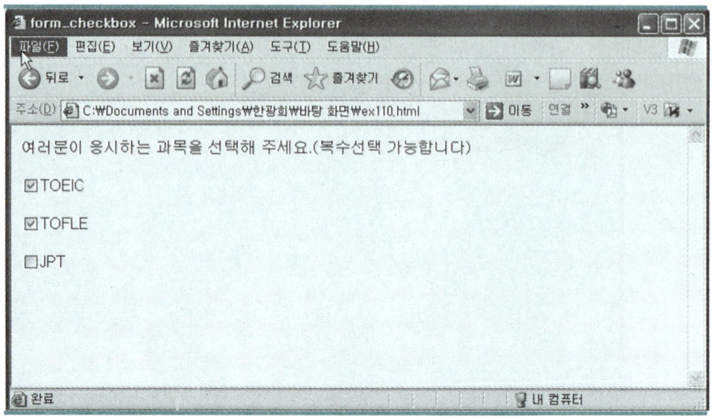


## 10.5 라디오 단추

여러 개의 선택 필드 중에서 단 하나만을 선택할 수 있는 체크상자를 만들고자 할 경우에 사용한다. 체크상자와 같이 동일한 name에 서로 다른 value 속성을 부여하여 만든다. 사용자가 다른 것을 선택하면 이전에 체크한 것은 해제가 되고 새롭게 선택된 것이 체크가 된다.

**따라서 해보기: ex111.html**

```
<html>
<head>
<title>form_radio</title>
</head>
<body>
  <form method= post action= “cgi-bin/internet”>
  당신의 성별을 선택해 주세요.<p>
  <input type= “radio” name= “sex” value= “male”>Man
  <input type= “radio” name= “sex” value= “female”>Woman
 </form>
</body>
</html>
```

실행화면

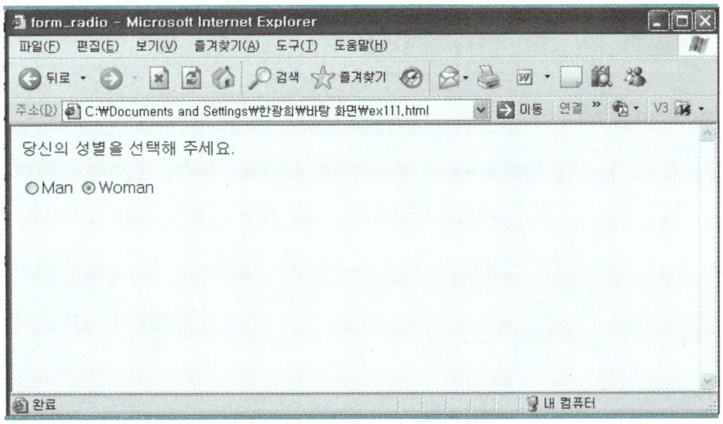


## 10.6 제출 리셋 단추

TYPE=SUBMIT 태그는 다 작성한 양식을 서버로 제출하는 버튼을 만들고자 할 경우에 사용된다. 그리고 TYPE=RESET 태그는 다시 초기 상태로 바꾸는 버튼을 만들고자 할 경우에 사용한다. 이러한 단추들의 레이블은 value 속성을 이용하여 표시한다.

### 따라서 해보기: ex112.html

```
<html>
<head>
<title>form_reset</title>
</head>
<body>
 <form method= post action= "cgi-bin/internet">
  name : <input type= "text" name= "name" size=10><p>
  e-Mail Address : <input type= "text" name= "address" size540><p>
  Sex : <input type= "radio" name= "sex" value= "male">Man
     <input type= "radio" name= "sex" value= "female">Woman
     <p>여러분이 응시하는 과목을 선택해 주세요.(복수선택 가능합니다)<p>
```

**따라서 해보기: ex112.html(계속)**

```
      <input type="checkbox" name="test" value="t1">TOEIC<p>
      <input type="checkbox" name="test" value="t2">TOFLE<p>
      <input type="checkbox" name="test" value="t3">JPT<p>
      <input type="submit" name="test" value="Input">
      <input type="reset" name="test" value="Cancel">
  </form>
</body>
</html>
```

**실행화면**

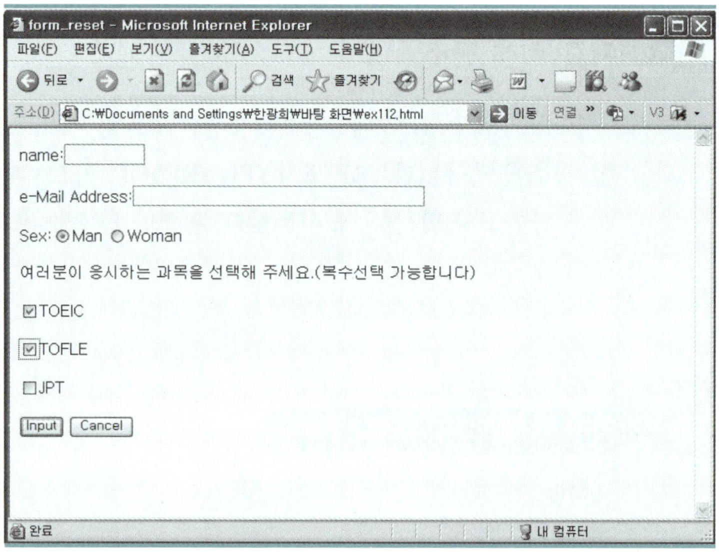


## 10.7 선택메뉴

### 10.7.1 <SELECT>태그

양식 내에서 사용자가 하나 또는 여러 개를 선택할 수 있도록 풀 다운 메뉴를 만들 때에 사용한다. 즉 메뉴 중에서 하나를 선택하면 선택 목록 중에서 그 값이 표시되는 것이다.

| 속 성 | 값 | 의미 |
|---|---|---|
| name | string | 양식이 서버에 전달될 때 메뉴 선택을 식별하는데 사용되는 특성 이름을 지정하는 것으로서 반드시 명시해야만 한다. |
| size | integer | 메뉴 창에서 보여지는 선택의 개수를 설정한다. |
| multiple | multiple | 사용자가 메뉴에서 여러 개를 동시에 선택할 수 있게 해준다. 이 속성을 설정하지 않으면 1개만 선택되도록 되어 있다. |

### 10.7.2 〈OPTION〉태그

양식의 SELECT 내에서 선택요소들을 표현하는데 사용하는 태그이다.

| 속 성 | 값 | 의미 |
|---|---|---|
| selected | selected | 이 속성으로 하나의 선택 요소를 지정하면 디폴트값으로 그 선택요소가 선택되어 있다는 것을 표시한다. |
| value | string | 메뉴에 표시되는 선택 요소들을 표시한다. |

**따라서 해보기: ex113.html**

```
<html>
<head>
<title>select</title>
</head>
<body>
 <form method= post action= "cgi-bin/internet">
 해당되는 지역을 선택해 주세요.<p>
 <select name=area>
 <option>서울
  <option>부산
  <option>대구
  <option>인천
  <option>광주
 </select>
</form>
</body>
</html>
```

### 실행화면

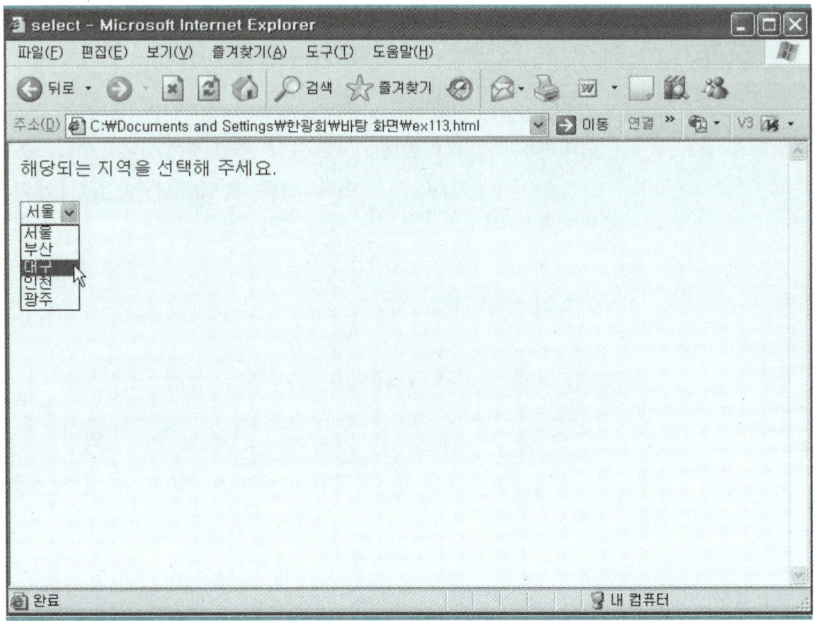


## 10.8 필드 창 메뉴

양식 내에서 여러 텍스트 줄을 입력할 수 있는 입력 필드 창을 만들때 사용한다. <INPUT>태그를 이용해서는 단 한 줄로 입력 가능한 입력 필드 창이 만들어지지만, <TEXTAREA> 태그를 사용하면 여러 줄을 입력할 수 있는 큰 창이 만들어진다.

| 속 성 | 값 | 의미 |
|---|---|---|
| name | string | 양식이 서버에 전달될 때 textarea를 식별하는데 사용되는 특성 이름을 지정한다. |
| rows | integer | 보여지는 입력 창의 텍스트 줄 수(text lines)로 지정한다. |
| cols | integer | 보여지는 입력 창의 폭(width)을 문자수로 지정한다. |

## 따라서 해보기: ex114.html

```
<html>
<head>
<title>textarea</title>
</head>
<body>
 남기고 싶은 이야기들을 많이 적어 주세요.
 <form method= post action= “cgi-bin/internet”>
 <textarea name= “contents” rows=10 cols=60>
       </textarea><p>
 <input type= “submit”  value= “보내기”>
 <input type= “reset”  value= “다시쓰기”>
</form>
</body>
</html>
```

### 실행화면

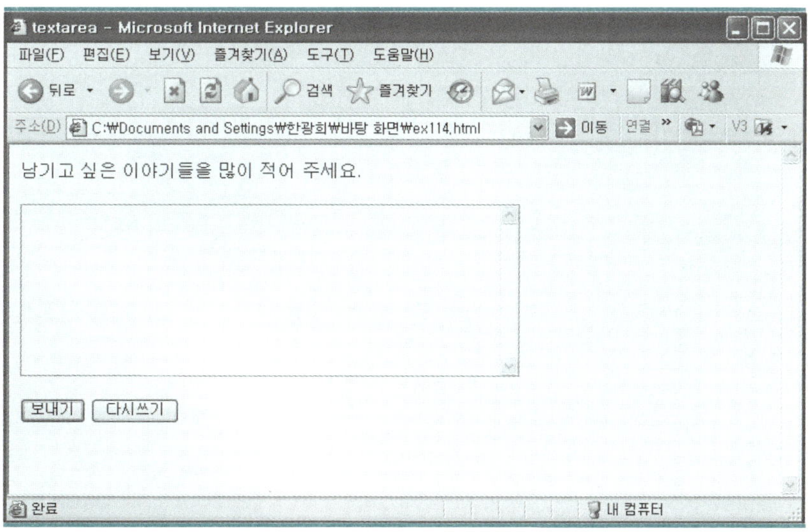

Memo

Chapter 5

# 나모 웹에디터

_1 나모 웹에디터
_2 글자 입력하기
_3 목록 만들기
_4 수평선의 삽입
_5 배경색과 바탕 화면 꾸미기
_6 그림의 삽입
_7 표를 이용한 홈페이지의 작성
_8 하이퍼링크 연결하기
_9 프레임 나누기
_10 레이어와 타임라인
_11 스크립트 마법사 사용하기
_12 폼 필드를 이용한 회원가입 양식 만들기
_13 게시판과 방명록 및 카운터 CGI의 설치와 사용
_14 홈페이지 출판

# 1 나모 웹에디터

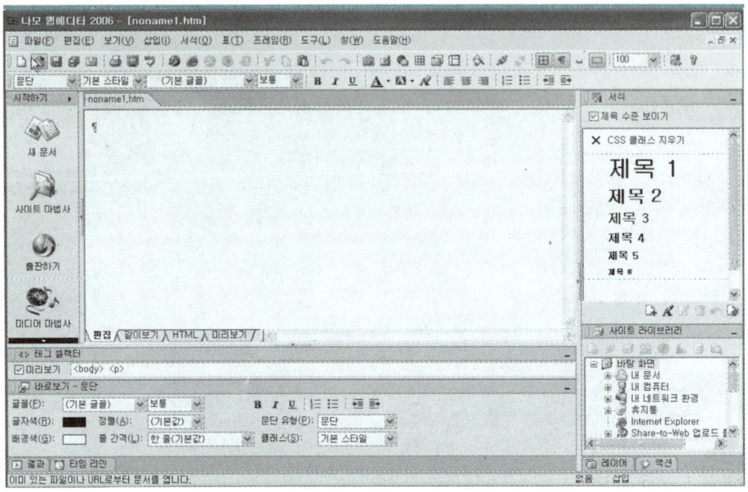


[그림 5-1] 나모 웹에디터 2006 초기화면

나모 웹에디터는 일반 문서를 작성하듯이 쉽고 간단하게 홈페이지를 작성할 수 있는 HTML 편집기로서, HTML 태그에 익숙하지 않은 사람이라도 누구나 쉽게 워드프로세서를 사용하는 것과 같은 방식으로 홈페이지를 작성할 수 있게 해주는 매우 편리하고 유용한 프로그램이다.

나모 웹에디터 초기화면은 윈도우 환경에서 움직이는 다른 응용 프로그램과 비교하여 거의 비슷한 내용으로 구성되어 있다. 즉 제일 윗부분의 메

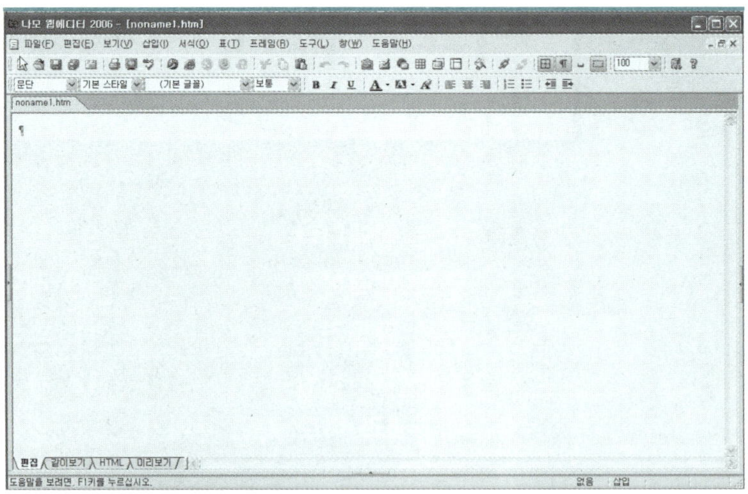


[그림 5-2] 슬라이딩 패널을 감춘 화면

뉴 표시줄과 사용자들이 자주 사용하는 메뉴들을 작은 아이콘으로 모아 놓은 도구상자, 웹 문서를 작성하는 편집화면으로 구성되어 있다.

우리는 편집화면 상태에 문자나 표, 그림, 사진과 같은 자료들을 입력하여 홈페이지를 작성하게 된다. 그런데 작성한 홈페이지의 HTML 소스를 보고자 하려면 화면 하단의 HTML 탭을 클릭하면 편집화면에서 작업한 내용들을 HTML 소스로 보여준다. 그리고 미리보기 탭을 누르면 작업한 홈페이지를 웹 브라우저 화면에서 보는 것과 똑 같은 상태의 화면을 보여주기 때문에 편집 화면상에서 작업하는 내용들을 수시로 미리보기 창을 통하여 확인하면서 작업할 수가 있다.

## 1.1 프로그램의 설정

나모 웹에디터를 사용하기 전에 홈페이지를 작성하기 위한 기본적인 환경을 설정해 줄 필요가 있다. 즉 문서 초기값, 편집, 외부 프로그램, 인터넷, 프로젝트 등과 같은 웹 문서 작성을 위한 초기값과 실행할 때 필요한 제반 환경들을 설정해 주는 것이다.

그리고 나모 웹에디터의 편집 화면상에서 마우스의 오른쪽 버튼을 눌러 “문

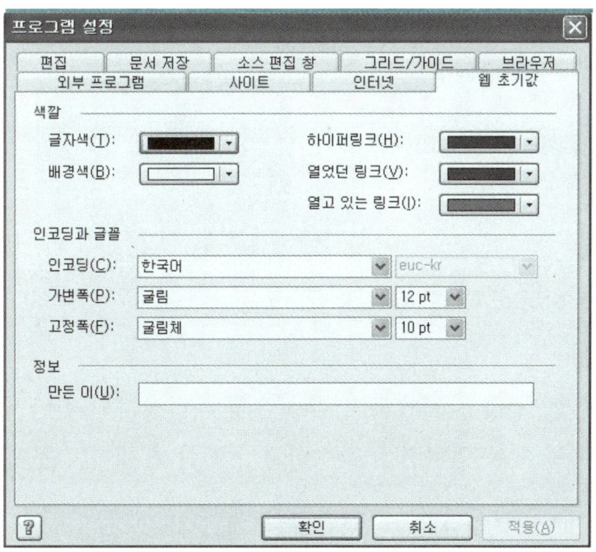


[그림 5-3] 프로그램 설정 대화상자

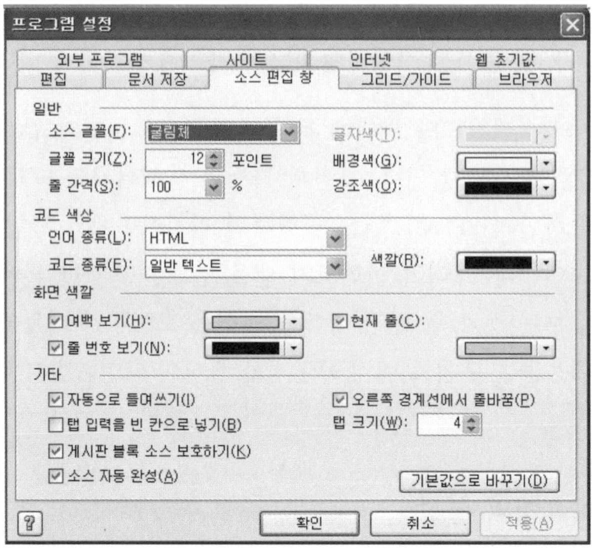


[그림 5-4] 프로그램 설정 대화상자의 소스 편집창 설정화면

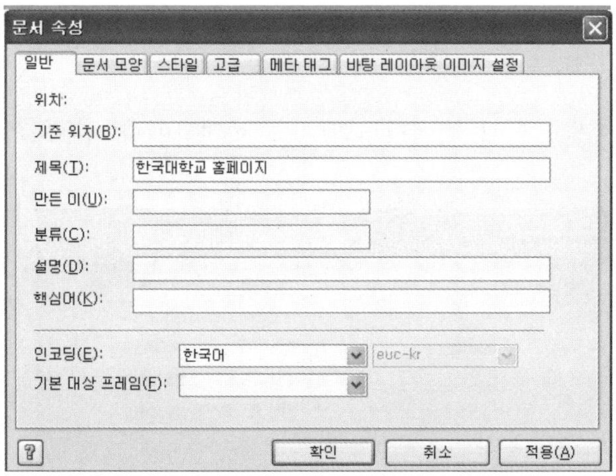


[그림 5-5] 문서속성 대화상자

서속성" 명령을 실행하고, 문서속성 대화상자의 일반 탭을 클릭하여 그림 5-5와 같이 글 제목 입력란에 작성하고자 하는 홈페이지 문서의 제목을 입력한다.

이때 입력한 제목은 웹 브라우저 상에서 펼쳐지는 화면의 제목줄에 나타나는 제목이 된다.

# 2 글자 입력하기

나모 웹에디터에 글자를 입력하는 방법은 워드프로세서에서 문서를 작성하는 방법과 동일하게 입력하면 된다. 즉 나모 웹에디터 편집 화면의 원하는 위치에 커서를 이동한 다음 글자를 입력하면 된다. 또한 입력한 문자열의 행을 변경하고자 할 경우에는 행을 바꾸고자 하는 위치에서 Enter 키를 누르면 다음 행으로 커서가 이동되는데 이때 커서의 위치는 워드프로세서와는 다르게 한 행의 공백이 생긴 다음 행으로 커서가 이동하게 된다.

워드프로세서와 같이 행을 변환하고자 할 경우에는 키보드의 Shift + Enter 키를 눌러주면 된다.

웹 문서에 한자를 입력하기 위해서는 한글로 먼저 입력한 다음, 글자 앞에 커서를 위치시킨 상태에서 키보드에 있는 한자 키를 누르면 한글 음에 해당하는 한자목록이 나타나 마우스로 선택해 한자로 변환해 준다.

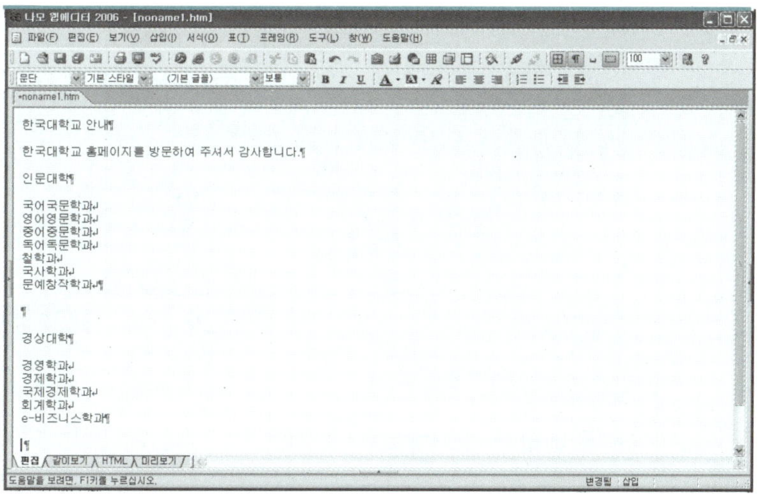


[그림 5-6] 문자를 입력한 화면

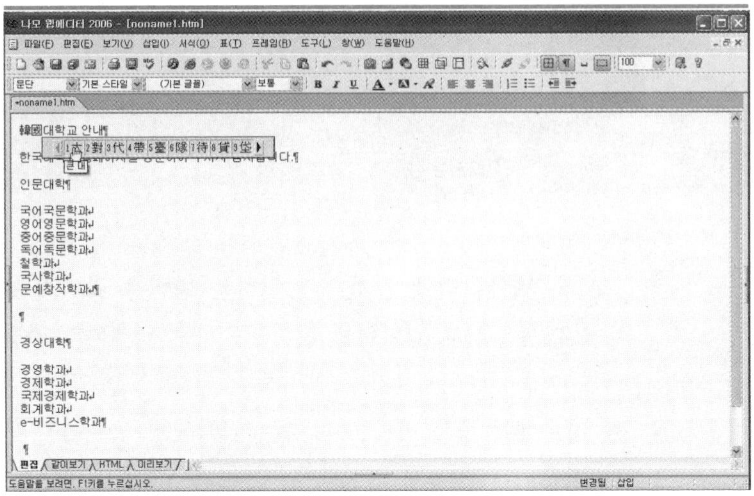

[그림 5-7] 한자의 입력화면

또한 키보드로 입력할 수 없는 특수문자들의 입력은 삽입-기호 명령을 실행한 다음, 기호 대화상자에서 원하는 기호를 마우스로 선택하여 "삽입" 버튼을 클릭한다.

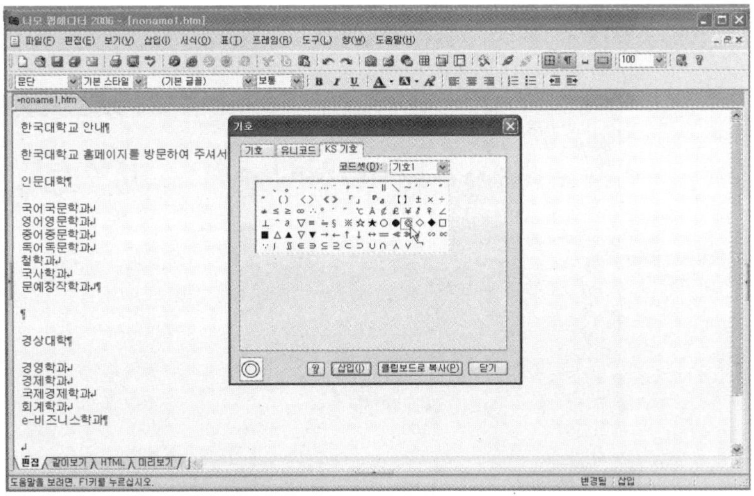

[그림 5-8] 특수문자를 입력하는 화면

## 2.1 글자모양

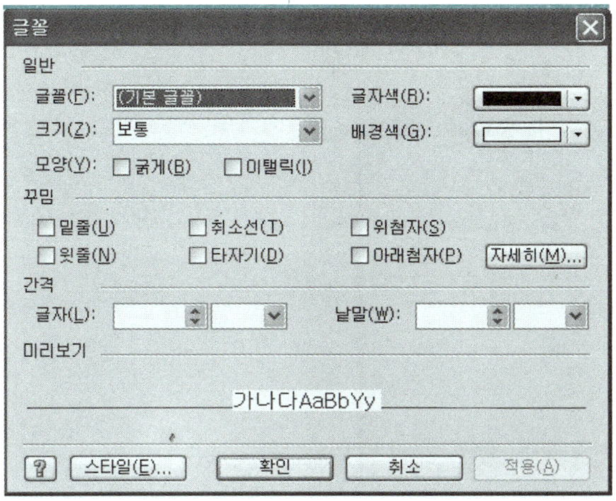


[그림 5-9] 글꼴 대화상자

편집화면에 입력한 글자의 글자모양을 꾸며주기 위해서는 마우스로 원하는 글자를 블록으로 지정한 다음, 단축메뉴에서 “글꼴 속성” 명령을 실행하거나 서식도구상자의 “서식관련” 아이콘들을 이용하여 꾸며준다. 글자모양과 관련된 내용들은 한 번에 여러 가지를 모아서 지정해 줄 수 있다.

기본적인 글자모양 이외에 다양한 글자모양을 꾸며주기 위해서는 글꼴 대화상자의 확장모양 탭을 선택한 다음 원하는 모양을 지정해 줌으로써 보다 다양한 글자모양을 나타낼 수가 있다.

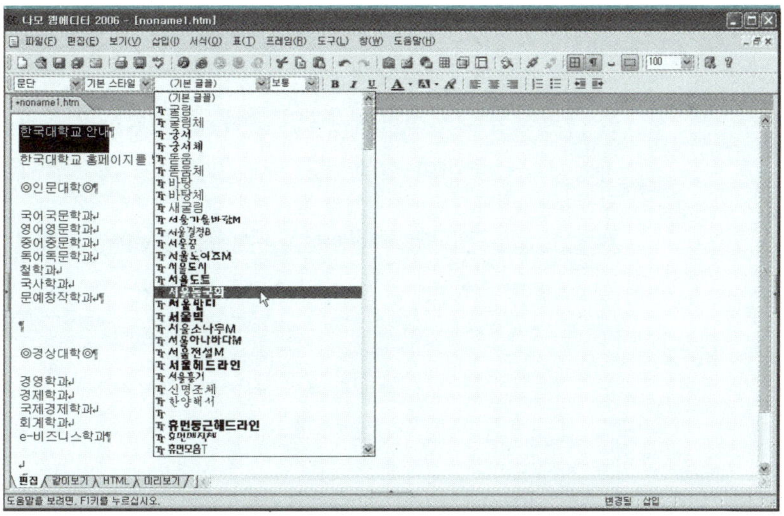

[그림 5-10] 서식도구 막대를 이용한 글자모양의 설정화면

## 2.2 문단모양 꾸미기

문단모양 꾸미기의 주된 내용은 문단의 정렬, 여백, 줄 간격 등과 관련된 설정을 말한다.

웹 문서에서 입력한 문자열들을 대상으로 왼쪽 정렬, 가운데 정렬, 오른쪽 정렬의 지정을 하고자 할 경우에, 워드프로세서와 마찬가지로 정렬하고자 하는 문단을 드래그 한 다음 단축명령을 실행한다.

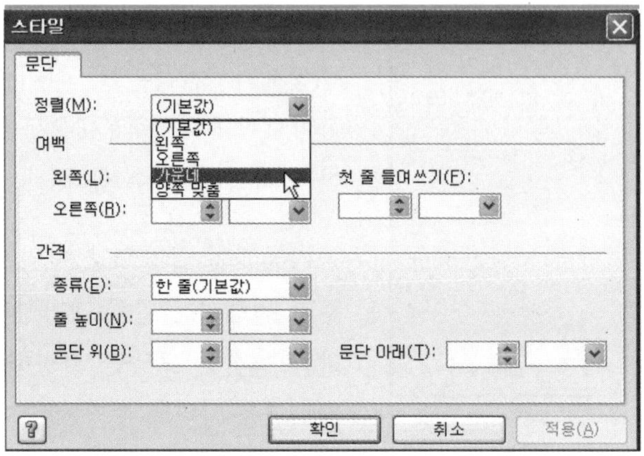


[그림 5-11] 스타일 문단 대화상자

단축명령의 "문단모양" 명령을 실행하여 문단 대화상자의 정렬 항목에서 원하는 정렬방식을 지정하여 "확인" 버튼을 클릭하거나, 또는 서식도구 막대의 "정렬" 아이콘을 클릭하여 실행한다.

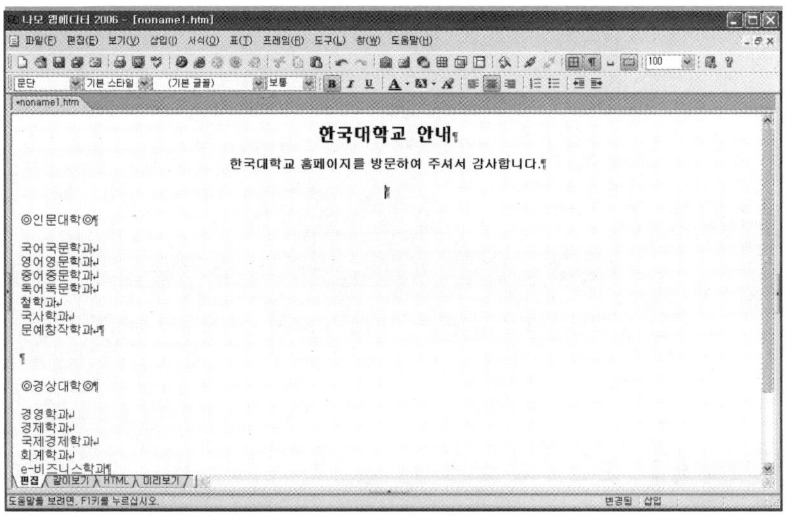


[그림 5-12] 문단모양의 가운데 정렬을 설정한 화면

## 2.3 문단의 복사와 이동

웹 문서에 입력한 문자열을 복사하거나 이동하기 위해서는 원하는 문단을 드래그 한 다음 단축명령의 "복사하기"나 "이동하기"를 선택한 다음, 원하는 위치에 포인트를 이동하여 붙이기 명령을 실행한다.

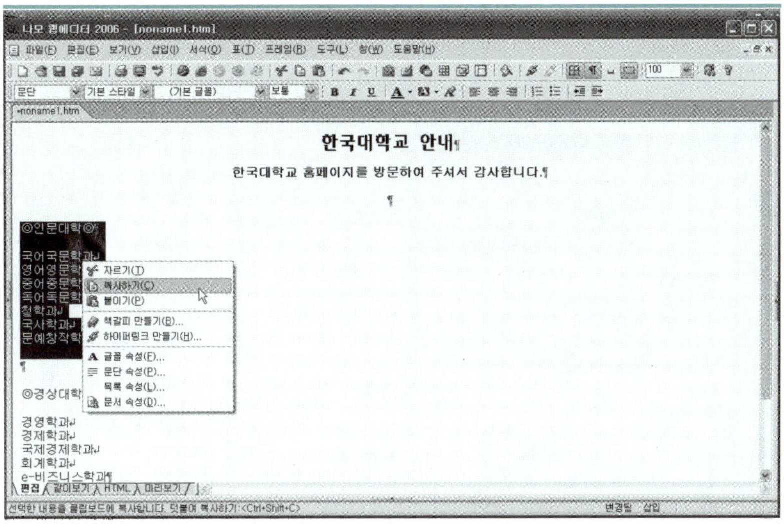

[그림 5-13] 복사하기 명령의 실행화면

# 3 목록 만들기

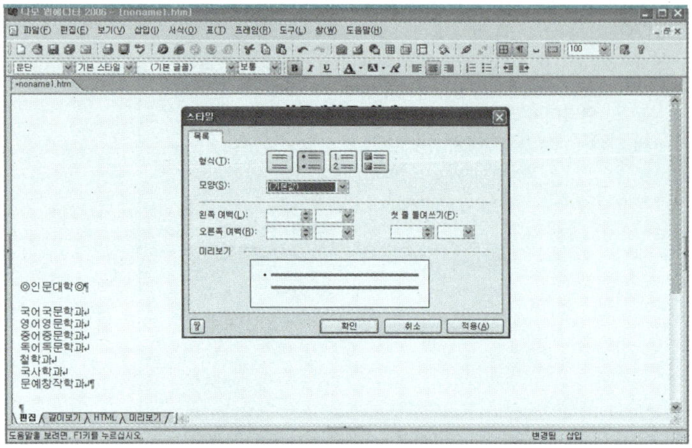


[그림 5-14] 목록 만들기 명령을 실행하는 화면

목록이란 문단의 내용을 일목요연하게 나열해 주는 기능으로서 홈페이지에 문자를 입력할 경우 자주 사용하는 기능이다. 홈페이지에 목록을 나타내기 위해서는 원하는 위치에 커서를 이동한 다음, 서식-목록 명령을 실행하거나 서식도구의 아이콘을 이용하여 지정해 준다. 목록항목의 종류로는 크게 점으로 된 목록 모양과 숫자로 된 목록모양에서 선택할 수 있다.

웹 문서상에서 목록항목과 관련된 내용을 입력한 뒤 일반 문서의 내용을 다시 입력하기 위해서는 Enter 키를 두 번 눌러주면 정상적인 입력상태로 전환된다.

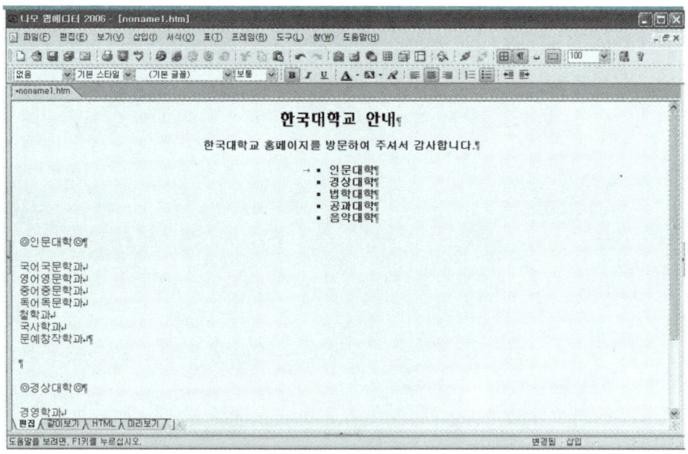


[그림 5-15] 목록이 만들어진 화면

# 4 수평선의 삽입

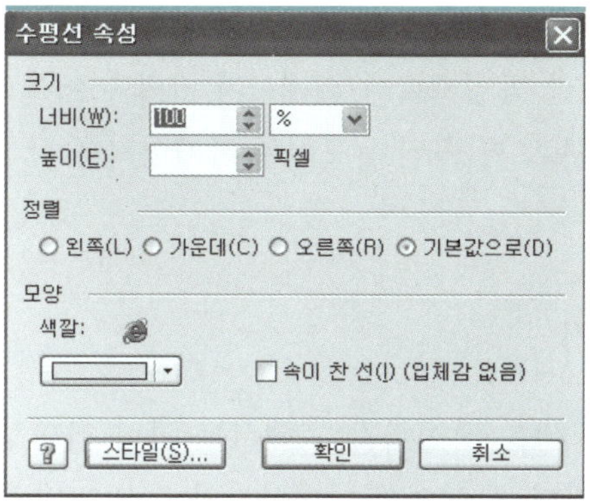

[그림 5-16] 수평선 속성 대화상자

홈페이지 작성에 있어서 수평선을 삽입하는 주된 목적은 웹 화면의 내용을 구분하거나 분리해 주기 위한 경우에 주로 사용된다.

수평선을 삽입하기 위해서는 수평선을 삽입하고자 원하는 위치에 커서를 이동한 다음, 삽입-수평선 명령을 실행하면 된다. 만약에 입체적인 수평선이 아닌 단순한 수평선을 표시하고자 할 경우에는 수평선을 더블클릭하여 수평선 속성 대화상자에서 속이 찬 선을 설정하고 "확인" 버튼을 클릭한다.

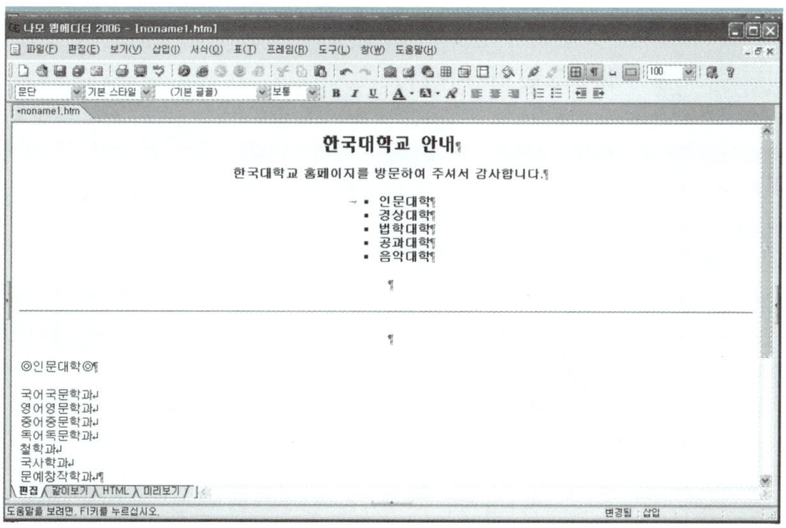

[그림 5-17] 수평선이 삽입된 화면

# 5 배경색과 바탕 화면 꾸미기

홈페이지의 작성에 있어서 단순한 문자의 입력뿐만 아니라 입력한 문자를 더욱 돋보이게 하기 위한 방법으로서 홈페이지 바탕에 어울리는 배경으로 그림이나 바탕색을 나타내 줌으로써 훨씬 돋보이는 홈페이지를 작성할 수가 있다.

## 5.1 배경색 지정하기

웹 문서의 배경색을 지정하기 위해서는 편집 화면상에서 단축명령의 "문서속성" 명령을 실행한다. 문서속성 대화상자의 문서 모양 탭을 선택하여 배경색 항목의 색상을 원하는 배경색으로 지정한 다음, "확인" 버튼을 클릭한다. 더욱 다양한 색상을 선택하고자 할 경우에는 "사용자 정의" 버튼을 눌러 원하는 배경색으로 지정해 준다.

## 5.2 배경그림의 지정

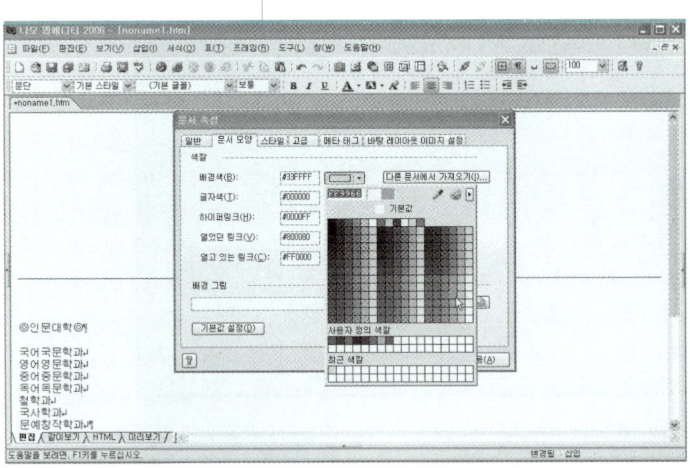


[그림 5-18] 배경색을 지정하는 화면

웹 문서의 배경색뿐만 아니라 웹 문서와 관련된 배경그림을 삽입해 줌으로써 훨씬 어울리는 홈페이지를 작성할 수가 있다. 웹 문서에 배경그림을 삽입하기 위해서는 도구상자 막대의 그림이나 "클립아트" 아이콘을 클릭한다.

리소스 관리자 대화상자의 왼쪽 창에 있는 항목을 선택하면 관련된 그림들이 오른쪽 창에 나타나 마우스로 선택한 다음, "문서배경으로 삽입" 버튼을 클릭한다.

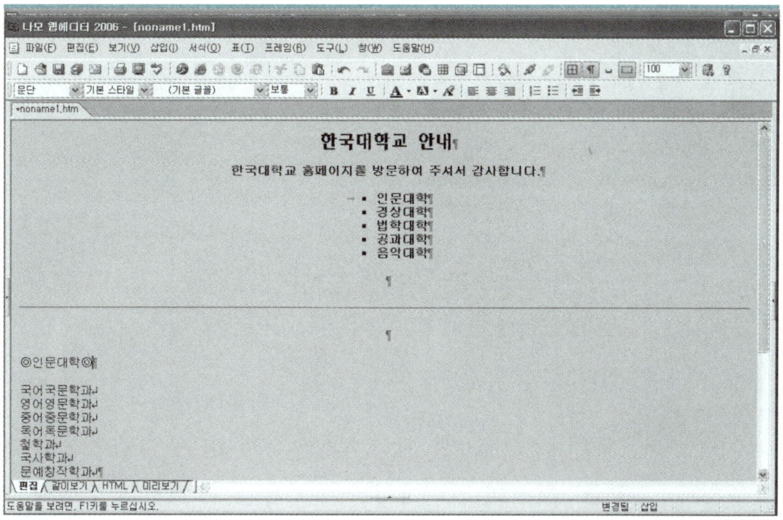


[그림 5-19] 배경색이 지정된 화면

## 5.3 배경음악의 삽입

홈페이지에 배경음악을 삽입하기 위해서는 단축명령을 실행하여 문서 속성 명령을 선택한다. 문서속성 대화상자의 스마일 탭을 선택한 후, 배경음악의 경로 항목에 "찾아보기" 버튼을 이용하여 원하는 음악파일과, 반복회수 및 계속 반복도 지정한 다음, "확인" 버튼을 클릭한다.

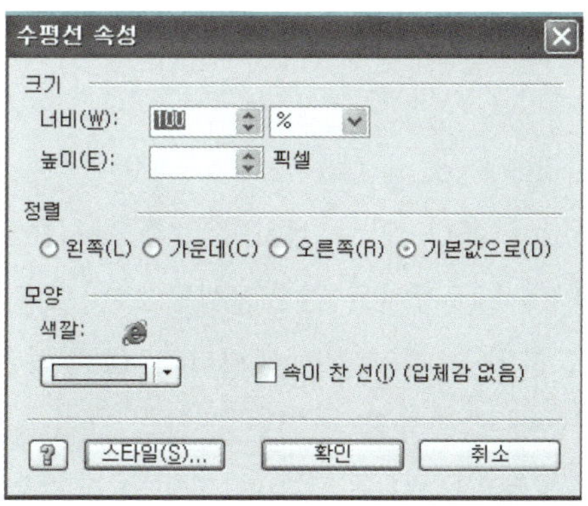


[그림 5-20] 배경음악 지정을 위한 대화상자

# 6 그림의 삽입

문자만으로 만들어진 홈페이지보다는 그림이나 사진, 동영상과 같은 이미지들을 넣어줌으로써 우리는 보다 친근감 있으며 생동감 있는 홈페이지를 만들 수가 있다.

일반적으로 웹 브라우저가 지원하는 그림파일의 형식은 JPG와 GIF 그리고 PNG 형식의 그림파일만이 사용된다. 그것은 이러한 파일의 그림들만이 적은 용량에도 불구하고 뛰어난 압축 방식을 사용하여 적은 용량으로 이미지를 표현할 수 있기 때문이다.

### GIF파일

CompuServe사에서 개발한 이미지 형식으로서 손실 없는 압축 방식의 사용으로 비교적 선명한 화질을 보여준다. 자사의 온라인 서비스를 위하여 개발된 형식으로 이후 많은 시스템에서 사용되면서 온라인 서비스 시스템의 표준으로 자리잡게 되었으며 웹에서도 표준그림 형식으로 사용되고 있다. GIF 형식의 이미지가 표현할 수 있는 색상은 256색까지로 제한되어 있으므로 높은 색상을 표현해야 하는 사진보다는 아이콘 그림에 사용되는 것이 일반적이다.

### JPG파일

Joint Photographic Experts Group에서 개발한 형식으로서 머리글자를 따서 JPG또는 JPEG라고 부른다. 역시 뛰어난 압축 방식으로 다른 이미지파일에 비해 월등히 적은 파일 크기를 가지고 있으면서도 24비트, 1680만 칼라를 지원하기 때문에 사진 같은 고선명 이미지에 사용된다. JPG 형식은 압축률을 조정하여 이미지를 저장하기 때문에 압축률을 높이면 파일의 크기는 줄어들지만 상대적으로 화질이 떨어지며 반대로 압축률을 낮추면 파일의 크기는 커지지만 그만큼 좋은 화질을 갖게 됨으로 그림의 용도나 환경에 따라 적절한 절충값으로 그림을 생성하는 것이 좋다.

### PNG 파일

Pottable Network Graphic의 머리글자를 따 PNG라고 부르는 형식으로서 웹 디자인을 위하여 만들어진 그림 형식이다. 역시 뛰어난 압축률로 파일의 크기가 작으며 24비트의 트루컬러를 지원하므로 선명한 화질을 보여준다.

## 6.1 그림 삽입하기

웹 문서에 그림을 삽입하기 위해서는 그림을 삽입하고자 하는 위치에 커서를 이동한 다음 삽입-그림 명령을 선택하거나 도구상자 막대의 "그림삽입" 아이콘을 선택한다.

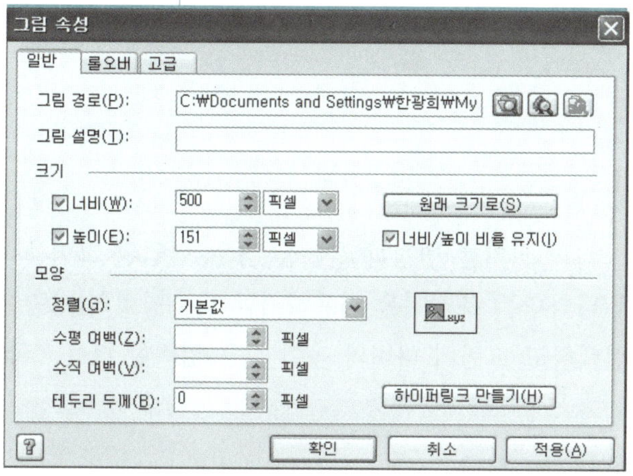


[그림 5-21] 그림 속성 대화상자

그림 속성 대화상자의 그림 경로에 원하는 그림 파일을 삽입하기 위하여 "찾아보기" 아이콘을 클릭한다. 열기 대화상자에서 원하는 그림 파일을 선택하고, "열기" 버튼을 클릭한다.

그림 속성 대화상자의 "확인" 버튼을 클릭하면 원하는 위치에 그림이 삽입된다.

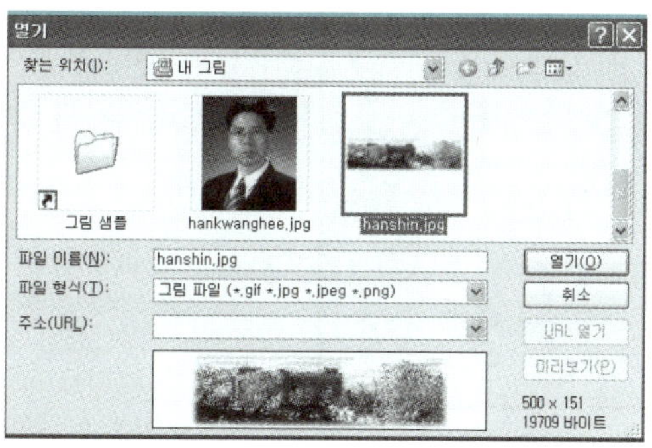


[그림 5-22] 열기 대화상자

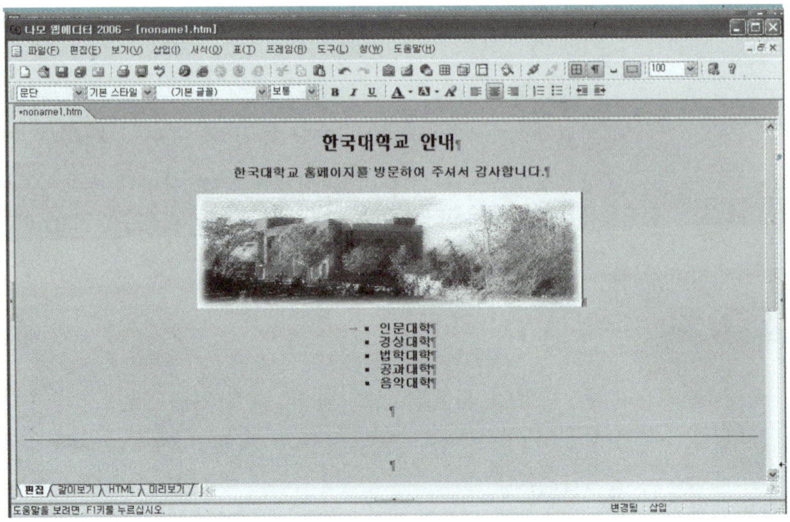


[그림 5-23] 그림이 삽입된 화면

## 6.2 그림 크기 변경하기

웹 문서에 삽입된 그림의 크기를 변경하고자 할 경우, 삽입된 그림을 마우스로 클릭하면 그림 둘레에 나타나는 조절점을 이용하거나 단축명령의 그림속성 대화상자에서 모양 탭을 선택하고 그림의 너비와 높이 값을 입력한 다음, "확인" 버튼을 클릭한다.

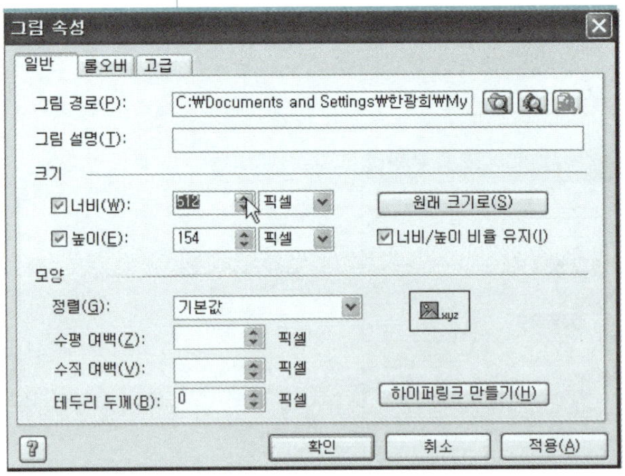


[그림 5-24] 그림 크기 설정을 위한 대화상자

뿐만 아니라 그림의 둘레를 테두리로 감싸는 기능이나 그림과 입력된 문자 사이의 여백도 같이 지정해 줄 수가 있다. 단, 테두리 두께를 "0"으로 설정해 주면 테두리 모습은 표시되지 않는다.

## 6.3 그림 정렬하기

### 1 단순 정렬하기

문단의 정렬과 같이 삽입된 그림을 정렬하기 위해서는, 먼저 그림을 마우스로 선택한 다음 서식도구 막대의 "정렬" 아이콘을 이용한다.

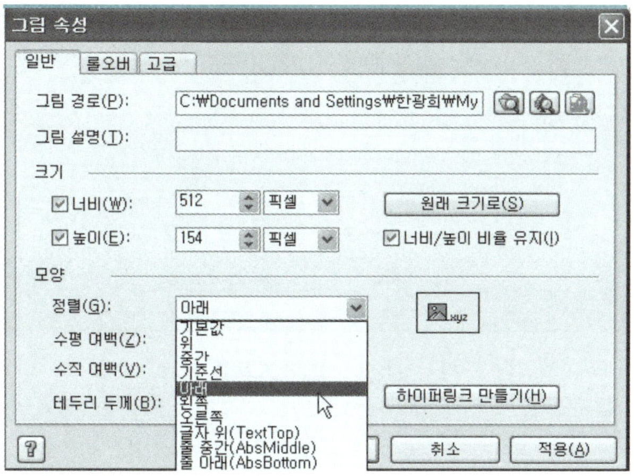


[그림 5-25] 그림과 문자열의 정렬

### 2 그림과 문자열의 정렬

그림과 함께 입력한 문자열을 정렬하기 위해서는 단축명령을 불러내어 그림 속성 명령을 선택한다. 그림 속성 대화상자의 정렬 항목에 있는 목록 중에서 원하는 유형을 지정하고 "확인" 버튼을 클릭한다.

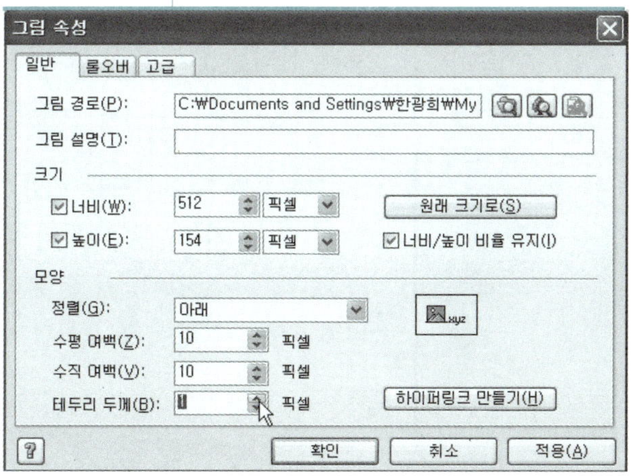


[그림 5-26] 그림의 여백과 테두리 설정

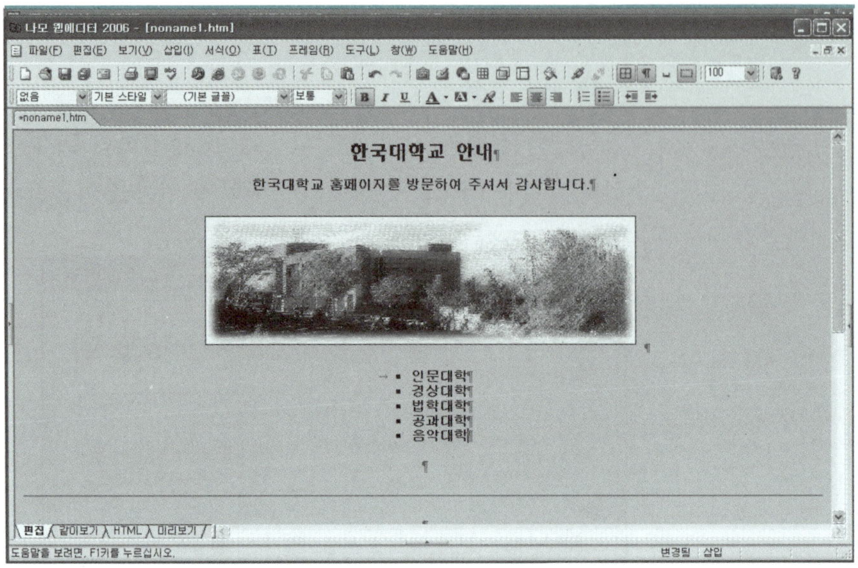


[그림 5-27] 그림 고치기 기능이 설정된 화면

## 6.4 그림 효과 활용하기

웹 문서에 삽입한 그림에 특수한 효과를 부여하기 위하여 활용하는 기능으로서 삽입된 그림을 더블 클릭한 다음, 그림-그림 효과 명령을 실행한다.

그림 효과 대화상자를 이용하여 설정할 수 있는 기능들은 테두리 효과, 그림자 효과, 단추 효과, 좌우 뒤집기 효과, 번지기 효과 기능들을 표현할 수가 있다.

[그림 5-28] 그림 효과 대화상자

[그림 5-29] 테두리 효과 대화상자

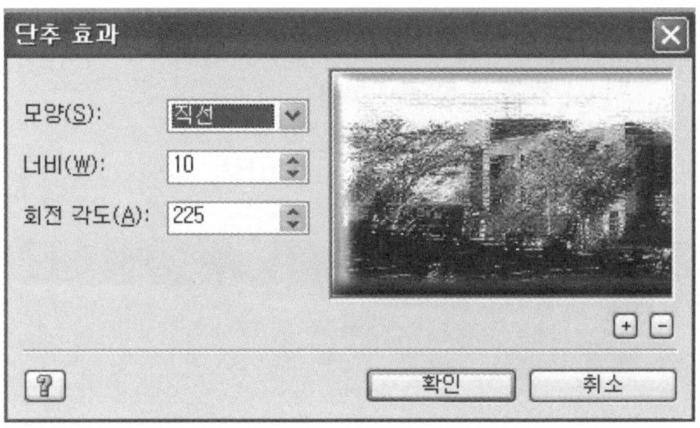


[그림 5-30] 단추 효과 대화상자

[그림 5-31] 그림자 효과 대화상자

[그림 5-32] 그림자 효과가 설정된 화면

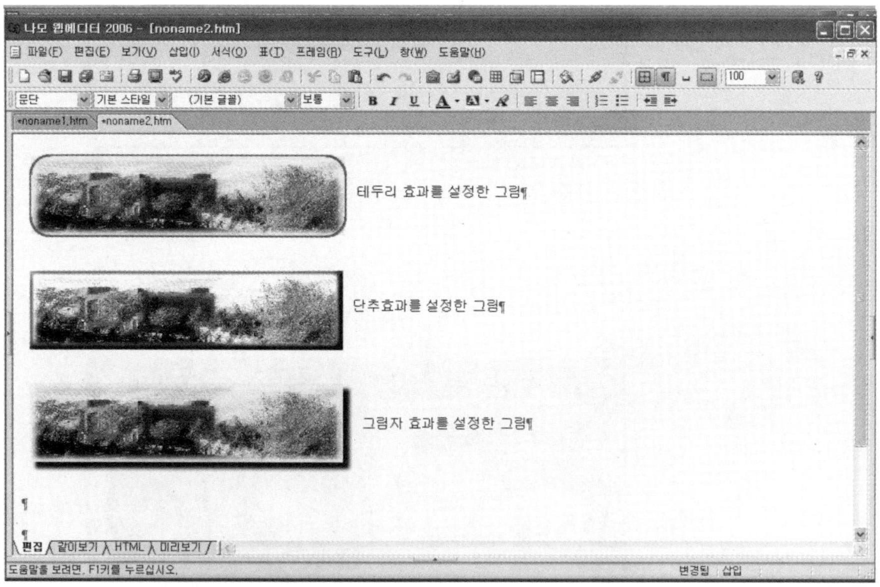


[그림 5-33] 각각의 그림 효과를 설정한 화면(1)

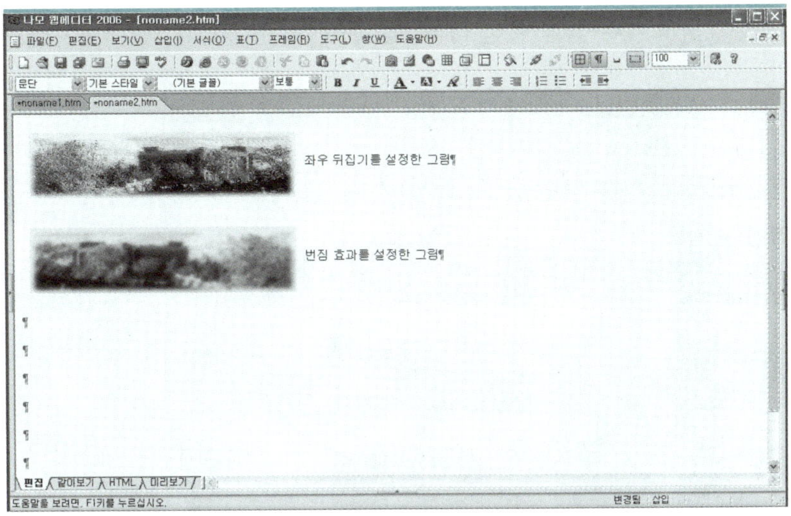

[그림 5-34] 각각의 그림 효과를 설정한 화면(2)

## 6.5 배경 그림으로 삽입하기

화면에 하나의 그림만을 삽입하는 방법도 있지만 화면 전체의 배경으로 그림을 삽입할 수도 있다. 일반적으로 전체 화면에 배경그림을 넣는 이유는 홈페이지를 좀 더 다채롭게 꾸며주기 위한 목적으로 사용하게 된다.

화면 전체에 배경그림을 삽입하기 위해서는 단축명령에서 "문서속성" 명령을 실행한다. 문서속성 대화상자에서 문서모양 탭을 선택한 다음 배경그림 항목에 원하는 그림파일을 지정해 준다.

즉 작은 그림을 선택하여 전체화면에 삽입하면 화면 전체에 하나의 이미지가 반복적으로 삽입된 모습을 확인할 수가 있다. 이와 같이 배경이미지가 반복적으로 삽입이 되었지만 다운로드되는 이미지는 작은 이미지 하나이기 때문에 작업용량을 크게 늘리지 않고도 효과적인 홈페이지 작성이 가능하게 되는 것이다.

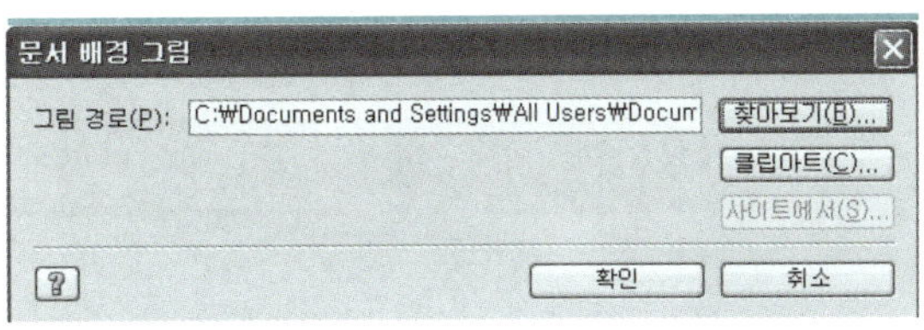

[그림 5-35] 문서 배경 그림 대화상자

## 6.6 스마트 클립아트 삽입하기

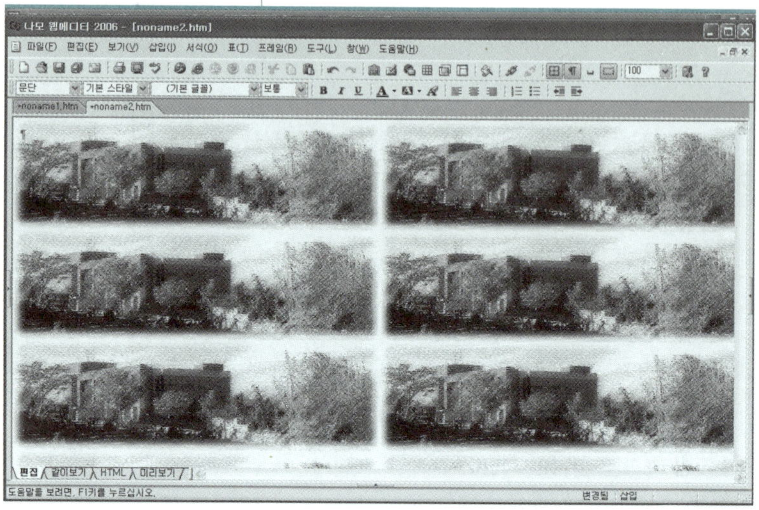


[그림 5-36] 화면 전체에 배경그림이 삽입된 화면

스마트 클립아트란 홈페이지를 제작하는데 있어서 도움이 될 수 있는 조그만 그림들을 주제별로 한 곳에 모아 놓은 것을 말한다. 웹 문서에 클립아트를 삽입하기 위해서는 삽입-스마트 클립아트 명령을 실해하거나, 또는 도구상자 막대의 "스마트 클립아트 삽입" 아이콘을 클릭한다.

나모 웹에디터의 스마트 클립아트 대화상자를 열면 왼쪽 창에는 여러 가지 목록으로 구분된 폴더가 있으며, 폴더를 선택하면 관련된 그림조각들이 오른쪽 창에 나타나게 된다. 클립아트에는 다양한 유형의 그림조각들이 배너, 버튼, 블릿, 이미지별로 잘 정리되어 있다.

스마트 클립아트를 이용한 그림의 삽입은 기본적으로 앞에서 설명한 그림의 삽입과 동일한 방법으로 작성하고 있는 홈페이지 편집 화면에서 삽입하게 된다.

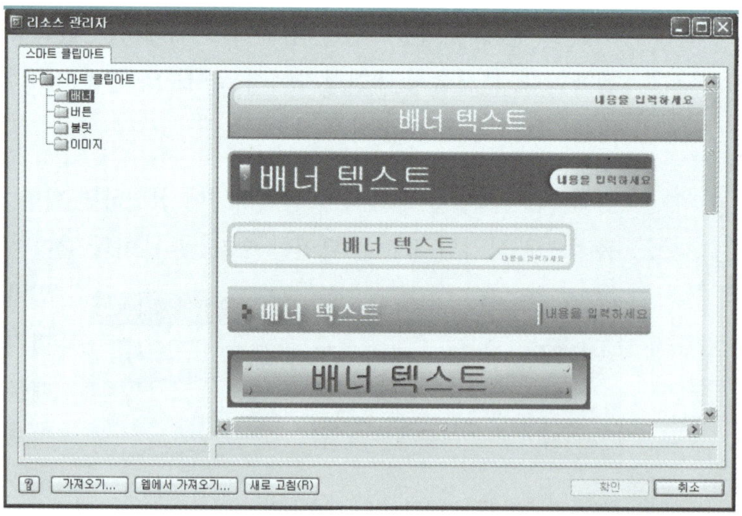


[그림 5-37] 스마트 클립아트 배너 그림들

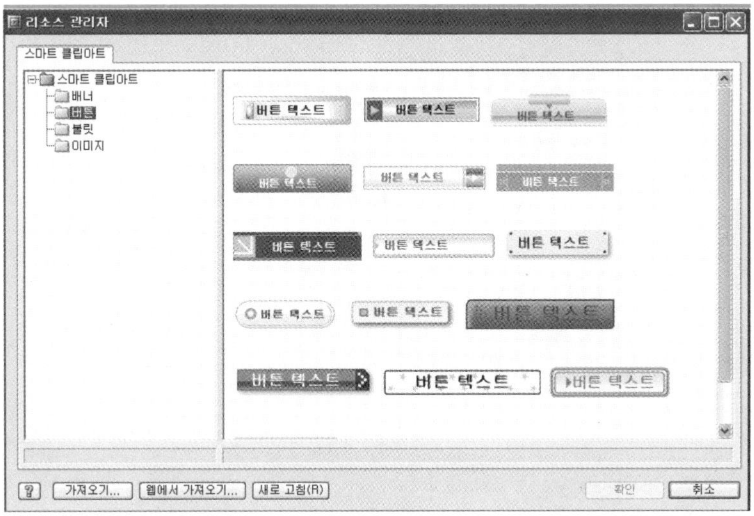


[그림 5-38] 스마트 클립아트 버튼 그림들

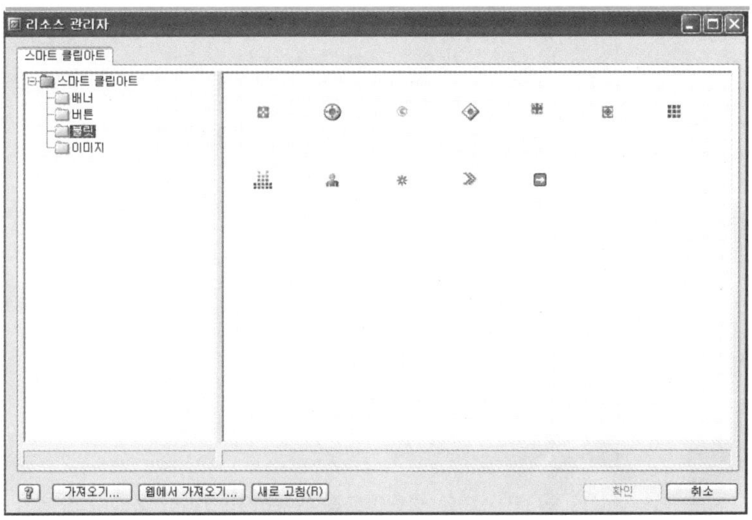


[그림 5-39] 스마트 클립아트 블릿 그림들

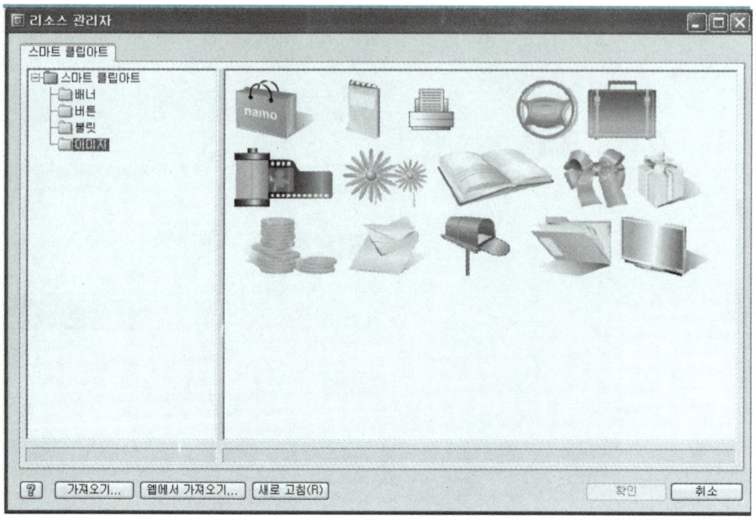


[그림 5-40] 스마트 클립아트 이미지 그림들

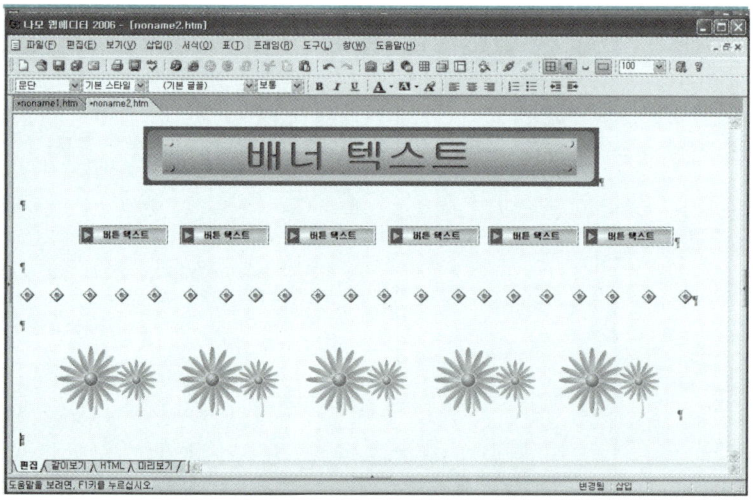


[그림 5-41] 스마트 클립아트를 이용하여 그림을 삽입한 화면

## 6.7 스마트 클립아트를 이용한 배너 및 버튼 삽입

홈페이지를 작성하는 웹 문서에서 메뉴나 문단의 제목 등은 방문자의 눈에 잘 띄게 표현하기 위하여 일반적으로 텍스트 이미지를 많이 사용한다. 그러나 그래픽

프로그램을 사용하지 않고도 스마트 버튼 대화상자를 이용하여 쉽고 편리하게 메뉴를 입력할 수 있는 버튼을 작성할 수가 있다.

스마트 클립아트의 배너나 버튼 기능이 제공하는 기능을 이용하면, 이미 간편하게 만들어진 버튼을 어느 정도 수정해 줌으로써 홈페이지에 쉽게 활용할 수가 있다. 또한 만들어진 버튼이나 배너는 백터 드로잉 기법을 사용하여 크기나 모양을 마음대로 조절할 수가 있다.

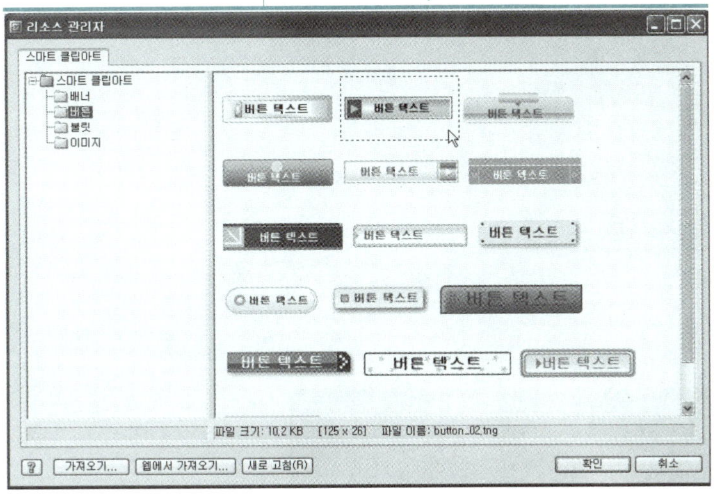


[그림 5-42] 스마트 클립아트 대화상자

### 1 스마트 클립아트 버튼의 삽입

스마트 버튼 마법사를 이용하기 위해서는 삽입-스마트 클립아트 명령을 실행하거나, 도구상자 막대의 "스마트 클립아트" 아이콘을 클릭한다.

리소스 관리자 대화상자의 왼쪽 창에서 원하는 폴더를 선택하면, 오른쪽 창의 미리보기에 나타나는 다양한 버튼 모양들이 보여진다. 원하는 버튼 그림을 선택한 다음, "확인" 버튼을 클릭한다.

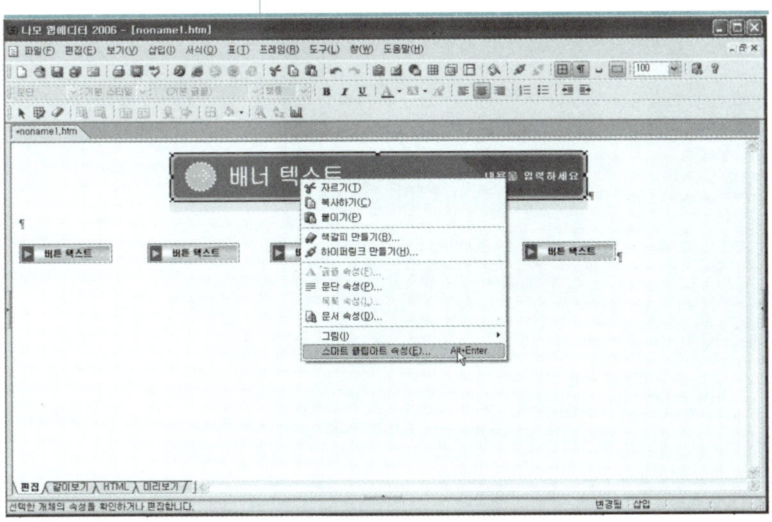


[그림 5-43] 스마트 클립아트의 편집

### 2 스마트 클립아트 버튼 텍스트의 편집

스마트 클립아트를 이용하여 버튼에 입력한 문자들을 편집하기 위해서는 스마트 클립아트 속성 명령을 실행한 다음, 스마트 클립아트 대화상자를 이용하여 편집을 한다. 스마트 클립아트 대화상자의 하단에서 '글자' 탭을 선택하고서 입력하고자 하는 내용과 글꼴, 크기 등을 입력하고, "확인" 버튼을 클릭한다.

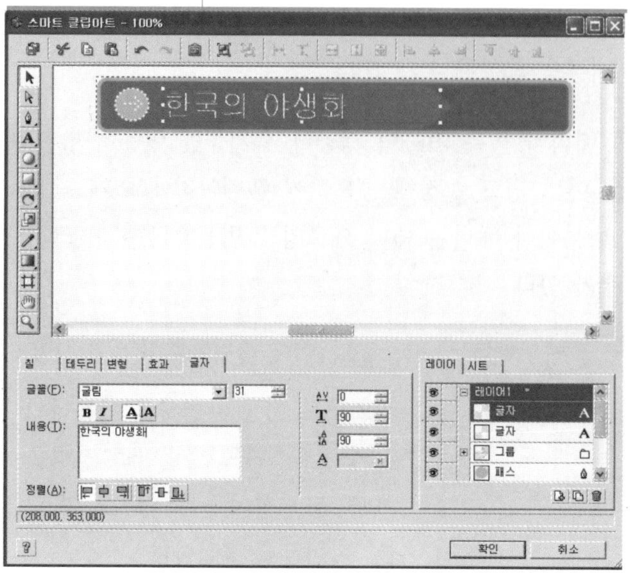


[그림 5-44] 버튼 텍스트의 편집 화면

이 이외에도 텍스트의 색상이나 테두리의 색상, 변형, 효과와 같은 작업을 활용할 수가 있다. 이러한 버튼 편집 상태에서는 버튼의 모양이나 크기 등을 변경할 수가 있다. 즉 버튼의 크기는 대화상자 위 화면에 나타난 버튼모양의 조절점을 이용하여 전체적인 크기나 모양을 조절할 수가 있다.

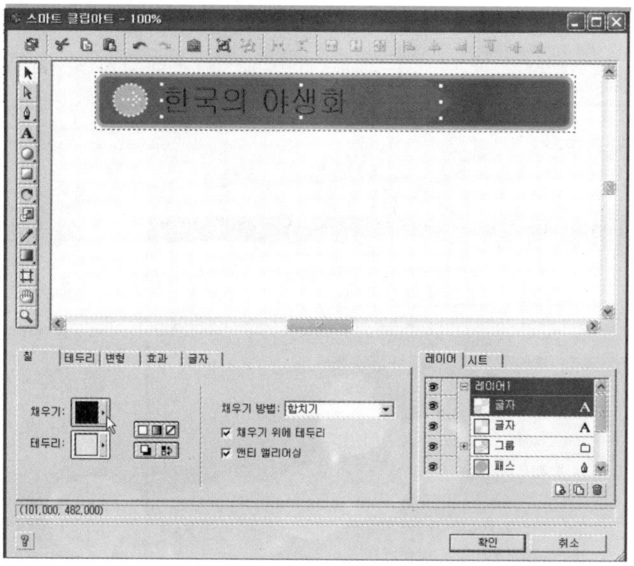


[그림 5-45] 칠 효과의 지정

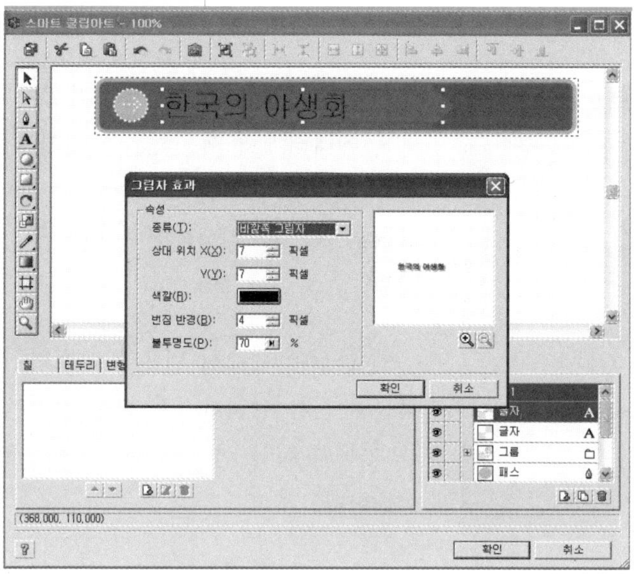


[그림 5-46] 그림자 효과의 지정

또한 스마트 클립아트에서 제공하는 버튼의 텍스트를 수정하기 위해서는 위치를 텍스트로 지정한 다음 텍스트 수정 탭을 선택하여 내용 입력란에 원하는 텍스트를 입력해 주면 된다. 여기서 텍스트란 버튼 안에 표시되는 문자를 의미하며 벡터란 그림의 모양을 나타내는 것이다.

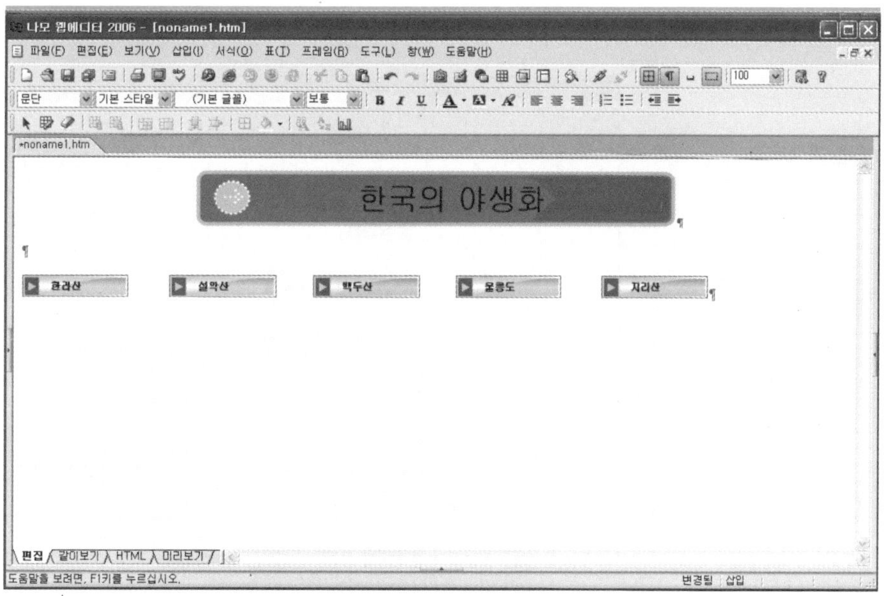


[그림 5-47] 스마트 클립아트를 이용하여 작성한 화면

## 6.8 플래시 버튼의 삽입

[그림 5-48] 플래시 버튼의 배너 그림들

플래시 프로그램을 사용하지 않고도 나모 웹에디터에서 제공하는 플래시 버튼 기능을 이용하여 일반 그림에서는 표현하기 어려운 특수한 애니메이션 버튼을 간단하게 만들 수 있다.

웹 문서에 플래시 버튼을 삽입하기 위해서는 버튼을 삽입하고자 하는 위치에 커서를 이동한 다음 삽입-플래시 버튼 명령을 실행한다.

리소스 관리 대화상자의 왼쪽 창에 있는 목록에서 원하는 폴더를 선택하면 오른쪽 창에 나타나는 그림 중에서 원하는 배너나 혹은 버튼을 선택한 다음 "확인" 버튼을 클릭한다.

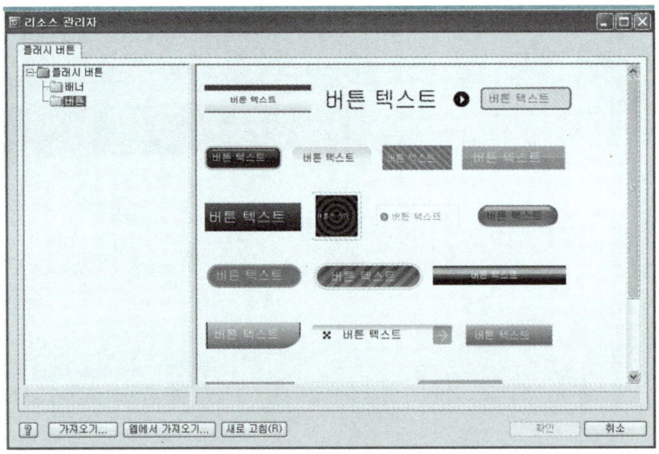


[그림 5-49] 플래시 버튼의 버튼 그림들

플래시 버튼 속성 대화상자에서 버튼의 내용과 모양, 링크 정보, 크기 등을 설정한 다음, "확인" 버튼을 클릭하면 플래시 버튼이 삽입된다.

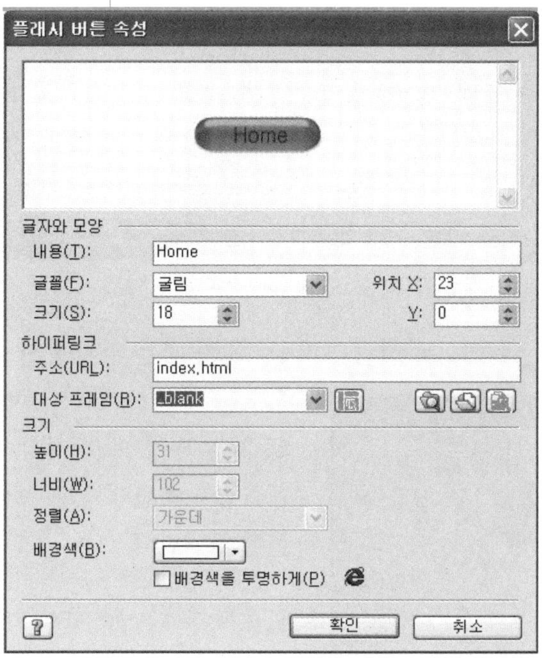

[그림 5-50] 플래시 버튼 속성 대화상자

플래시 버튼 속성 대화상자의 링크 정보의 링크 항목에는 "찾아보기" 버튼을 클릭하여, 연결하고자하는 사이트의 주소나 HTML 문서의 위치를 입력해 주는 것이며, 대상 프레임은 연결될 사이트나 HTML 문서를 어떻게 펼칠 것인지를 설정해 주는 것이다.

이러한 플래시 버튼이나 배너는 스마트 클립아트와 마찬가지로 벡터방식을 사용하기 때문에 그림을 확대하거나 축소하여도 이미지가 손상되지 않고 원래의 모습을 나타내준다.

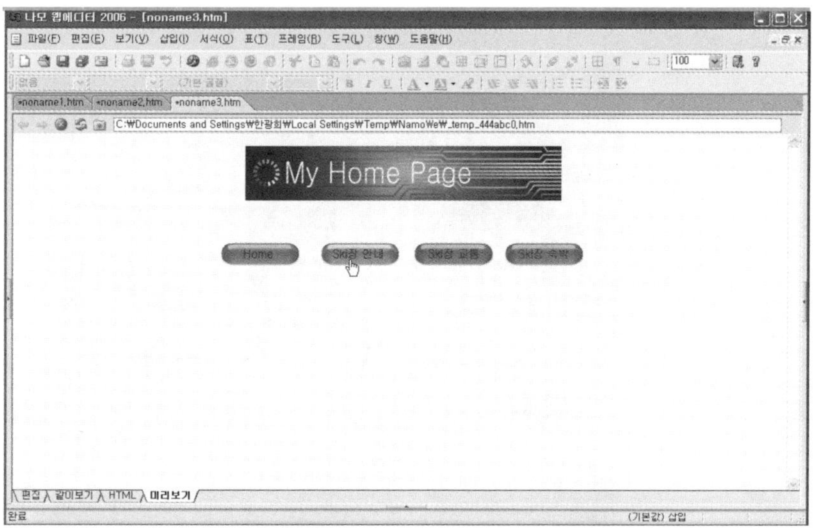

[그림 5-51] 플래시 버튼이 삽입된 화면

## 6.9 포토 앨범 만들기

많은 종류의 상품을 판매하는 쇼핑몰 사이트나 또는 사진과 같은 작품들을 전문적으로 전시해 놓은 사이트들을 방문하다 보면 작은 그림이나 사진이 나열되어 있고, 그 중에 하나의 그림이나 사진을 마우스로 클릭하면 동일한 그림이나 사진이 크게 확대되어 새로운 윈도우 창에 나타나는 것을 볼 수가 있다. 나모 웹에디터에서도 이러한 기능을 제공하고 있는데 그것이 포토 앨범 만들기이다.

포토 앨범을 만들기 위해서는 앨범을 작성하고자 하는 위치에 커서를 이동한 다음, 도구-포토 앨범 명령을 실행한다. 앨범 설정 정보 대화상자가 나타나면 대화상자 하단에 있는 "새로 만들기" 버튼을 클릭한다.

[그림 5-52] 앨범 설정 정보

포토 앨범 대화상자에서 나타내고자 하는 포토 앨범의 스타일을 대화상자의 좌측에서 지정하고 열기 옵션을 지정하고 "다음" 버튼을 누른다.

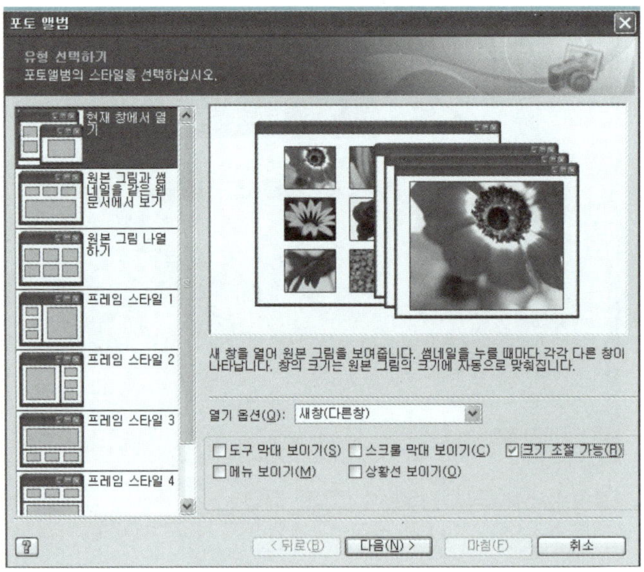


[그림 5-53] 포토 앨범 유형 선택

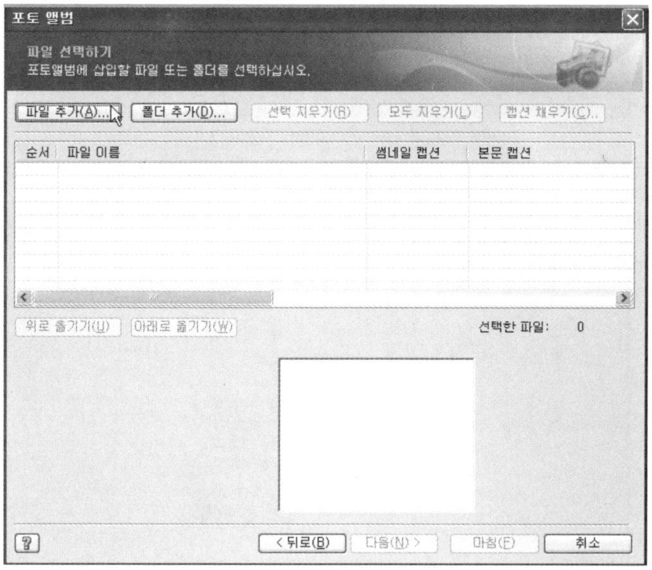


[그림 5-54] 포토 앨범 파일 선택하기 대화상자

이어서 포토 앨범에 나타내고자 하는 그림파일들을 삽입해 주기 위하여 "파일 추가"나 "폴더추가"를 선택한 다음, 이미 저장되어 있는 원본그림 파일을 순서대로 선택한다. 이때 특정한 파일들을 연속적으로 선택하기 위해서는 Shift 키를 누른 상태에서 파일들을 선택하면 편리하다.

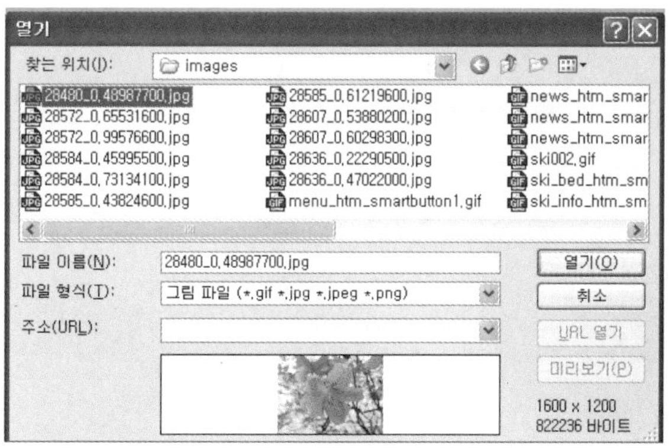


[그림 5-55] 열기 대화상자

포토 앨범 대화상자에 원본그림 목록에서 선택한 그림 파일들이 모두 나열되면 "다음" 버튼을 클릭한다.

[그림 5-56] 파일 선택이 완료된 대화상자

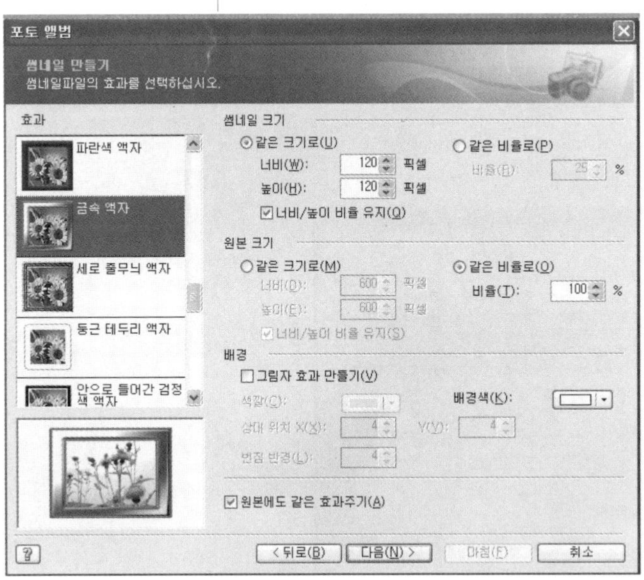


[그림 5-57] 썸네일 파일의 효과 선택

포토 앨범 대화상자에서 썸네일 파일의 효과를 지정하기 위하여, 원하는 모양과 배경색 및 그림자 등을 선택해 준 다음, 나타내고자 하는 썸네일의 크기도 조정하고 "다음" 버튼을 클릭한다.

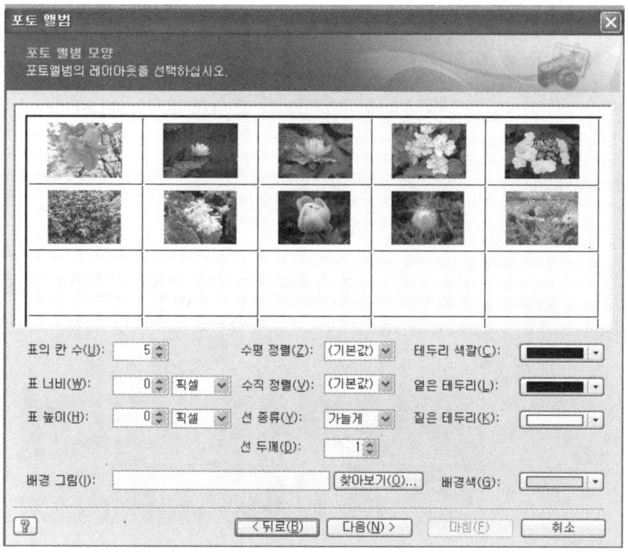

[그림 5-58] 포토 앨범 모양 설정

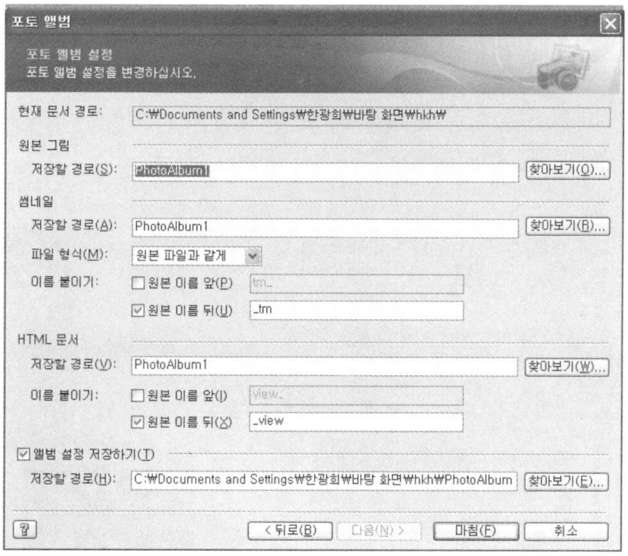

[그림 5-59] 포토 앨범 설정 대화상자

마지막으로 포토 앨범의 레이아웃을 선택해 주기 위하여 표의 칸수와 표의 너비 및 높이 등을 조정해 준 다음, 관련된 포토 앨범 설정 대화상자의 "마침" 버튼을 클릭하면, 포토 앨범이 완성된 모습으로 나타난다.

만들어진 포토앨범을 표 만들기 기능들을 이용하여 표와 사진들을 정렬하고 편집을 하면 훨씬 돋보이는 포토 앨범으로 만들어진다.

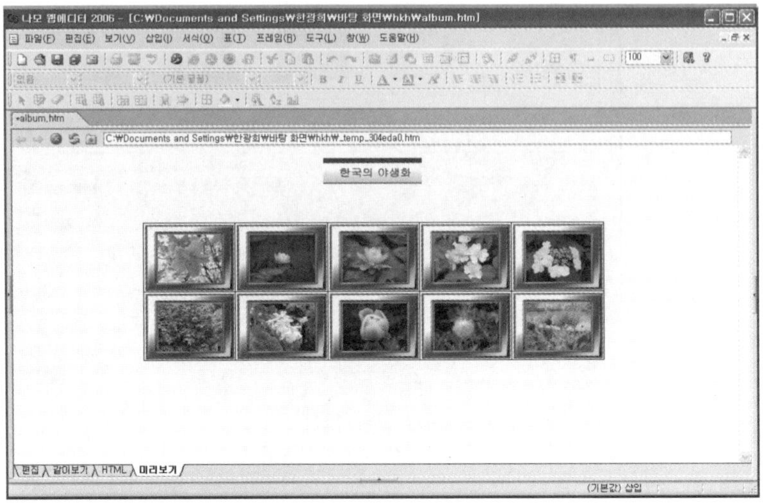

[그림 5-60] 포토 앨범이 만들어진 화면

마우스를 이용하여 앨범 위의 사진을 클릭하면 삽입된 썸네일이 확대되어 새로운 윈도우 창으로 펼쳐지는 것을 확인할 수 있다.

[그림 5-61] 썸네일이 확대되어 펼쳐진 화면

# 7 표를 이용한 홈페이지의 작성

홈페이지에서는 표를 이용하여 다양한 효과를 연출할 수가 있다. 즉 홈페이지 상에 단순히 표를 만들기 위해 사용하는 경우도 있지만, 그림이나 글자의 자유로운 배치가 가능하도록 하거나, 표의 테두리를 보이지 않게 함으로써 훨씬 다양한 형태의 홈페이지를 작성할 수가 있다.

## 7.1 검색엔진 사용법표의 작성

나모 웹에디터를 이용하여 표를 작성하기 위해서는 표-새 표 명령을 실행하거나 도구상자막대의 "표 만들기" 아이콘을 클릭한다.

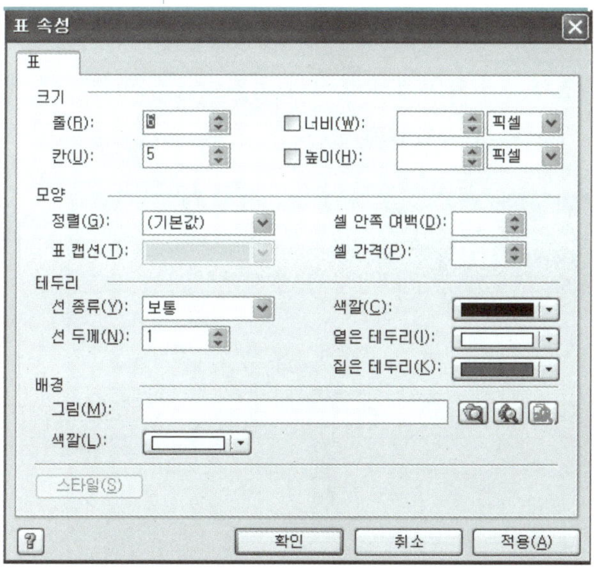


[그림 5-62] 표 속성 대화상자

표 속성 대화상자에 만들고자 하는 표의 줄 수와 칸 수를 입력하고 "확인" 버튼을 클릭하면 커서가 있는 위치에 지정된 줄 수와 칸 수대로 만들어진 표가 삽입된다.

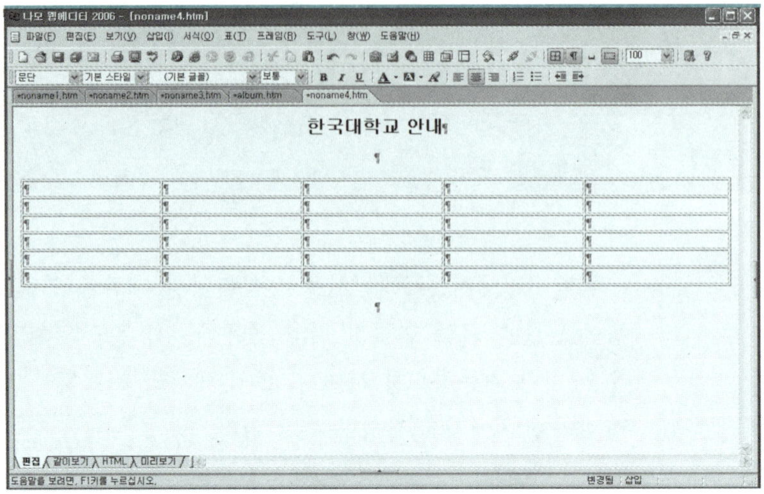


[그림 5-63] 표가 만들어진 화면

## 7.2 셀에 문자와 그림 삽입하기

만들어진 표에 문자를 입력하기 위해서는 문자를 입력하고자 하는 셀에 커서를 이동한 다음, 일반 웹 문서 편집화면에서 문자나 그림을 삽입하는 것과 동일한 방법으로 문자나 그림을 입력하거나 삽입해 준다.

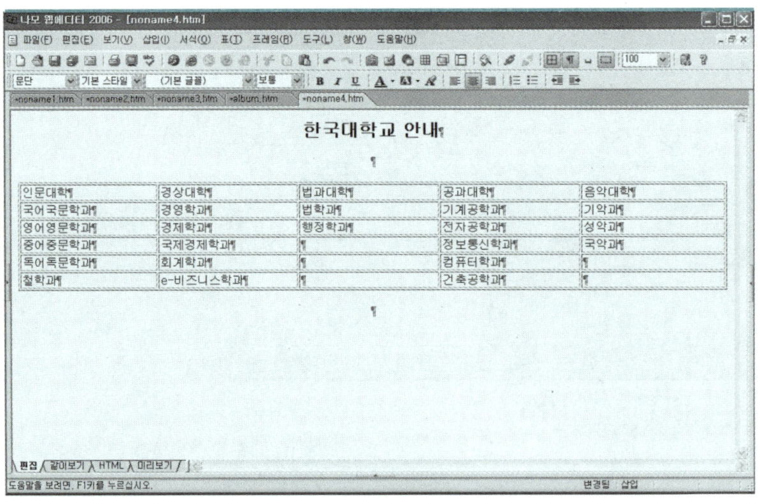


[그림 5-64] 셀 안에 문자를 입력한 화면

## 7.3 셀 안의 데이터 정렬하기

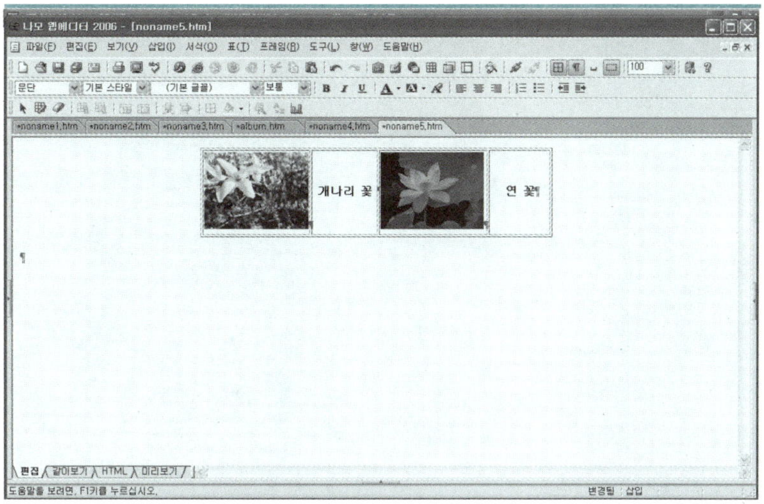


[그림 5-65] 셀 안에 그림을 입력한 화면

원하는 셀을 마우스로 선택한 다음 서식도구 막대의 "정렬" 아이콘을 이용하여 정렬하거나, 정렬을 원하는 셀들을 선택하고, 표 속성 대화상자의 모양 항목에서 수평정렬이나 수직정렬을 지정해준 다음, "적용" 버튼을 클릭한다.

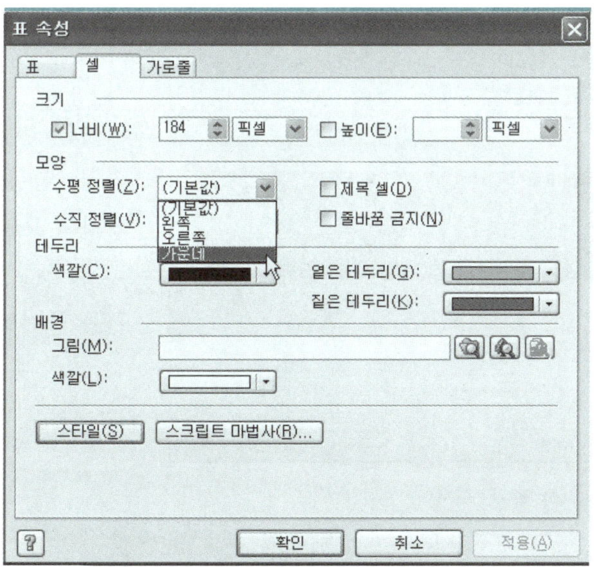


[그림 5-66] 표 속성 대화상자

## 7.4 표 크기 변경과 표 정렬하기

마우스 포인터를 표의 가장자리 테두리 경계선에 올려놓고, 표의 크기를 조절하고자 하는 방향으로 드래그하면 표의 크기가 조절이 된다.

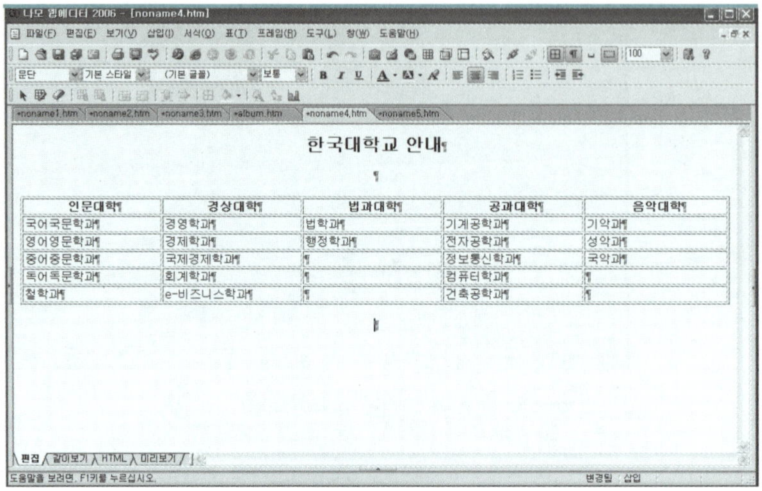

[그림 5-67] 셀 데이터가 정렬된 화면

만들어진 표의 위치를 정렬하기 위해서는 표 전체를 드래그 하여 선택한 다음, 서식도구 막대의 "정렬" 아이콘을 이용하거나, 단축명령의 "표 속성" 명령을 실행하여 표 속성 대화상자의 모양 항목에서 정렬하고자 하는 위치를 설정해 준 다음, "확인" 버튼을 클릭한다.

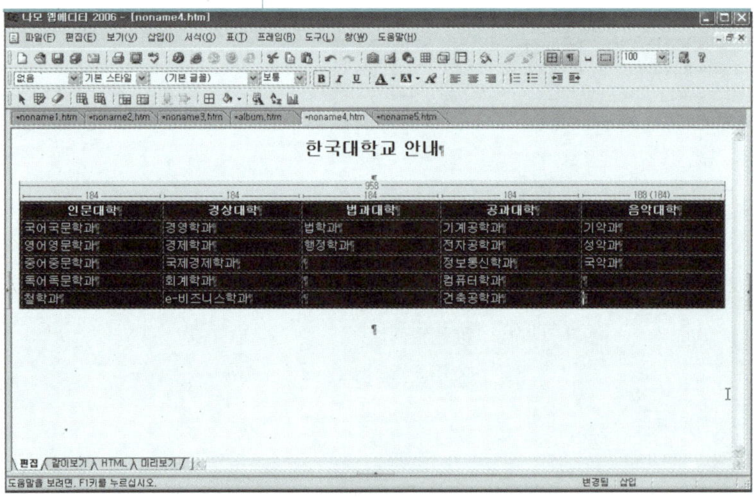

[그림 5-68] 표의 크기를 조절하기 위한 화면

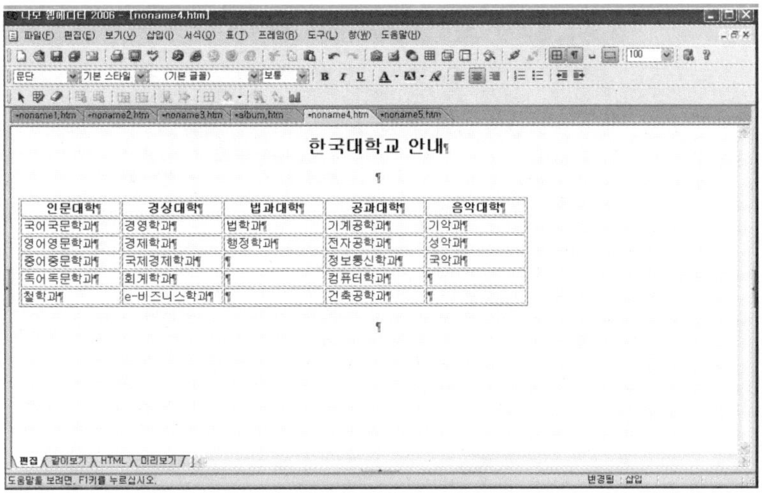

[그림 5-69] 셀 데이터가 정렬된 화면

[그림 5-70] 표 속성 대화상자

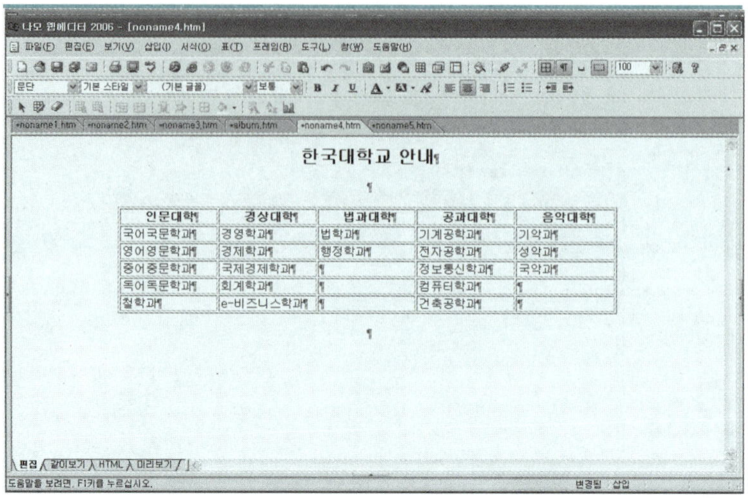


[그림 5-71] 표가 가운데로 정렬된 화면

## 7.5 셀 합치기와 나누기

나모 웹에디터를 이용하여 만들어진 표의 셀들은 상황에 따라서 하나의 셀로 합칠 수도 있으며, 반대로 부족한 셀을 여러 개로 나누어 사용하는 것도 가능하다.

웹 문서상에 만들어진 표에서 셀 합치기 명령을 실행하기 위해서는 합치고자 하는 셀들을 마우스로 드래그 한 다음, 단축명령의 표-셀 합치기 명령을 실행한다.

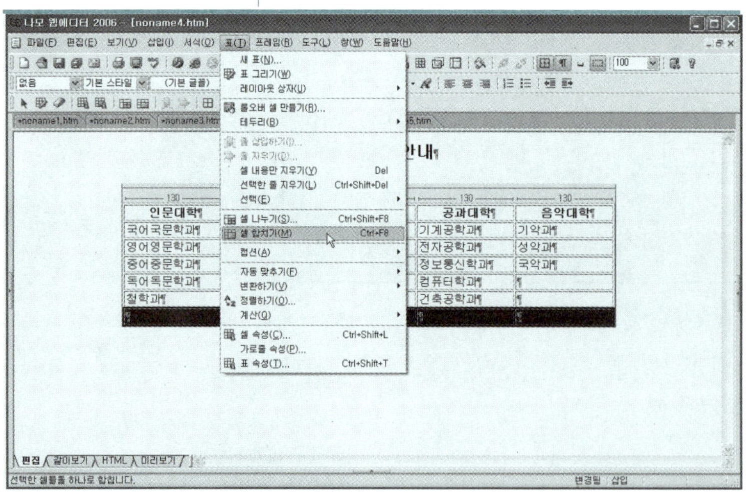


[그림 5-72] 셀 합치기 명령의 실행

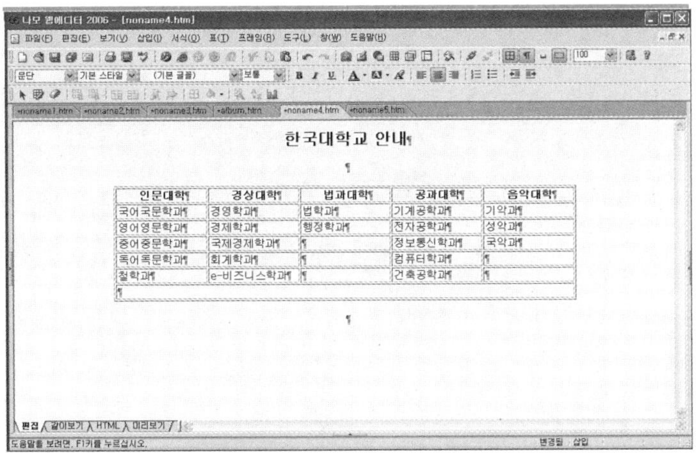


[그림 5-73] 셀이 하나로 합쳐진 화면

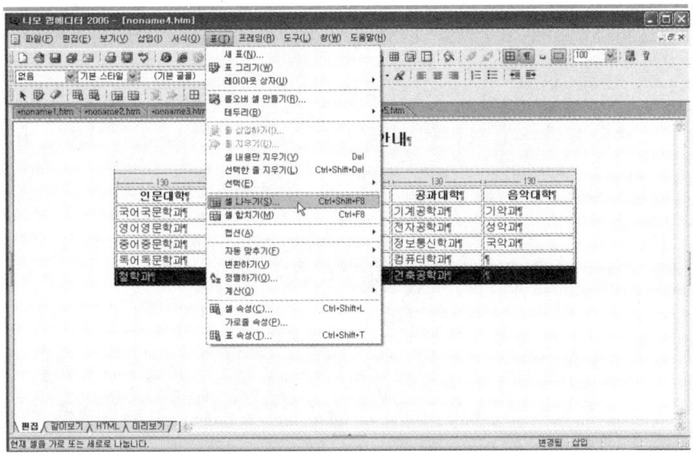


[그림 5-74] 셀 나누기 명령의 실행

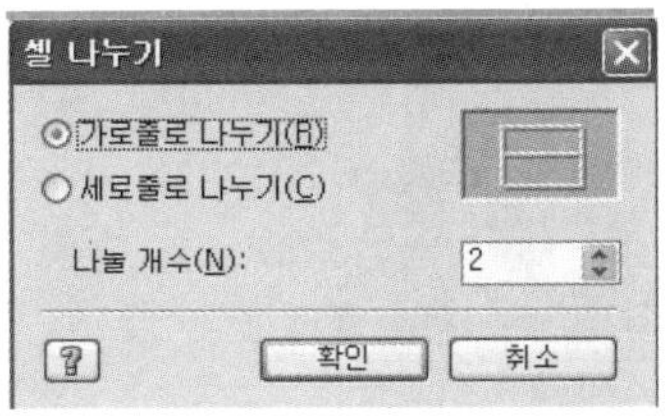


[그림 5-75] 셀 나누기 대화상자

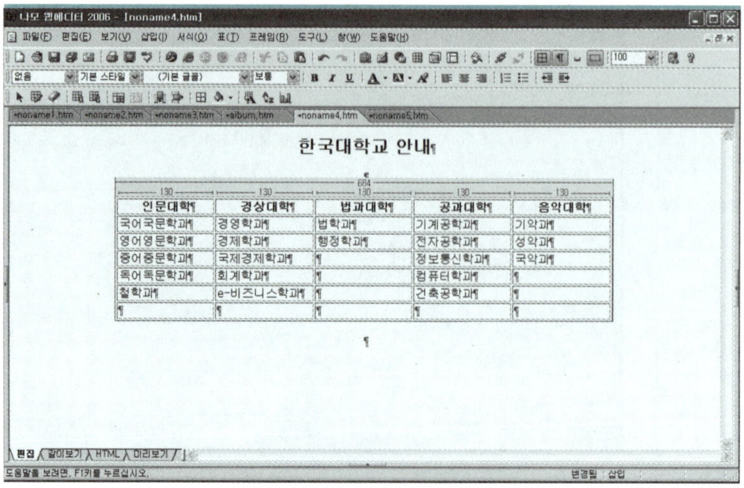

[그림 5-76] 셀이 나눠진 화면

만들어진 표에서 줄이나 칸을 더 추가하고자 할 경우, 나누기를 원하는 셀들을 드래그 한 다음, 단축명령의 표-셀 나누기 명령을 실행하여 셀 나누기 대화상자에서 나누고자하는 방향과 개수를 지정하고, "확인" 버튼을 클릭한다.

## 7.6 셀의 색상과 배경 지정하기

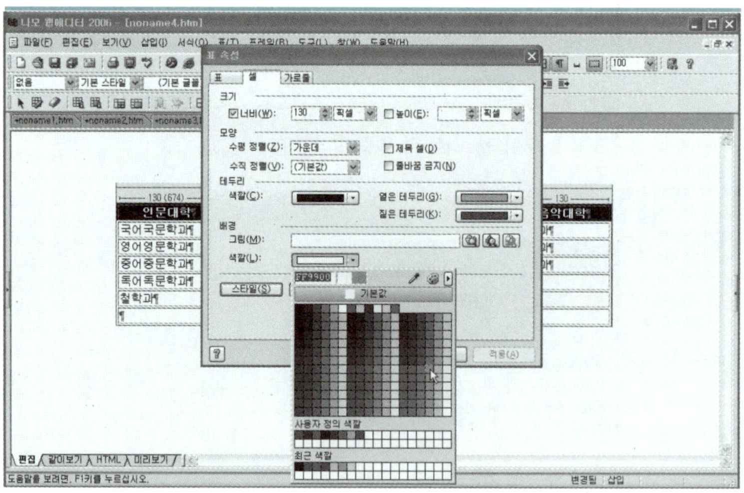

[그림 5-77] 셀 배경색 지정을 위한 화면

웹 문서상에 만들어진 표의 셀 안에 색상이나 배경을 지정하고자 할 경우, 원하는 셀들을 마우스로 드래그 한 다음 셀 안에서 단축명령의 "셀 속성" 명령을 선택하거나 또는 표-셀 속성 명령 실행한다. 표 속성 대화상자의 배경색깔 목록을 펼친 다음 원하는 배경색을 선택하고, "확인" 버튼을 클릭하면 셀의 배경이 선택한 색으로 나타난다.

그림이나 사진을 셀의 배경으로 삽입하고자 할 경우에는 표 속성 대화상자의 그림 항목에서 "찾아보기" 아이콘을 클릭하여 원하는 그림 파일을 선택하고, "확인" 버튼을 클릭한다.

또한 어떠한 색상이나 특정한 그림 등을 표 전체의 배경으로 삽입해 주기 위해서는 표 안에 커서를 위치시킨 다음, 표-표 속성 명령을 실행하여 지정해 준다.

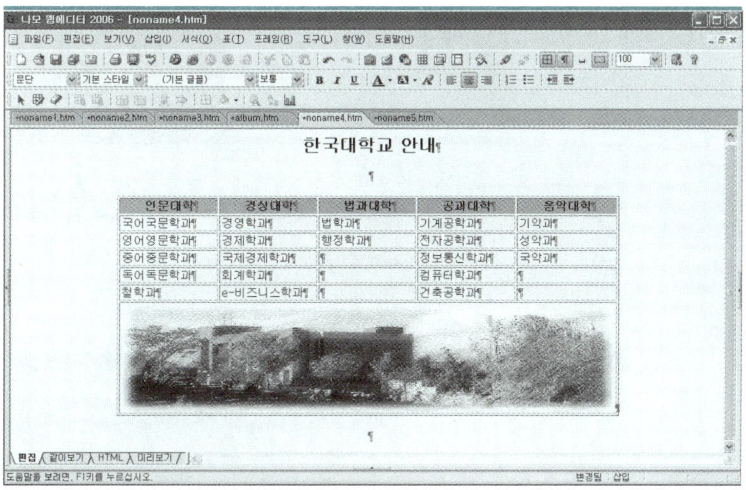


[그림 5-78] 셀 배경색을 설정한 화면

## 7.7 표 테두리 설정하기

표 만들기 기능을 이용하여 만들어진 표의 테두리는 다양한 형태로 변형시킬 수가 있다. 즉 홈페이지에서 많이 활용하는 방법으로 표를 먼저 작성한 다음, 각 셀 안에 문자나 그림들을 셀 안에 입력한 후, 깔끔한 이미지를 연출하기 위하여 셀들의 테두리 선을 보이지 않게 하는 경우를 볼 수가 있다.

이와 같이 만들어진 표의 테두리 선을 감추기 위해서는 원하는 부분의 셀들을 드래그 한 다음, 표-테두리-감추기 명령을 실행하면 선택된 셀들의 테두리 선이 나타나지 않게 된다.

아울러 테두리 명령을 이용하여 테두리 선을 감추는 기능 이외에도 테두리 선의 두께를 보통, 가늘게, 두껍게 등으로 설정해 줄 수가 있다.

[그림 5-79] 표 테두리 감추기 명령의 실행

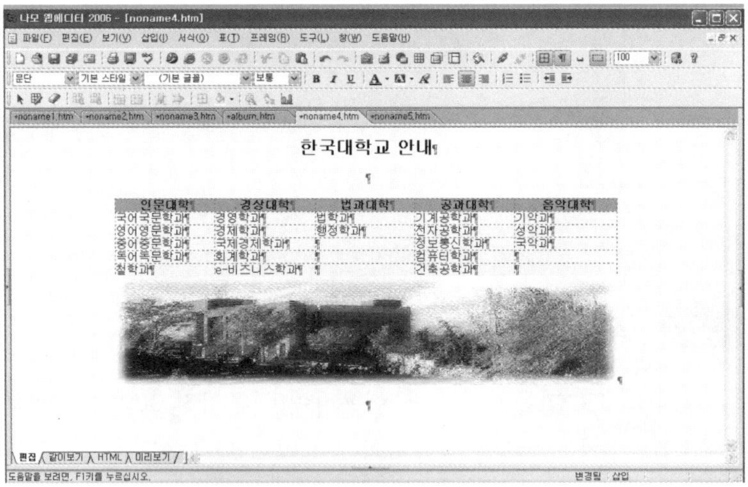

[그림 5-80] 표 테두리 선이 감춰진 화면

# 8 하이퍼링크 연결하기

인터넷 홈페이지에 있어서 가장 큰 특징 중의 하나는 같은 홈페이지의 모든 문서뿐만 아니라 다른 사이트의 문서들도 하이퍼링크 기능을 이용하여 연결할 수 있다는 것이다. 하이퍼링크를 이용하여 문서를 연결하기 위해서는 먼저 하이퍼링크의 대상 파일과 함께, 하이퍼링크 할 위치를 지정하는 것이 무엇보다도 중요하다고 하겠다.

## 8.1 외부 사이트로 하이퍼링크 연결하기

현재의 홈페이지와 전혀 관련 없는 별도의 홈페이지로 이동해 가고자 할 경우에 사용하는 연결 방법이다. 하이퍼링크를 설정할 문자나 그림을 드래그하거나 선택한 다음, 단축명령의 "하이퍼링크 만들기" 명령을 실행한다. 하이퍼링크 만들기 대화상자의 주소 항목에 하이퍼링크로 연결하고자 하는 사이트의 URL 주소 및 펼치고자 하는 대상 프레임을 설정한 다음, "확인" 버튼을 클릭한다.

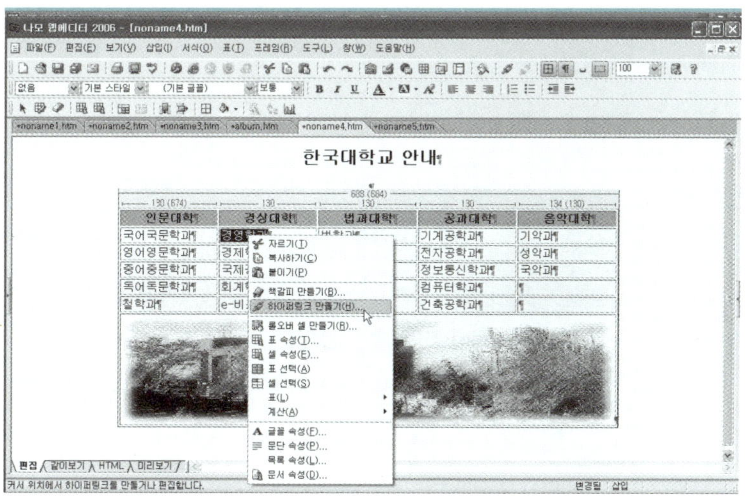


[그림 5-81] 외부 사이트와의 하이퍼링크 설정을 위한 화면

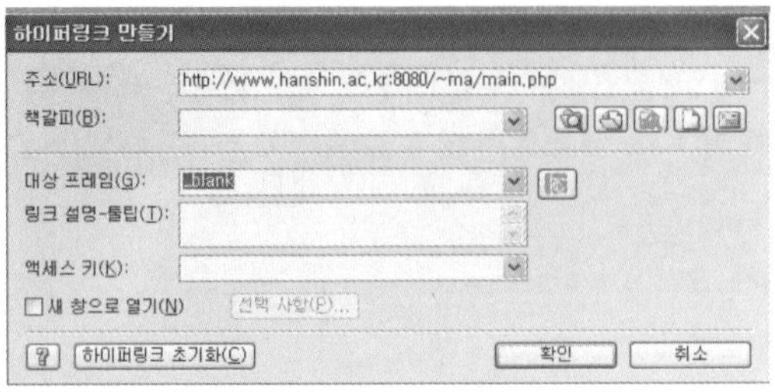

[그림 5-82] 하이퍼링크 만들기 대화상자

대상 프레임이란 하이퍼링크로 연결할 문서를 어떻게 나타낼 것인지를 지정해 주는 것으로서, 대상 프레임에서 설정할 수 있는 유형과 내용은 아래와 같다.

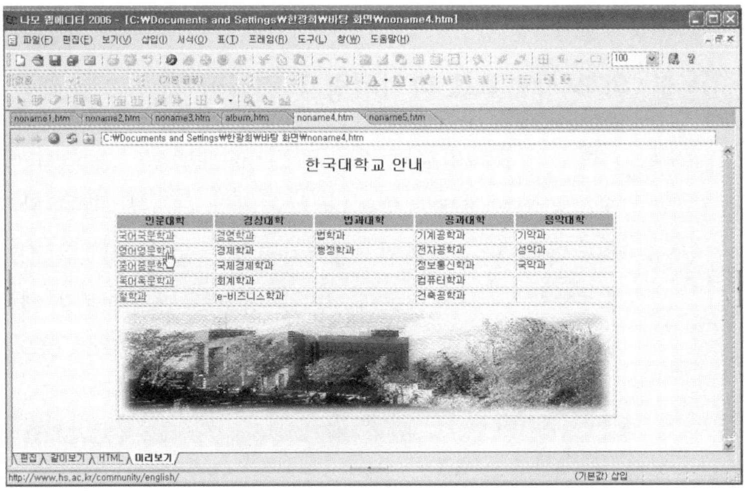

[그림 5-83] 하이퍼링크가 설정된 화면

blank: 새로운 브라우저 창이 열리면서 지정한 문서가 나타난다.
parent: 현재 링크가 걸려 있는 문서의 상위 프레임에 지정한 문서가 나타난다.
self: 자기 자신이 사라지며 지정한 문서가 나타난다.
top: 프레임을 모두 없애고 지정한 문서가 브라우저 창 전체에 나타난다.

## 8.2 동일 사이트 내의 다른 문서에 하이퍼링크 연결하기

### 1 문자에 하이퍼링크 연결하기

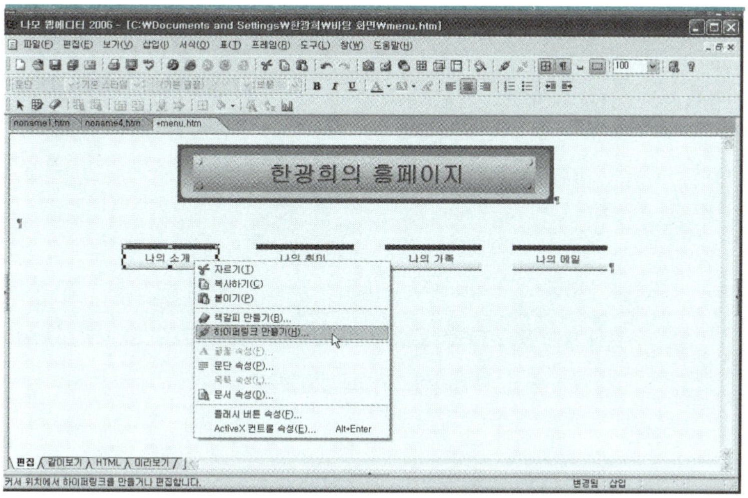


[그림 5-84] 동일문서 내에서의 하이퍼링크를 설정하기 위한 화면

원하는 문자영역을 마우스로 드래그 한 다음, 단축명령의 "하이퍼링크 만들기" 명령이나 도구상자의 "하이퍼링크 만들기" 버튼을 이용하여 연결하고자 하는 웹 문서를 주소 항목의 찾아보기 아이콘을 이용하여 원하는 파일을 선택한 다음, "확인" 버튼을 클릭한다.

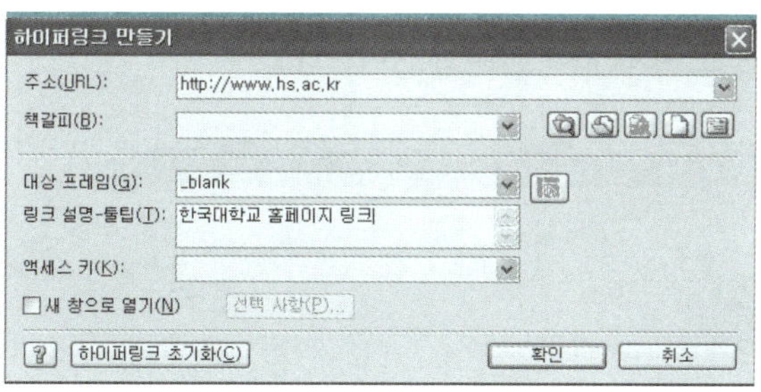


[그림 5-85] 하이퍼링크 만들기 대화상자

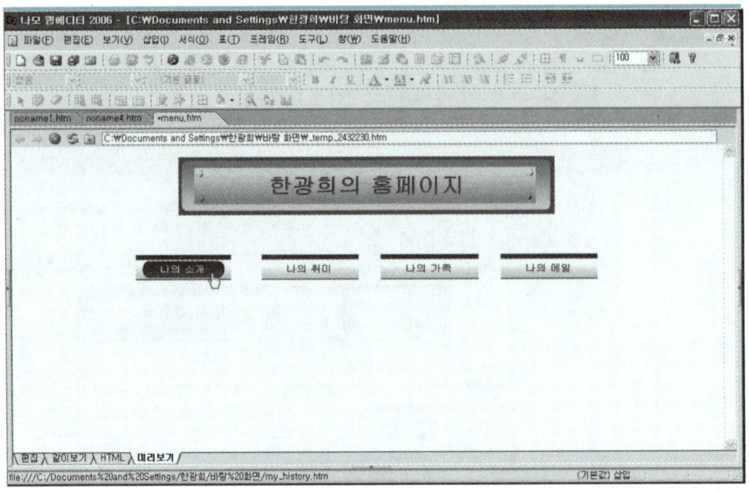


[그림 5-86] 하이퍼링크가 설정된 화면

## 2 그림에 하이퍼링크 연결하기

문자에 하이퍼링크를 설정하여 웹 문서를 연결하는 것과 동일한 방법으로 웹 문서상에 삽입한 그림을 대상으로 하이퍼링크를 연결할 수도 있다.

그림에 하이퍼링크를 연결하기 위해서는 원하는 그림을 마우스로 선택한 다음, 단축명령의 "하이퍼링크 만들기" 명령을 실행하거나 또는 도구상자 막대의 "하이퍼링크" 아이콘을 클릭한다.

하이퍼링크 만들기 대화상자의 하이퍼링크 설정 방법은 문자에 하이퍼링크를 설정하였던 방법과 동일하게 실시한다.

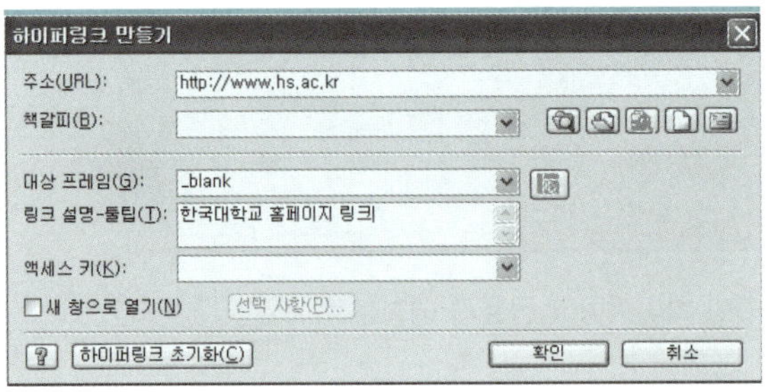


[그림 5-87] 하이퍼링크 만들기 대화상자

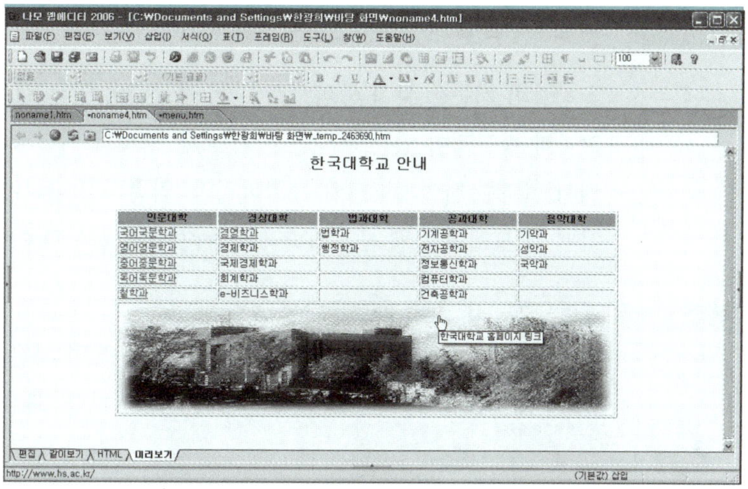

[그림 5-88] 그림에 하이퍼링크가 설정된 화면

## 8.3 하이퍼링크의 자동설정

하이퍼링크 만들기 대화상자를 이용하여 하이퍼링크를 설정하지 않고도 나모 웹에디터 편집 화면 상태에서 특정한 웹 사이트의 URL 주소나 이메일 주소를 입력한 다음 Enter↵ 키를 실행하면, 자동으로 하이퍼링크가 설정된다.

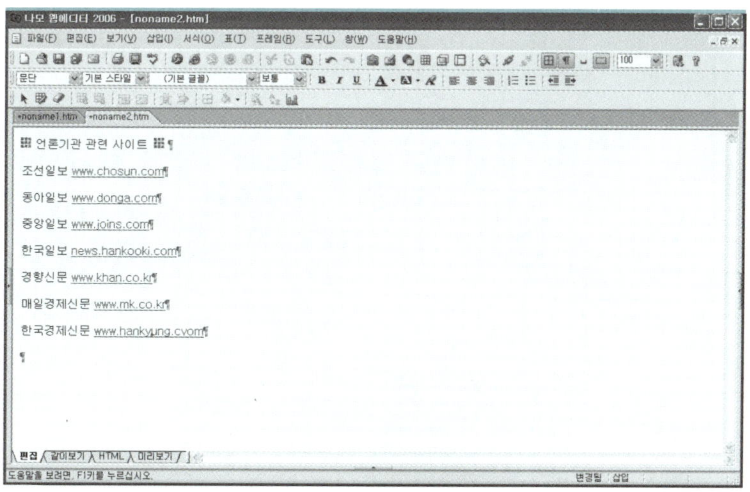

[그림 5-89] 자동으로 하이퍼링크가 표시된 화면

## 8.4 책갈피 설정하기

책갈피 기능은 문자 중심으로 길게 구성되어 있는 웹 문서의 특정 부분을 클릭하면, 그곳과 링크되어 있는 특정한 위치의 웹 문서가 연결된다는 점에서는, 기본적으로 앞에서 설명한 하이퍼링크와 동일하지만, 연결되어 나타나는 웹 문서가 다른 웹 문서가 아닌 같은 페이지 웹 문서의 특정한 위치로 연결시켜 준다는 점에서는 다르다.

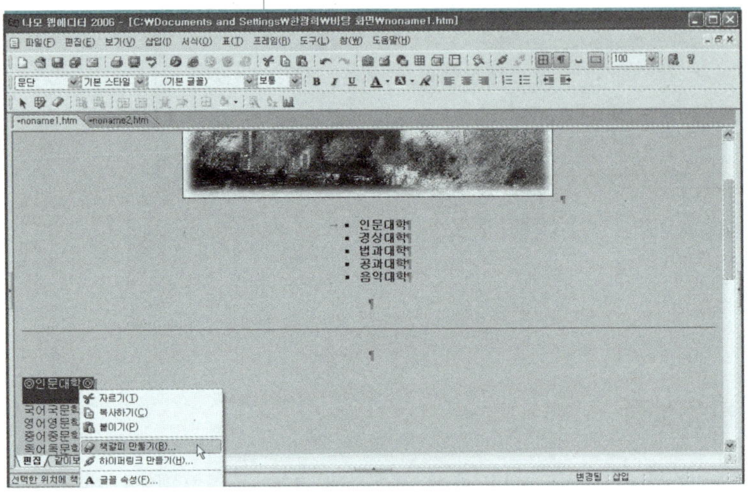


[그림 5-90] 책갈피 설정을 위한 명령의 실행화면

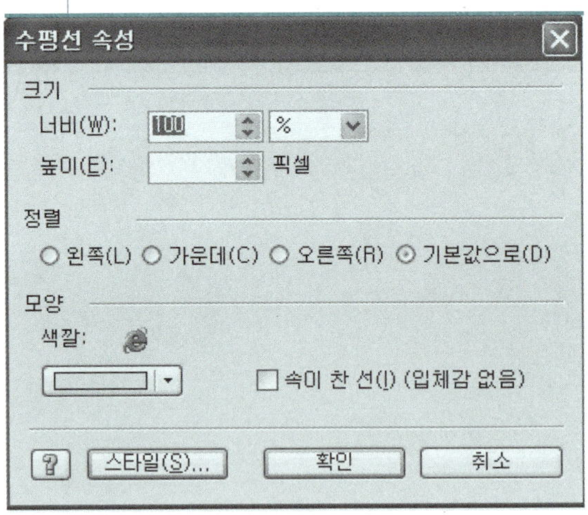


[그림 5-91] 책갈피 대화상자

책갈피를 설정할 위치에 커서를 이동한 다음, 삽입-책갈피 명령을 실행하거나 책갈피를 설정할 문자를 드래그하여 단축메뉴의 "책갈피 만들기" 명령을 실행한다.

책갈피 대화상자의 책갈피 이름 항목에 원하는 책갈피 이름을 입력하고 "추가" 버튼을 클릭한다. 동일한 방법으로 다른 책갈피 이름도 연속적으로 등록한 다음, "닫기" 버튼을 클릭한다.

계속해서 지정해 놓은 책갈피로 이동할 수 있도록 하이퍼링크를 설정한다. 하이퍼링크로 설정할 문자나 그림을 선택한 다음, 단축명령의 "하이퍼링크 만들기" 명령을 실행한다.

하이퍼링크 속성 대화상자의 책갈피 펼침 목록에 연결하고자 하는 책갈피 이름을 선택한 다음, "확인" 버튼을 클릭한다.

[그림 5-92] 책갈피 설정을 위한 명령의 실행화면

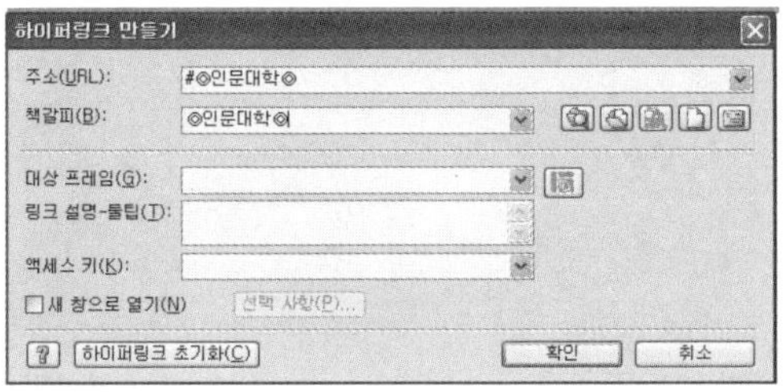


[그림 5-93] 하이퍼링크 만들기 대화상자

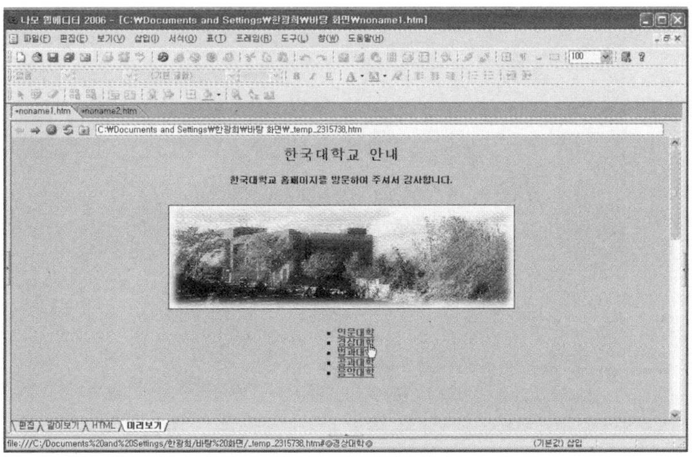


[그림 5-94] 책갈피 하이퍼링크가 만들어진 화면

## 8.5 하이퍼링크 표시 삭제하기

하이퍼링크로 설정한 하이퍼링크 기능을 해제하기 위해서는 하이퍼링크가 설정된 부분에 커서를 이동한 다음, 도구상자 막대의 "하이퍼링크 지우기" 아이콘을 클릭하면 하이퍼링크가 삭제되면서, 하이퍼링크가 되었음을 보여주는 밑줄이나 파란글자색이 원래의 글자색으로 바뀌게 된다.

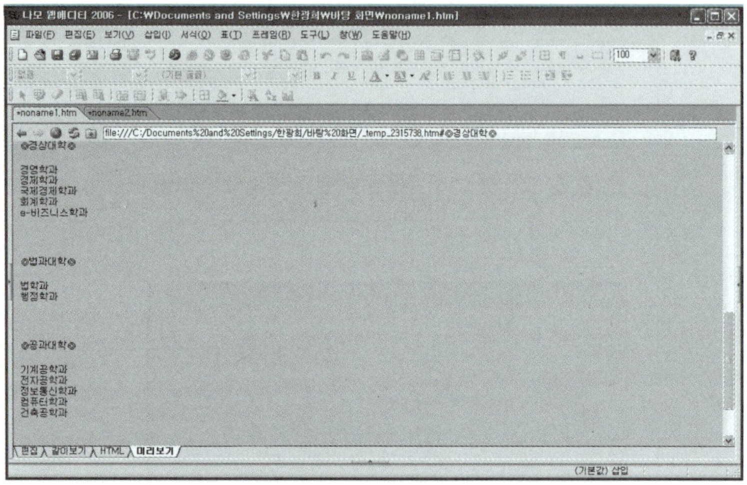

[그림 5-95] 책갈피 하이퍼링크로 연결된 화면

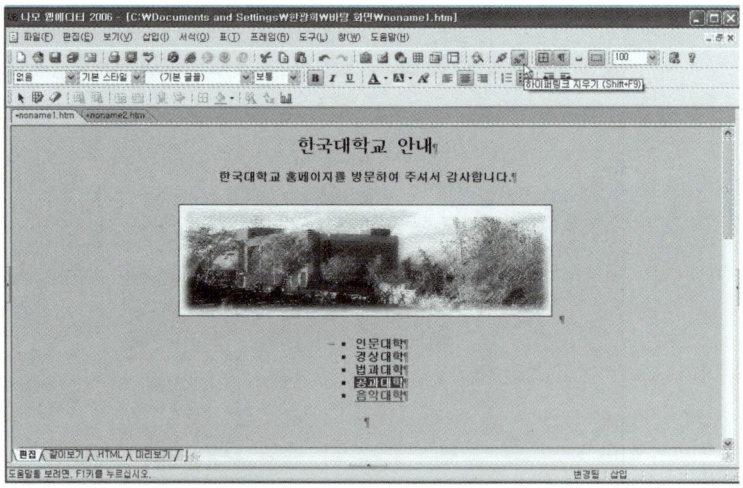

[그림 5-96] 하이퍼링크 설정을 삭제하는 화면

## 8.6 하이퍼링크 표시영역 변경하기

일반적으로 하이퍼링크가 설정된 문자는 기본적으로 파란색에 밑줄이 표시가 된다. 그런데 본문에 설정된 하이퍼링크 영역의 밑줄이 때로는 홈페이지의 세련미를 회손시키는 경우가 있을 수 있다. 나모 웹에디터에서는 스타일 시트를 사용하여 하이퍼링크로 설정된 영역의 밑줄을 표시하지 않게 할 수가 있다.

나모 웹에디터를 이용하여 하이퍼링크 영역의 표시를 변경하기 위해서는 원하는 프레임에 커서를 위치시킨 다음, 서식-스타일 설정 명령을 실행한다.

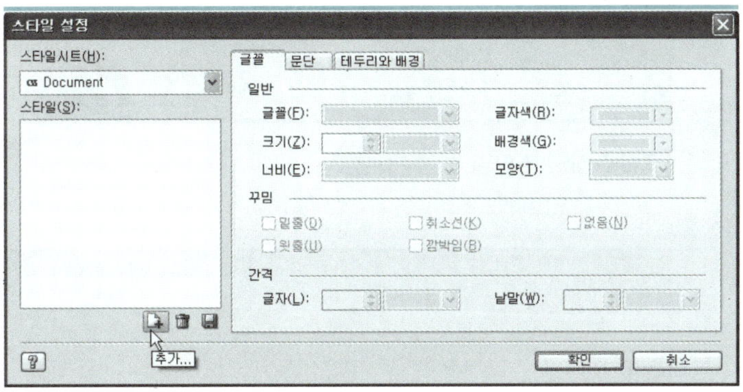


[그림 5-97] 스타일 설정 대화상자

문서스타일 대화상자의 추가 아이콘을 클릭하면 스타일 추가 대화상자 나타난다. 스타일 추가 대화상자의 태그 목록을 펼쳐서 하이퍼링크 관련태그인 "a" 태그를 선택하고, "확인" 버튼을 클릭한다.

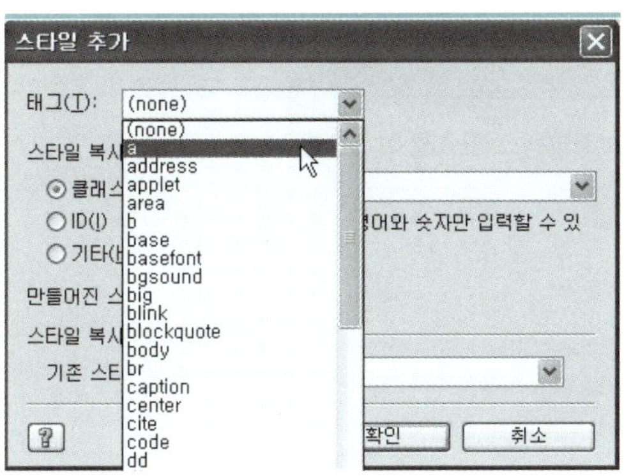


[그림 5-98] 스타일 추가 대화상자

스타일 대화상자의 글꼴 탭에서 꾸밈 설정 영역에서 "없음" 항목을 설정하고, "확인" 버튼을 클릭하면 그림 5-100과 같이 하이퍼링크로 표시되었던 밑줄이 표시되지 않는다.

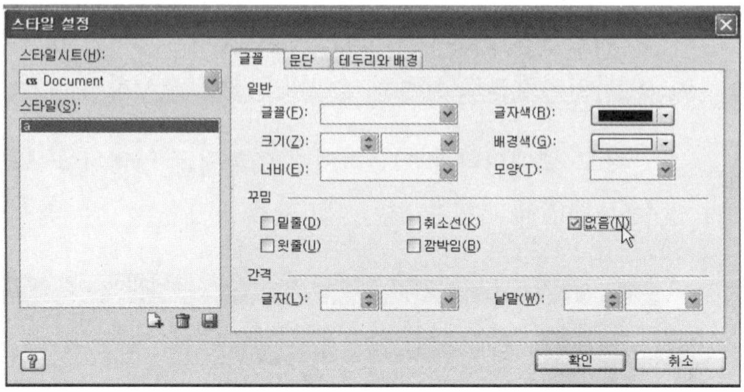


[그림 5-99] 스타일 설정 대화상자

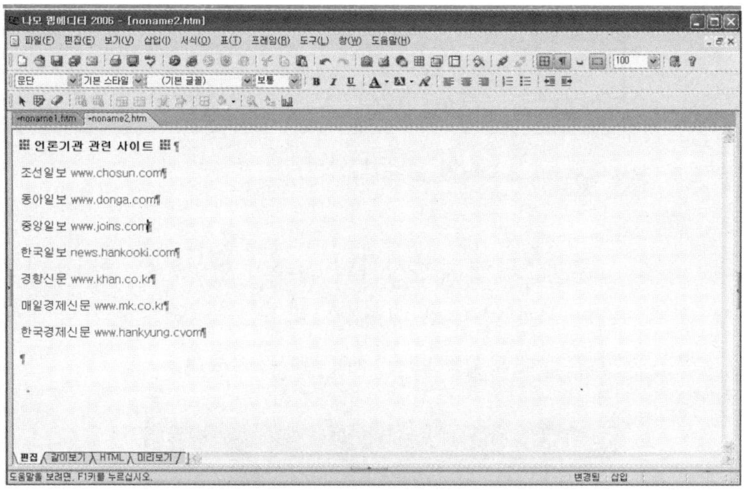


[그림 5-100] 하이퍼링크 표시줄이 없어진 화면

# 9 프레임 나누기

프레임이란 하나의 웹 페이지를 여러 개의 창으로 나누어 각각의 창에 각기 다른 내용의 웹 문서를 표시하게 해주는 기능이다. 이러한 프레임 나누기를 사용한 홈페이지는 웹 문서간의 이동을 매우 원활하고 편리하게 해주는 편리한 기능이다. 나모 웹에디터에서는 모두 12가지의 미리 만들어진 프레임 셋을 제공하고 있기 때문에, 원하는 프레임 구조를 선택하여 사용할 수가 있다.

## 9.1 프레임 나누기

나모 웹에디터에서 작성하고자 하는 홈페이지의 프레임 나누기를 실행하는 방법에는 웹 문서를 처음부터 작성하고자 할 때 미리 프레임으로 나누는 방법과, 웹 문서를 작성하다가 필요에 의하여 프레임을 나누는 두 가지 방법이 있다.

### 1 처음 웹 문서를 작성할 때 프레임을 나누는 방법

파일-새 글 명령이나 프레임-새 프레임 셋 명령을 실행한다.

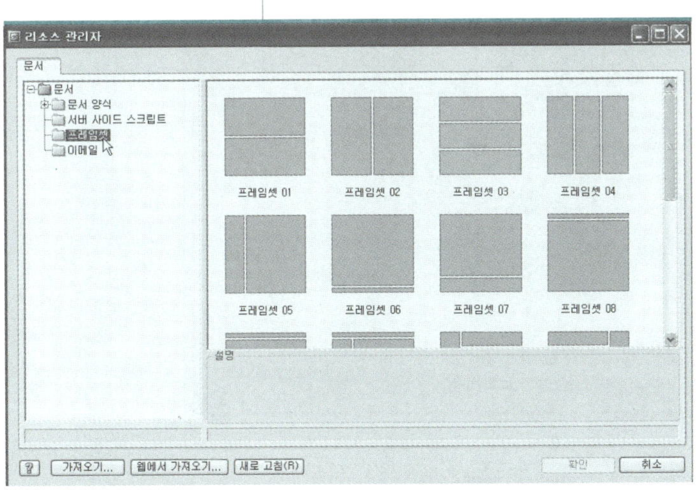


[그림 5-101] 리소스 관리자 프레임 셋 대화상자

리소스 관리자 대화상자 왼쪽 창의 구성 항목에서 프레임 셋을 선택하면, 오른쪽 미리보기 창에 프레임 셋 문서의 모형들이 나타난다. 원하는 프레임 셋의 모양을 선택한 다음, "확인" 버튼을 클릭하면 선택한 모양의 프레임이 화면에 만들어진다.

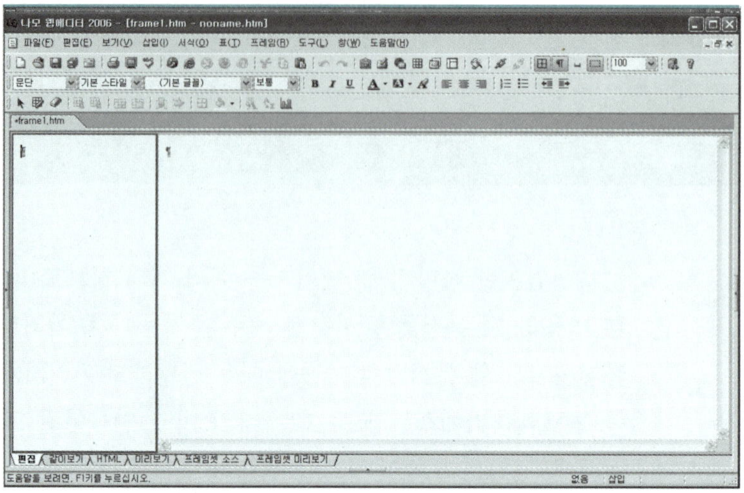

[그림 5-102] 프레임이 만들어진 화면

## 2 추가로 프레임 나누기와 지우기

나모 웹에디터를 이용하여 만들어진 프레임 셋이라고 할지라도, 필요에 따라서 추가로 프레임을 늘리거나 삭제하는 것은 얼마든지 가능하다.

프레임을 추가로 늘리기 위해서는 프레임을 나누고자 원하는 프레임에 커서를 위치시킨 다음, 프레임-프레임 나누기 명령을 실행하여 원하는 방향을 지정해 준다.

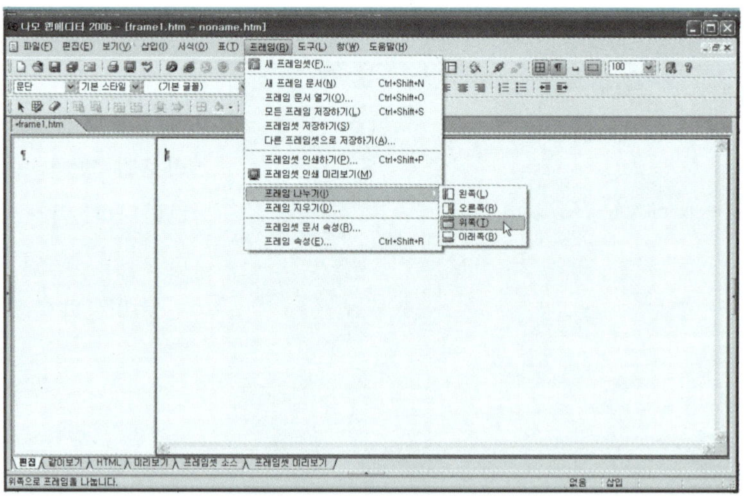

[그림 5-103] 프레임을 나누기 위한 명령의 실행

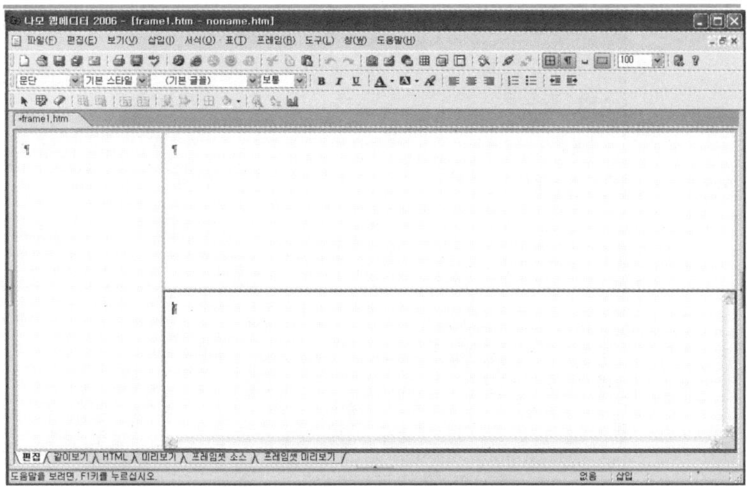

[그림 5-104] 오른쪽 프레임이 수평으로 분할된 화면

참고로 특정한 프레임을 마우스로 선택하면 프레임의 테두리가 짙은 선으로 나타나기 때문에 확인하기가 쉽다.

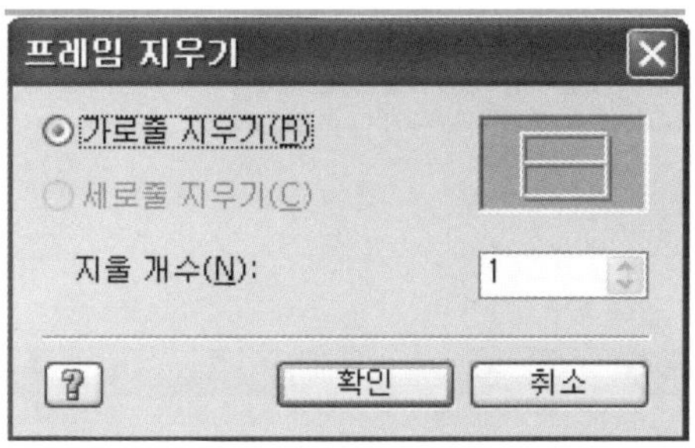


[그림 5-105] 프레임 지우기 대화상자

반대로 이미 만들어진 프레임을 삭제하기 위해서는 두 가지 방법이 있다.

먼저 첫 번째 방법은 삭제하고자 하는 프레임을 선택한 다음, 프레임-프레임 지우기 명령을 실행한다. 프레임 지우기 대화상자가 나타나 지우고자 하는 방향과 줄 수를 설정하고, "확인" 버튼을 클릭한다.

프레임을 지우는 두 번째 방법은 지우고자 하는 프레임 경계선에 마우스의 포인터를 그림 5-106과 같이 위치시킨 다음, 프레임 셋의 바깥 부분으로 마우스를 드래그 하여 밀어 내면 프레임이 하나로 합쳐지면서 분할되었던 프레임이 사라지게 된다.

이어서 프레임 삭제를 확인하는 메시지 창이 나타나, "예" 버튼을 클릭하면 선택한 프레임이 삭제된다.

한번 만들어진 프레임 셋의 각 프레임 크기는 경계선에 마우스의 포인터를 이동하여 원하는 방향으로 드래그 하면 프레임의 크기를 임의대로 변경할 수가 있다.

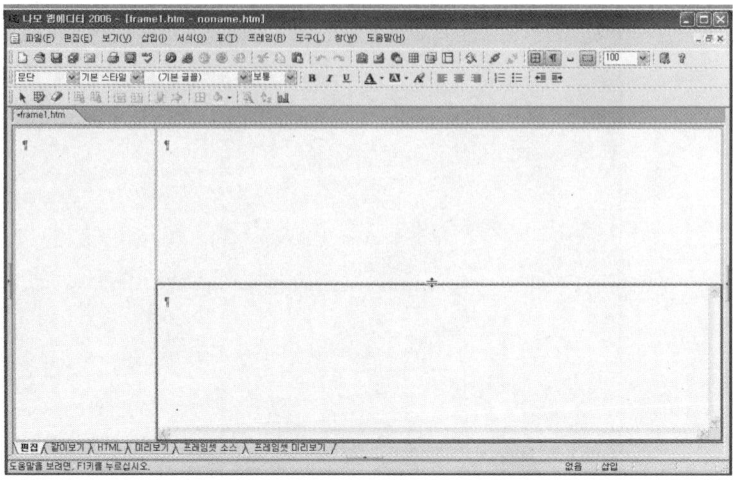


[그림 5-106] 추가로 분할된 프레임을 지우기 위한 화면

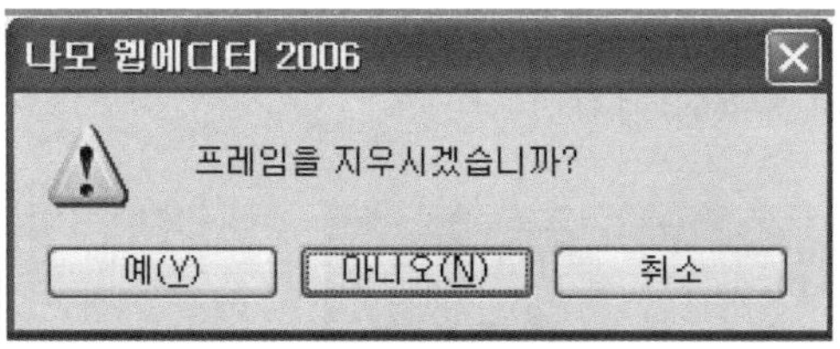


[그림 5-107] 확인을 위한 대화상자

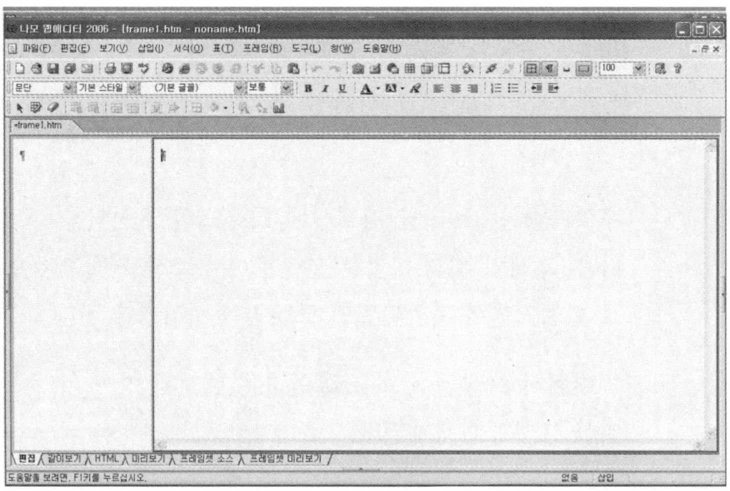


[그림 5-108] 추가된 프레임이 삭제된 화면

## 9.2 프레임 문서 저장하기

프레임을 사용한 웹 문서의 경우 각 프레임과 프레임 셋에 관련된 HTML 파일을 따로 작성하여 사용하는 것이기 때문에, 프레임 셋과 각 프레임에 관련된 모든 HTML 파일들을 저장하여야 한다. 메인 메뉴의 프레임-모든 프레임 저장하기를 선택하여 다른 이름으로 저장 대화상자가 나타나면 파일이름을 입력해주고, "저장" 버튼을 클릭한다.

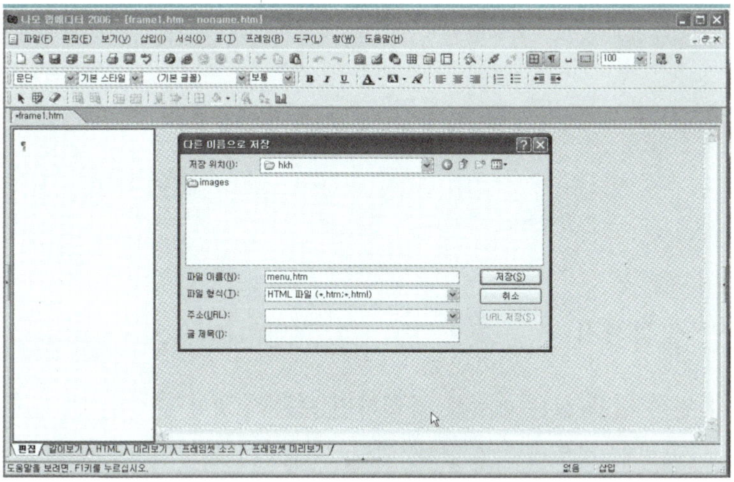


[그림 5-109] 프레임 문서 저장을 위한 화면

우리는 왼쪽 프레임은 menu.html, 오른쪽 프레임은 main.html, 마지막으로 프레임 셋을 frame.html이라는 파일 이름으로 저장한다.

이어서 각 프레임에 간단한 내용들을 입력한다. 즉 왼쪽 프레임에는 메뉴로 사용될 문자나 또는 스마트 버튼 마법사를 이용하여 보기 좋게 입력하고, 오른쪽의 프레임에는 홈페이지를 소개할 만한 간단한 소개의 글 또는 배너나 그림 등을 입력한다.

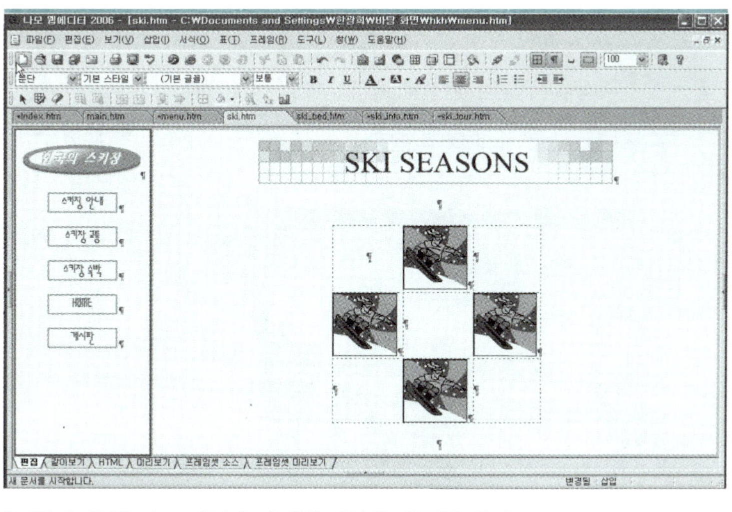


[그림 5-110] 각 프레임에 간단한 내용을 입력한 화면

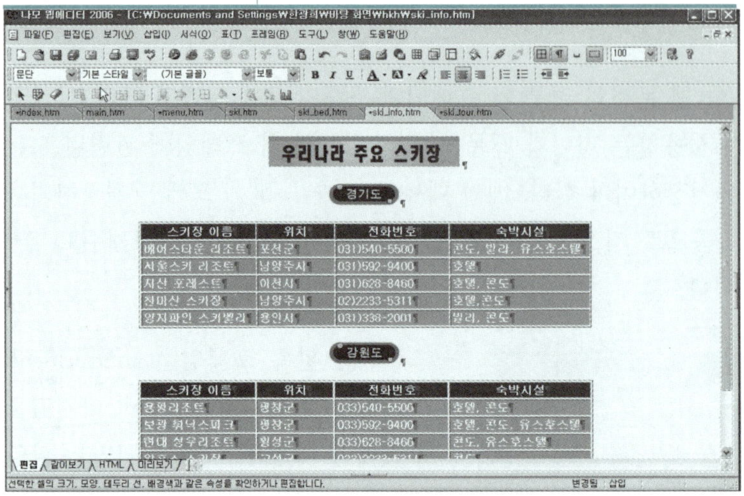


[그림 5-111] ski_info.html 내용을 입력한 화면

이어서 메뉴 프레임의 메뉴 목록과 하이퍼링크를 이용하여 연결할 웹 문서를 각각 새 글을 펼쳐서 작성하고 저장해 둔다. 즉 그림 5-111과 같이 "우리나라 주요 스키장"이라는 웹 문서를 작성하여 ski_info.html이라는 파일이름으로 저장한다. 동일한 방법으로 스키장 교통, 스키장 숙박과 관련된 웹 문서들을 작성하고 저장한다.

## 9.3 기본 대상 프레임 설정하기

프레임 화면에서 왼쪽 창에 있는 메뉴를 클릭하면 오른쪽 창에 관련된 웹 문서가 펼쳐지는 것이 일반적인 경우라고 하겠다. 대상 프레임이란 하이퍼링크 할 문서가 화면의 어느 쪽에 표시되게 할 것인지를 지정해 주는 것이다.

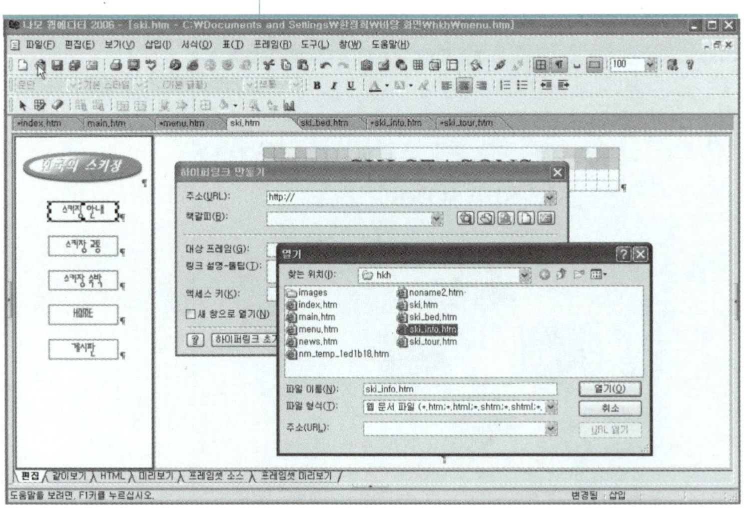

[그림 5-112] 대상프레임을 설정하기 위한 화면

이와 같이 메뉴 문자나 버튼을 이용하여 원하는 웹 문서를 어떻게 설정하는가에 따라 하이퍼링크 된 웹 문서가 새로운 웹 브라우저 화면을 통하여 펼쳐질 수도 있으며, 프레임의 특정한 창에 표시될 수도 있는 것이다.

대상 프레임을 설정하기 위하여 우리는 프레임의 왼쪽 창 메뉴에서 스키장 안내 버튼을 선택한 다음, 단축명령의 "하이퍼링크 만들기" 명령을 실행한다.

하이퍼링크 만들기 대화상자의 파일/웹 문서를 설정해 주고, 주소 항목의 "찾아보기" 아이콘을 클릭한다.

열기 대화상자에서 링크시키고자 하는 HTML 문서와 대상 프레임을 지정한 다음, "확인" 버튼을 클릭한다.

대상 프레임을 지정하기 위하여 대상 프레임 영역 옆에 있는 "대상 프레임 찾기" 아이콘을 클릭하면, 대상프레임 대화상자가 나타나 링크시키고자 하는 부분을 마우스로 선택하고, "확인" 버튼을 클릭하면 편리하게 대상프레임을 지정할 수가 있다.

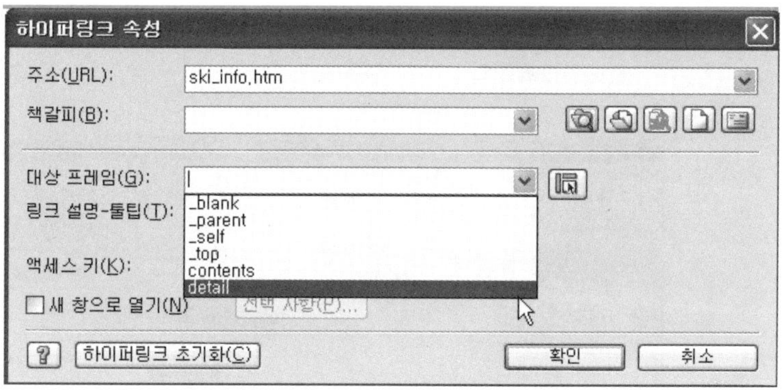


[그림 5-113] 하이퍼링크 속성 대화상자

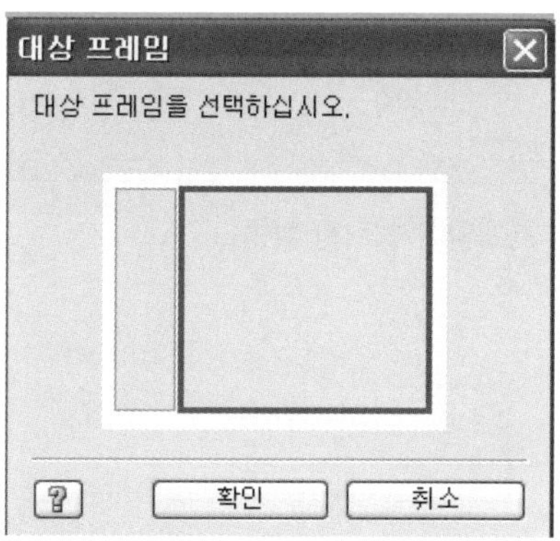


[그림 5-114] 대상프레임 대화상자

마지막으로 도구상자 막대의 "모두 저장하기" 아이콘을 클릭하여 프레임 문서들을 저장하고 하단의 프레임 셋 미리보기 탭을 클릭하거나, 웹 브라우저 화면을 통하여 하이퍼링크의 설정을 확인할 수가 있다.

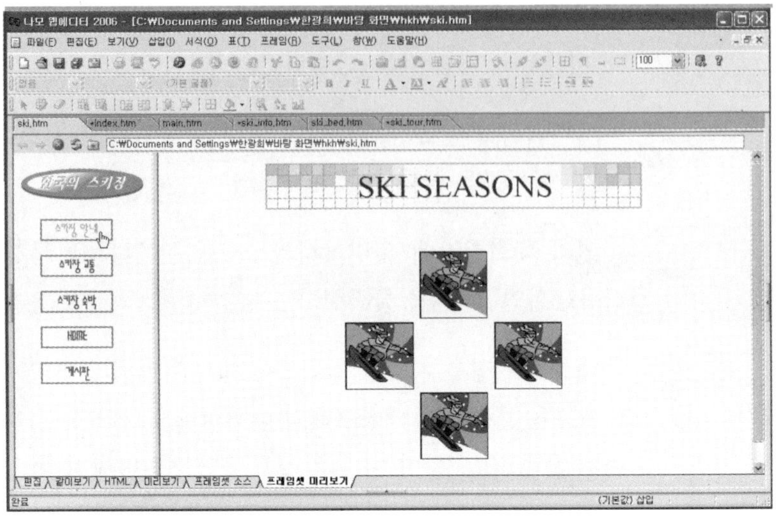

[그림 5-115] 메뉴를 통한 하이퍼링크의 실행

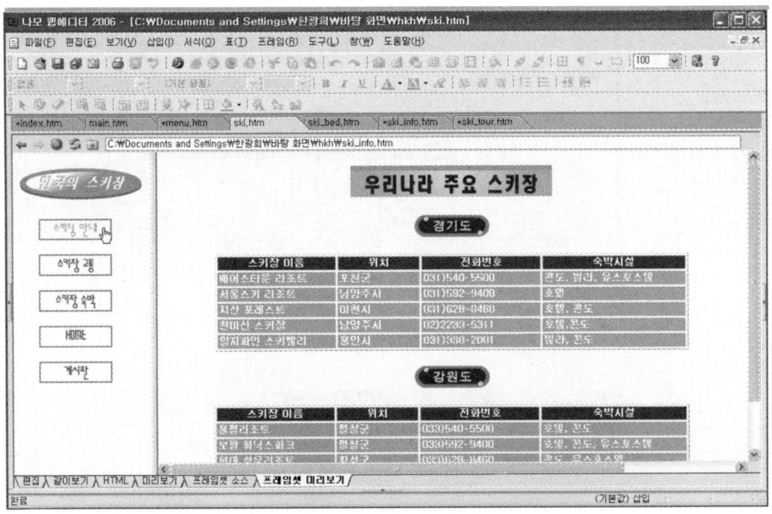

[그림 5-116] 지정한 대상 프레임이 펼쳐진 화면

## 9.4 프레임 크기와 여백 설정하기

일반적으로 홈페이지 작성에서 메뉴를 나타내는 왼쪽의 프레임은 고정시켜 놓는 반면에, 본문 내용을 표시하는 오른쪽의 프레임은 상대적인 크기로 설정하게 된다. 그것은 웹 브라우저의 크기가 변화하더라도 메뉴 프레임의 크기는 항상 일정한 크기로 유지하도록 하기 위한 것이다.

프레임의 간격을 고정시키기 위해서는 고정시키고자 하는 프레임에 커서를 이동한 다음, 단축메뉴의 "프레임 속성" 명령을 실행한다.

프레임 속성 대화상자의 프레임 너비 항목에 단위를 픽셀로 선택하고, "확인" 버튼을 클릭한다.

## 9.5 이동막대와 경계선 없애기

프레임의 특정한 창 안에 입력된 내용들이 너무 많아서, 프레임 창에 모두 표시가 불가능한 경우에, 이동막대를 이용하여 보이지 않는 부분의 내용들을 확인하게 된다. 그러나 이동막대를 반드시 표시할 필요가 없는 경우에는 이동막대 표시를 하지 않음으로 훨씬 깔끔한 홈페이지를 만들 수가 있다.

그리고 홈페이지의 각 프레임과 프레임 사이의 경계선을 해제함으로써 훨씬 넓은 이미지를 연출할 수가 있다.

프레임에 이동막대를 표시하지 않도록 설정하기 위해서는 원하는 프레임에 커서를 위치시킨 다음, 단축메뉴에서 "프레임 속성" 명령을 실행한다. 프레임 속성 대화상자의 선택 사항에 있는 스크롤 막대 표시를 "아니오"로 설정한 후, "확인" 버튼을 클릭한다.

또한 프레임과 프레임의 경계선을 나타내지 않으려면 프레임 속성 대화상자의 경계선 두께값을 "0"으로 설정한 다음, "확인" 버튼을 클릭한다.

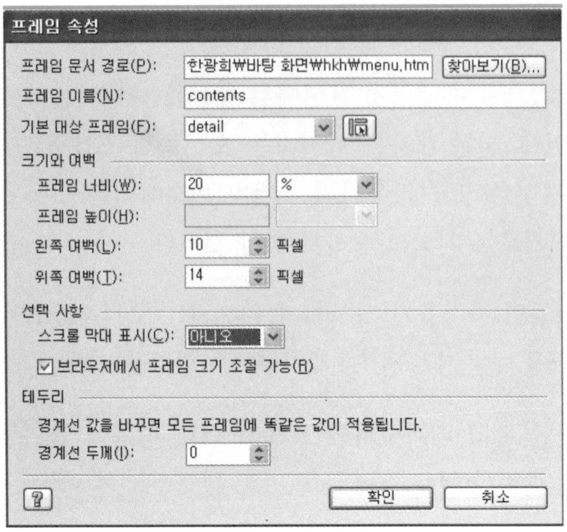


[그림 5-117] 프레임 속성 대화상자

[그림 5-118] 프레임 경계선을 해제한 화면

# 10 레이어와 타임라인

레이어(rayer)란 웹 브라우저 화면의 어느 곳에나 위치할 수 있는 사각형 영역이며 이 영역 안에 그림이나 문자 등을 삽입할 수가 있다. 하나의 그림을 여러 개의 레이어로 구성해 놓고 수정과 편집이 필요할 경우, 해당된 레이어 만을 작업함으로써 전체 그림을 수정해야 하는 번거로움을 피할 수가 있다.

이와 같이 레이어 기능은 웹 문서에서 자유롭게 요소들을 배치할 수 있게 하고, 움직임을 설정할 수 있기 때문에 HTML 언어만으로는 표현할 수 없는 다양한 홈페이지를 작성할 수 있으며, 스크립트나 타임라인을 이용하여 특별한 효과를 나타낼 수가 있다.

레이어의 구조는 레이어 태그가 실제로 삽입되어 있는 위치를 나타내는 레이어 앵커, 레이어를 선택할 때 사용하는 레이러 핸들, 레이어의 영역을 표시해 주는 레이어 경계선, 레이어의 크기를 조절할 수 있는 레이어 조절점, 레이어 속에 실제 그림이나 글자를 삽입할 수 있는 레이어 영역으로 구성되어 있다.

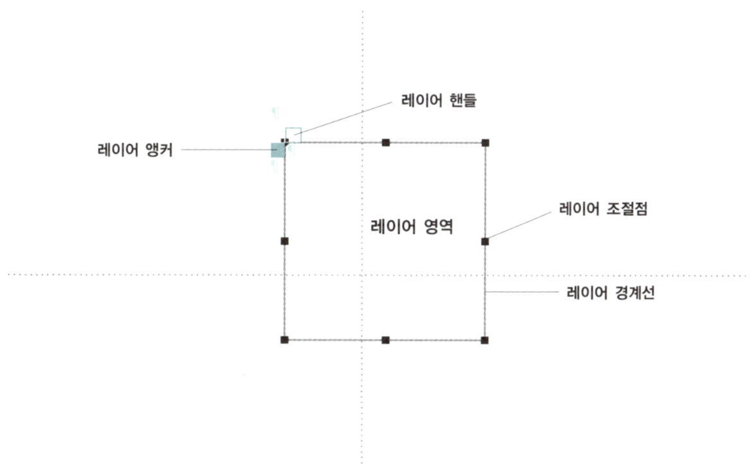


[그림 5-119] 레이어의 구성

그러면 실제적으로 레이어를 삽입하고 만들어진 레이어 안에 그림을 삽입하는 실습을 해보기로 한다.

## 10.1 레이어의 삽입

웹 문서상에 레이어를 삽입하기 위해서는 삽입-레이어 명령을 실행하거나 도구상자 막대의 "레이어 삽입하기" 아이콘을 클릭하면 커서의 위치에 레이어거 삽입된다. 이제 레이어 안에 커서를 위치시키고 글자나 그림 등을 삽입할 수가 있다.

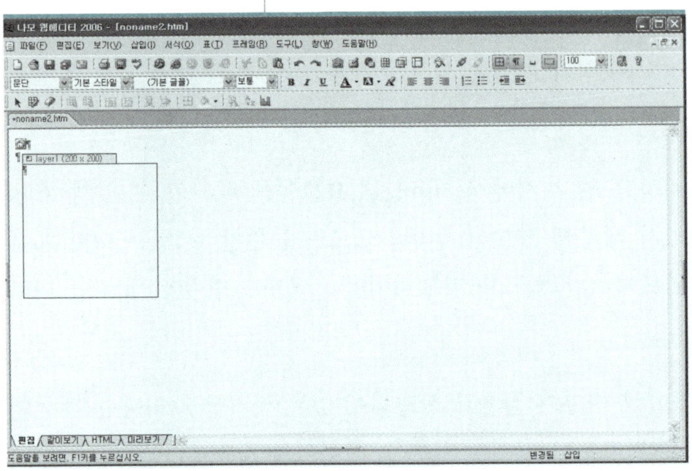

[그림 5-120] 레이어가 삽입된 화면

레이어에 그림을 삽입하기 위해서는 레이어 안에 커서를 이동한 다음, 스마트 클립아트나 저장된 그림을 삽입하는 것과 동일한 방법으로 그림을 삽입해 준다. 레이어 경계선에 마우스를 접근시키면 마우스 포인터가 손바닥 모양으로 바뀌면서 원하는 위치로 드래그하여 조절할 수가 있다.

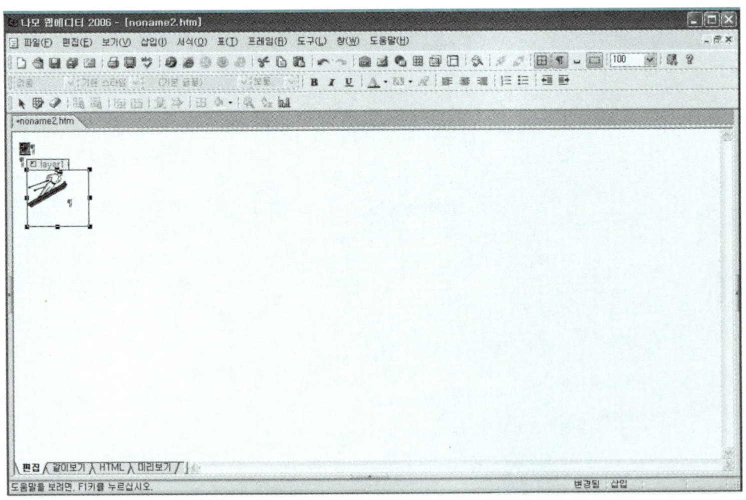

[그림 5-121] 레이어 안에 그림을 삽입한 화면

## 10.2 타임라인을 이용한 애니메이션 만들기

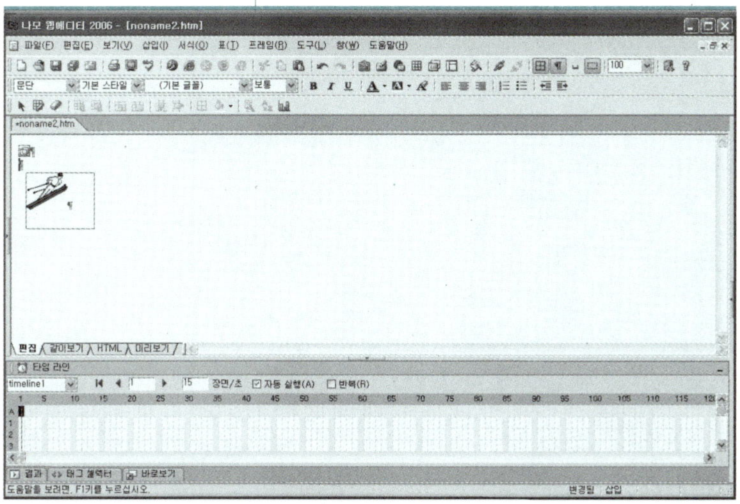

[그림 5-122] 타임라인이 나타난 화면

타임라인이란 시간의 흐름에 따라 레이어의 움직임을 제어하는 기능으로서, 타임라인을 이용하여 특정시간에서의 레이어의 위치, 속성 등을 지정하여 레이어 애니메이션을 구현할 수가 있다.

나모 웹에디터에서 타임라인을 이용하기 위해서는 먼저 화면에 레이어를 삽입한 다음, 원하는 그림을 삽입하고, 보기-패널-타임라인 명령을 실행한다.

애니메이션을 설정할 레이어를 선택하여 타임라인 안쪽으로 드래그 하여 등록한다. 이때 타임라인 창에 회색 막대모양의 흐름선이 생기고 동그란 원 모양의 분기점이 표시된다.

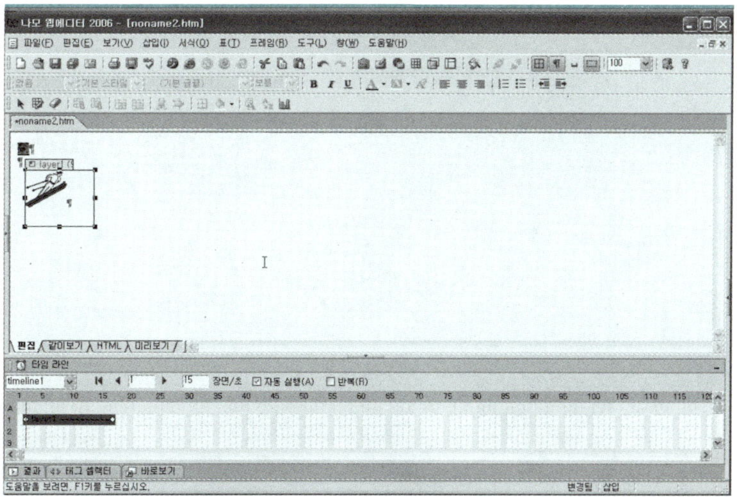

[그림 5-123] 타임라인에 등록한 화면

이어서 타임라인에 나타난 흐름선의 끝에 있는 분기점이 표시된 프레임을 클릭하고 레이어를 드래그 하여 다른 곳으로 이동시킨다.

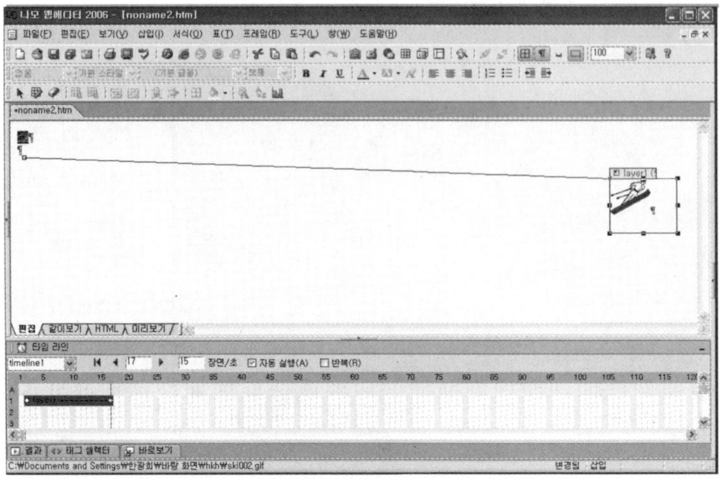

[그림 5-124] 레이어의 이동경로가 선으로 표시된 화면

레이어를 드래그 한 다음 마우스 버튼을 놓으면 레이어의 이동 경로가 그림 5-124와 같이 선으로 표시가 된다.

타임 라인의 자동 실행과 반복 옵션을 설정하고 문서를 저장한 다음, 미리보기 화면을 펼치면 애니메이션 효과를 확인할 수가 있다.

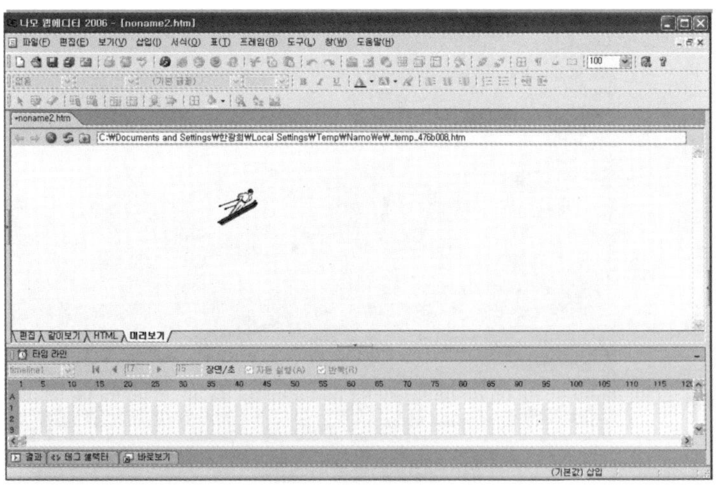

[그림 5-125] 삽입한 이미지가 움직이는 화면

## 10.3 곡선 애니메이션 만들기

직선만이 아니라 레이어와 타임라인을 이용하여 곡선 애니메이션 효과를 만들 수도 있다.

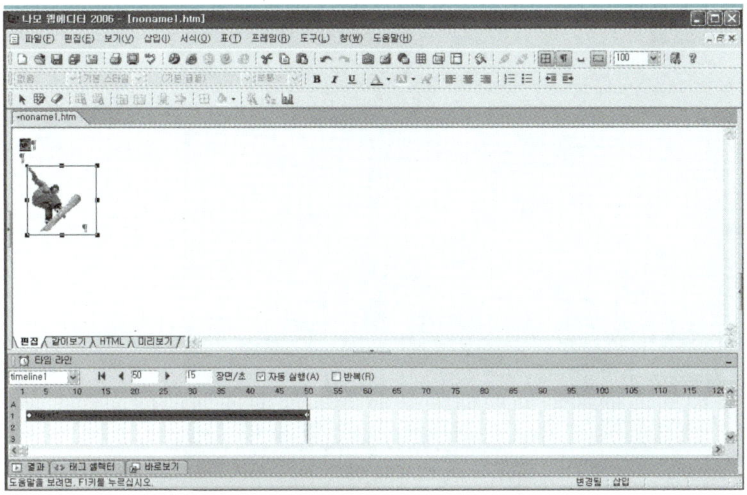

[그림 5-126] 곡선 애니메이션을 위한 준비 화면 1

일반적으로 레이어를 타임라인에 추가하면 기본적으로 두 개의 분기점이 나타나기 때문에 직선 애니메이션만을 나타낼 수밖에 없었다. 하지만 분기점을 추가하고 추가된 분기점의 레이어 위치를 새로 지정해줌으로써 곡선 형태의 애니메이션을 연출할 수가 있다.

곡선 애니메이션을 나타내기 위해서는 레이어를 화면에 먼저 삽입한 다음, 레이어 안에 원하는 그림을 삽입하고 타임라인에 레이어를 등록시킨다.

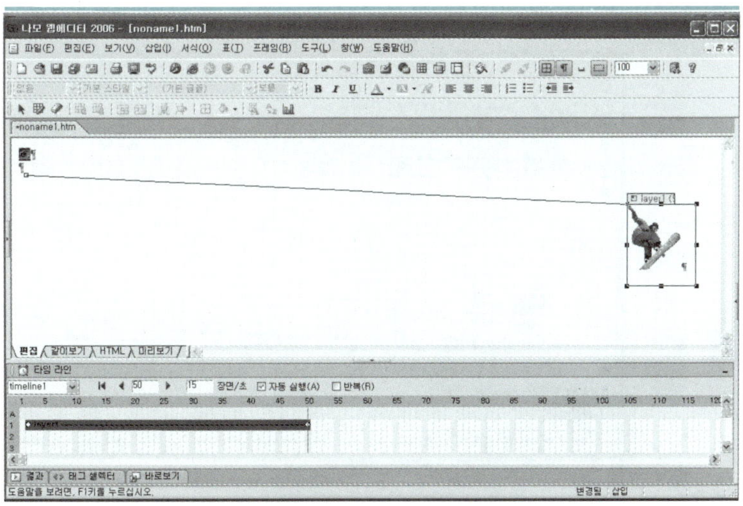

[그림 5-127] 곡선 애니메이션을 위한 준비 화면 2

타임 라인에 곡선 형태의 움직임을 길게 표현해 주기 위하여 흐름선의 마지막 분기점을 50 프레임까지 늘려준 다음, 50 프레임 위치에 있는 분기점을 클릭하여 레이어를 드래그하면서 직선 애니메이션을 만들어준다.

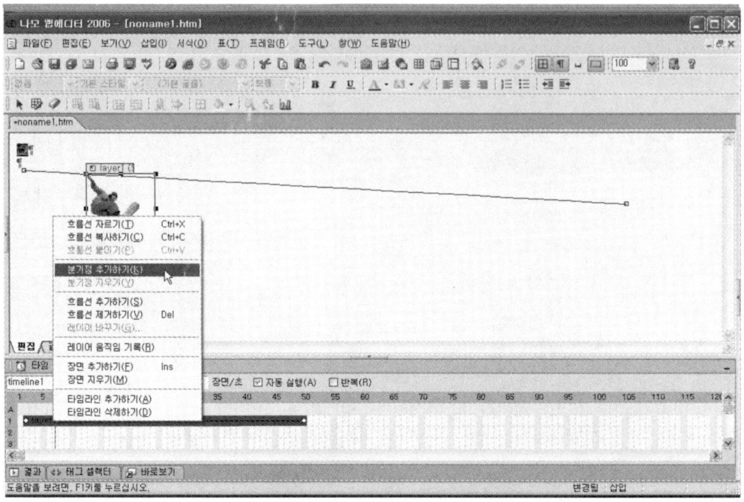


[그림 5-128] 분기점 추가하기 명령의 실행

타임라인 흐름선의 10 프레임 위치를 클릭한 다음, 단축메뉴를 이용하여 "분기점 추가" 명령을 실행하여 분기점을 추가시켜준다.

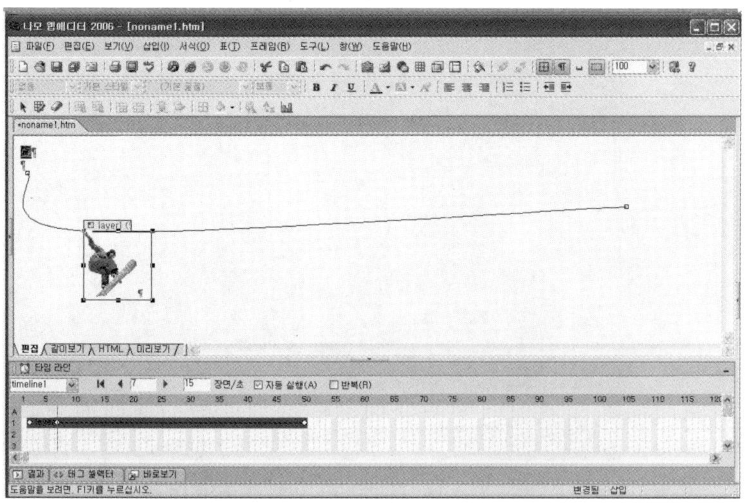


[그림 5-129] 추가된 분기점 위치에 새롭게 레이어 위치를 설정한 화면

그리고 레이어를 드래그하면서 추가된 분기점 지점에 대한 레이어의 위치를 새로 설정해 준다.

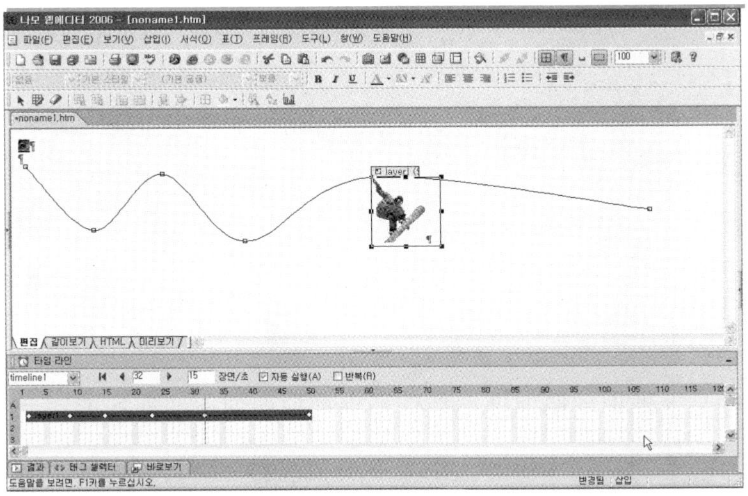


[그림 5-130] 분기점 추가를 실시하고 있는 화면

동일한 방법으로 20, 25, 30과 같은 순으로 프레임 위치에 단축 메뉴를 이용하여 분기점들을 추가해 준 다음, 추가된 분기점에 대한 레이어의 위치를 새로 설정해 준다.

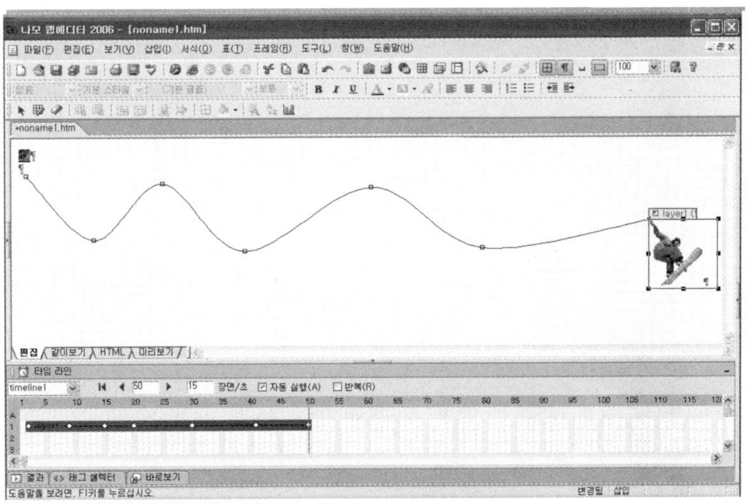


[그림 5-131] 50 프레임까지 분기점이 추가된 화면

타임라인의 자동실행과 반복 항목을 설정한 다음, 미리보기 탭을 펼치면 각 분기점에서 지정한 곡선의 위치에 맞추어 곡선 애니메이션 효과를 연출한다.

[그림 5-132] 곡선을 따라 레이어가 움직이는 화면

# 11 스크립트 마법사 사용하기

스크립트 언어를 사용하면 홈페이지에 여러 가지 특수 효과를 넣을 수가 있다. 우리는 나모 웹에디터에서 제공되는 스크립트 마법사를 이용하여 몇 가지 옵션들을 설정함으로써 다양한 효과를 연출할 수가 있다.

스크립트 마법사를 활용하기 위해서는 먼저 삽입-스크립트-스크립트 마법사 명령을 실행한다.

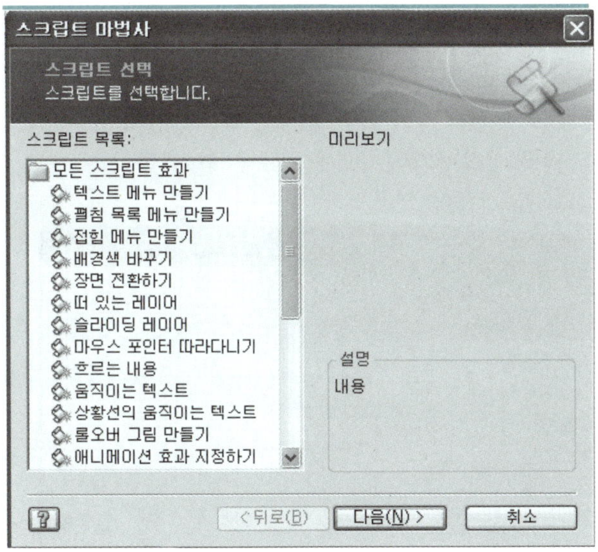


[그림 5-133] 스크립트 마법사 대화상자

## 11.1 새 윈도우 열기

새 윈도우 열기란 공지사항이나 뉴스와 같은 내용들을 홈페이지에 나타내기 위하여 새로운 윈도우 창을 열어 나타나게 하는 기능이다.

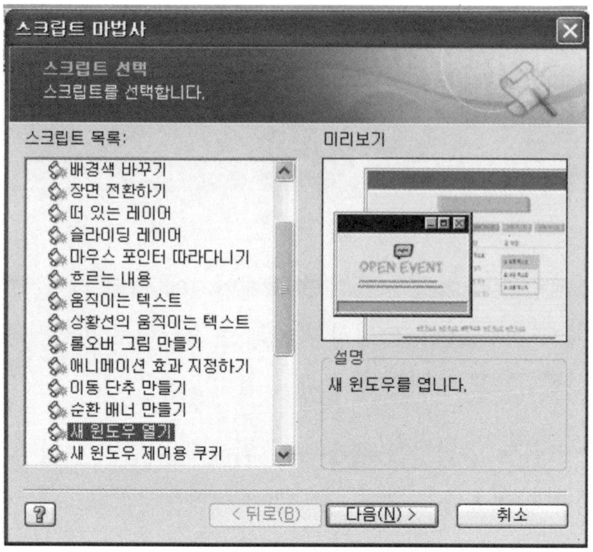

[그림 5-134] 새 윈도우 열기를 선택한 화면

도구상자 막대에서 스크립트 마법사 아이콘을 클릭하여 스크립트 마법사-스크립트 선택 대화상자에서 "새 윈도우 열기"를 선택하고, "다음" 버튼을 클릭한다.

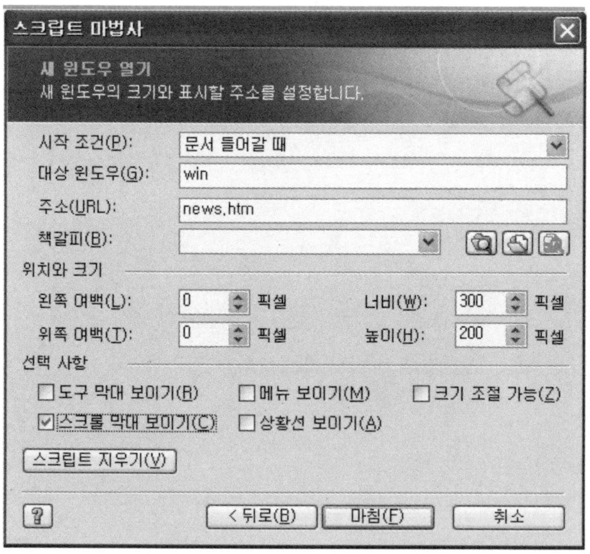

[그림 5-135] 윈도우 창으로 펼쳐줄 파일의 지정

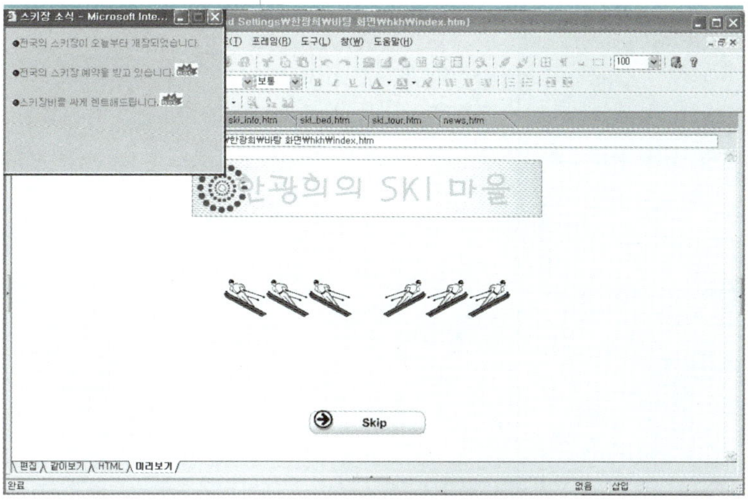

[그림 5-136] 새 윈도우 창이 펼쳐진 화면

스크립트 마법사-새 윈도우 열기 대화상자의 시작조건에서 새 윈도우가 열리는 조건을 문서 들어갈 때로 설정하고 주소 항목에 펼치고자 하는 파일 이름을 "찾아보기" 아이콘을 이용하여 지정한 다음, "마침" 버튼을 클릭한다.

문서를 저장하고 미리보기 창이나 웹 브라우저 화면을 통하여 확인해 보면 그림 5-136과 같은 새 윈도우 창이 펼쳐지게 된다.

## 11.2 애니메이션 효과 지정하기

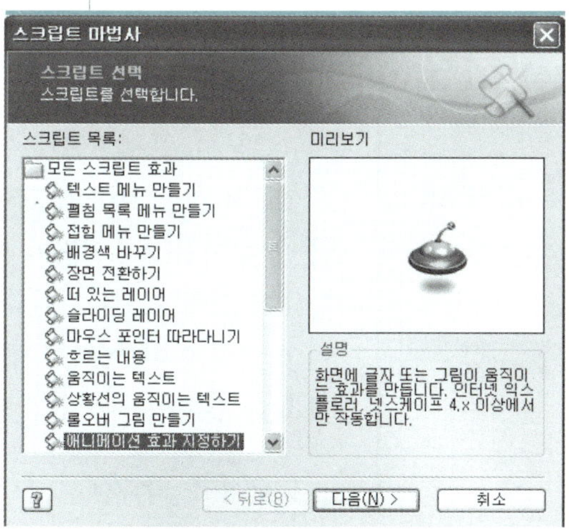


[그림 5-137] 윈애니메이션 효과 지정하기의 선택

애니메이션 효과를 주고자 하는 문단에 커서를 두거나 그림을 선택한 다음 스크립트 마법사-스크립트 선택 대화상자에서 애니메이션 효과를 선택하고, "다음" 버튼을 클릭한다.

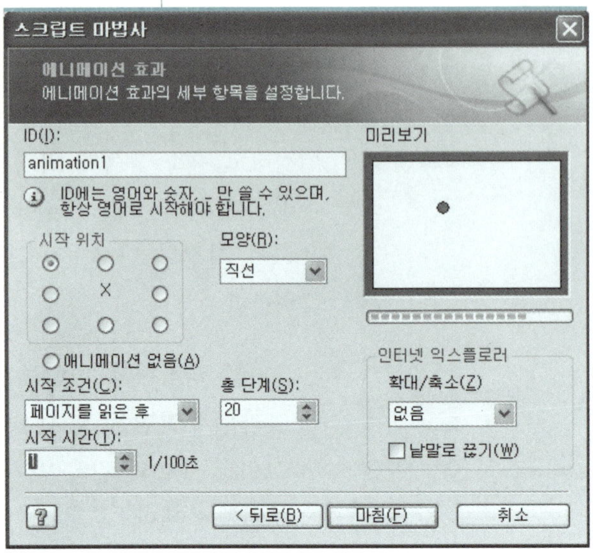


[그림 5-138] 애니메이션 효과의 설정

스크립트 마법사-애니메이션 효과 대화상자에서 시작위치, 시작조건, 시작시간, 총 단계 등을 설정하고, "마침" 버튼을 클릭한다.

미리 보기 창이나 웹 브라우저 화면을 통하여 지정한 애니메이션을 확인할 수가 있다.

## 11.3 흐르는 내용 만들기

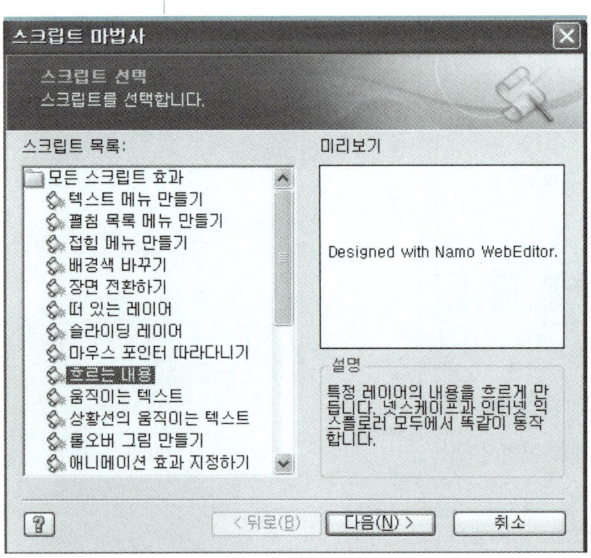


[그림 5-139] 흐르는 내용의 선택

레이어 안에 입력한 문자를 흐르게 하는 기능으로서, 홈페이지를 통하여 특별히 강조하고자 하는 내용에 대하여 이러한 효과를 설정한다. 홈페이지에 흐르는 내용을 나타내기 위해서는 레이어를 삽입한 다음, 레이어 영역 안에 흐르는 내용으로 나타내고자 하는 문자열들을 모두 입력해 준다.

도구상자 막대에서 "스크립트 마법사" 아이콘을 클릭하여 스크립트 마법사-스크립트 선택 대화상자에서 흐르는 내용 만들기 항목을 선택하고, "다음" 버튼을 클릭한다.

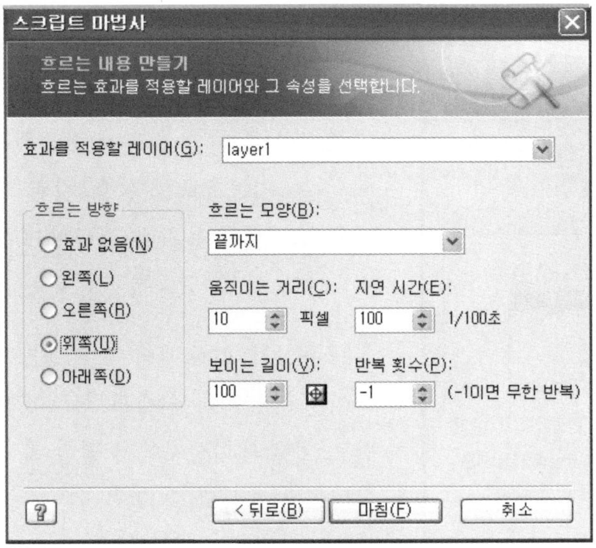


[그림 5-140] 흐르는 내용 효과의 설정

스크립트 마법사-흐르는 내용 만들기 대화상자에서 효과를 적용할 레이어를 선택하고 레이어 안에 입력한 문자열의 흐름 방향 및 흐르는 모양, 움직이는 거리, 지연시간, 보이는 길이, 반복회수 등을 설정하고, "마침" 버튼을 클릭한다.

미리 보기 창이나 웹 브라우저 화면을 통하여 입력한 문자열이 흐르는 모습을 확인할 수가 있다.

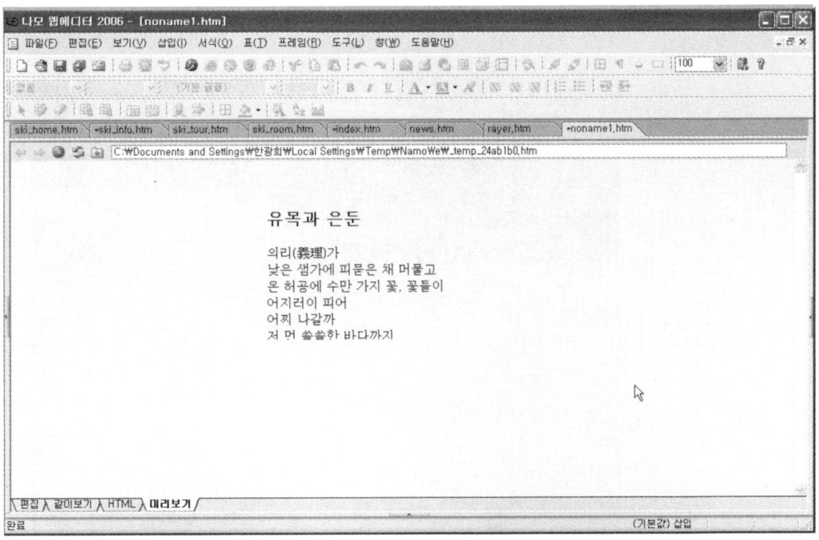


[그림 5-141] 흐르는 내용을 실행하고 있는 화면

## 11.4 펼침 목록 메뉴 만들기

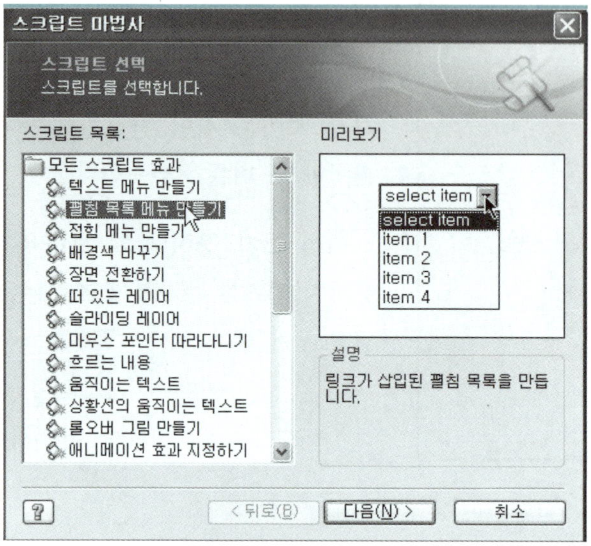


[그림 5-142] 펼침 목록 메뉴의 선택

펼침 목록 메뉴란 펼침 목록의 각 항목에 있는 내용들을 링크가 가능하도록 설정해 주는 기능으로서 상호 관련 있는 내용들을 모아서 사용자가 편리하게 관련 사이트로 이동할 수 있도록 도와주는 기능이다.

도구상자 막대에서 "스크립트 마법사" 아이콘을 클릭하여 스크립트 마법사-스크립트 선택 대화상자에서 펼침 목록 메뉴 만들기를 선택하고, "다음" 버튼을 클릭한다.

스크립트 마법사-펼침 목록 메뉴 대화상자의 "추가" 버튼을 클릭하고, 메뉴 항목 설정 대화상자에는 항목이름을, 주소에는 입력된 항목을 클릭했을 때 연결해 주고자 하는 URL 주소를 입력한 다음, "확인" 버튼을 클릭한다.

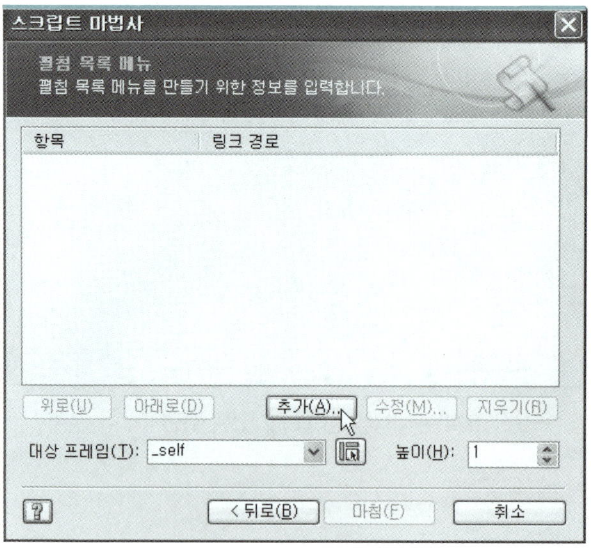


[그림 5-143] 목록 등록을 위한 준비

[그림 5-144] 메뉴 항목 설정 대화상자

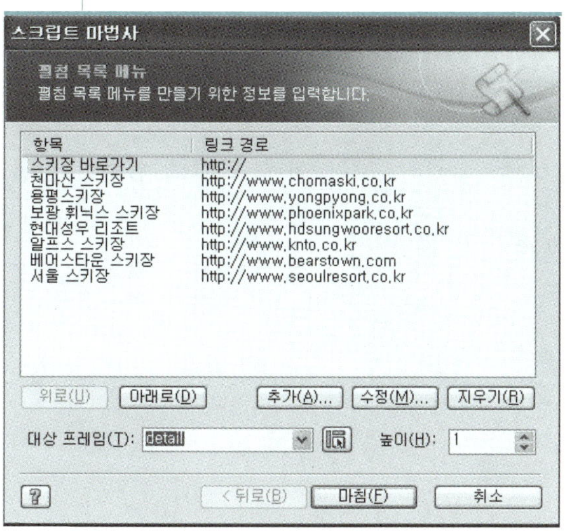


[그림 5-145] 펼침 목록 메뉴를 입력한 대화상자

스크립트 마법사–펼침 목록 메뉴 대화상자에는 입력한 항목과 하이퍼링크 경로가 나타나는데, 계속해서 "추가" 버튼을 클릭한 수만큼 항목은 추가되어 나타난다. 그리고 대상 프레임을 이용하여 하이퍼링크 된 문서가 펼쳐질 프레임도 지정한 다음, "마침" 버튼을 클릭한다.

프레임 셋 미리 보기 창이나 웹 브라우저 화면을 통하여 펼침 목록이 만들어진 모습을 확인할 수가 있으며 만들어진 항목을 클릭 해주면 하이퍼링크로 설정된 사이트가 오른쪽 창에 펼쳐진다.

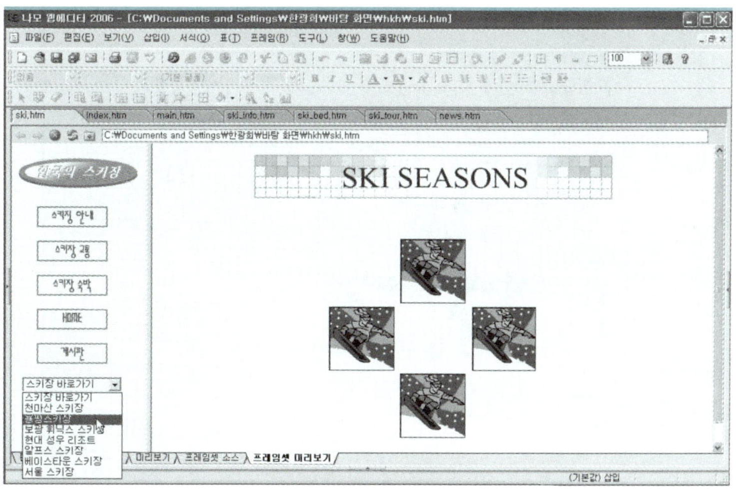


[그림 5-146] 목록 펼침 메뉴를 통하여 연결된 홈페이지 화면

## 11.5 텍스트 시계 넣기

텍스트 시계 넣기는 웹 문서 화면상에 현재의 시간을 표시해 주는 기능이다.

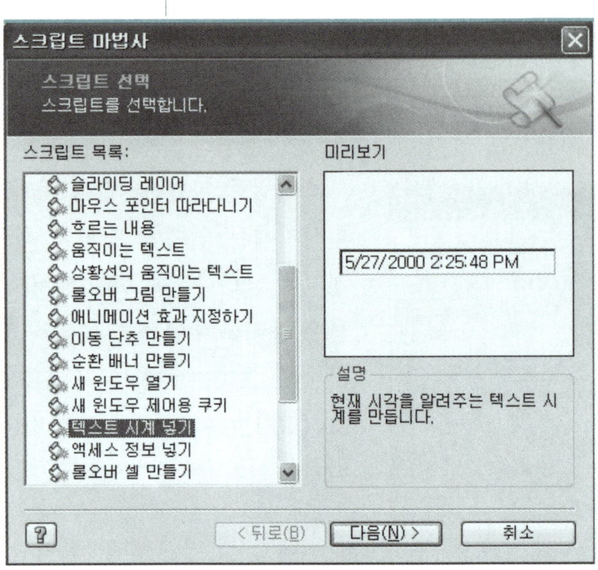


[그림 5-147] 텍스트 시계 넣기 효과의 선택

도구상자 막대에서 "스크립트 마법사" 아이콘을 클릭하여 스크립트 마법사-스크립트 선택 대화상자에서 텍스트 시계 넣기를 선택하고, "다음" 버튼을 클릭한다.

스크립트 마법사-텍스트 시계 넣기 대화상자에서 폼 이름과 폼 필드 이름의 항목은 그대로 설정한 다음, 시간표시 형식 항목에서 원하는 스타일을 선택하고, "마침" 버튼을 클릭한다.

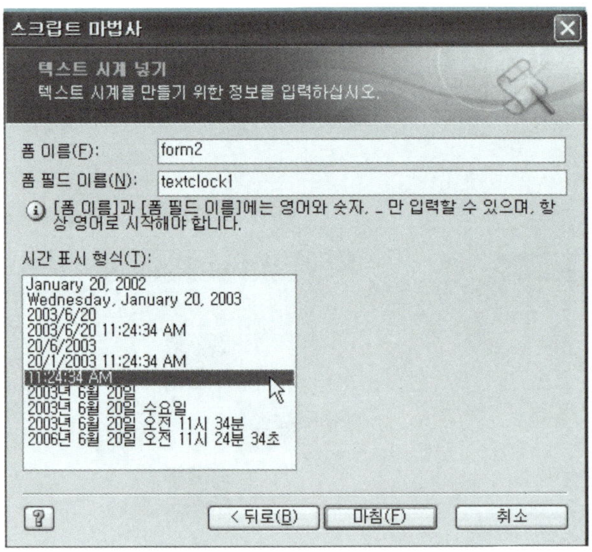


[그림 5-148] 시간 표시 형식의 선택

프레임 셋 미리 보기 창이나 웹 브라우저 화면을 통하여 텍스트 시계 넣기 효과가 만들어진 모습을 확인할 수가 있다.

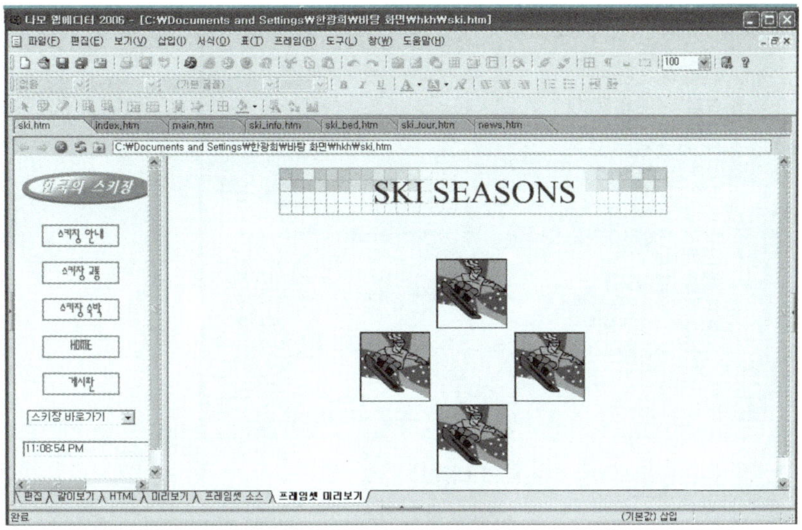


[그림 5-149] 텍스트 시계 넣기 효과를 실행한 화면

## 11.6 움직이는 텍스트

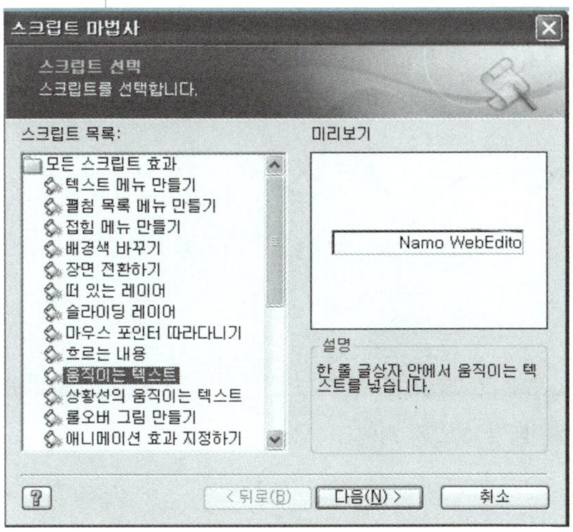


[그림 5-150] 움직이는 텍스트 효과의 선택

움직이는 텍스트란 웹 문서에서 글상자 안에 움직이는 텍스트를 보여주는 기능이다.

도구상자 막대에서 "스크립트 마법사" 아이콘을 클릭하여 스크립트 마법사-스크립트 선택 대화상자에서 움직이는 텍스트를 선택하고, "다음" 버튼을 클릭한다.

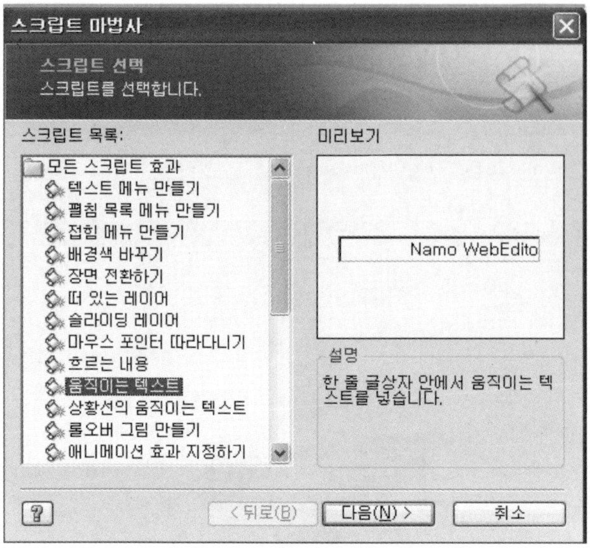


[그림 5-151] 움직이는 텍스트의 내용을 입력

스크립트 마법사-움직이는 텍스트 대화상자에서 텍스트 내용 입력란에 홈페이지 상에서 움직이도록 나타내고자 하는 내용을 입력해 주고, "마침" 버튼을 클릭한다.

미리 보기 창이나 웹 브라우저 화면을 통하여 움직이는 텍스트 효과가 만들어진 모습을 확인할 수가 있다.

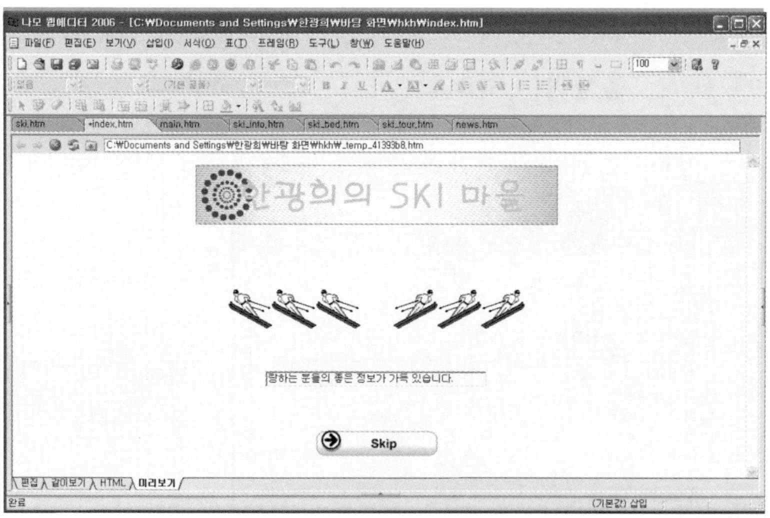


[그림 5-152] 움직이는 텍스트가 삽입된 화면

## 11.7 접힘 메뉴 만들기

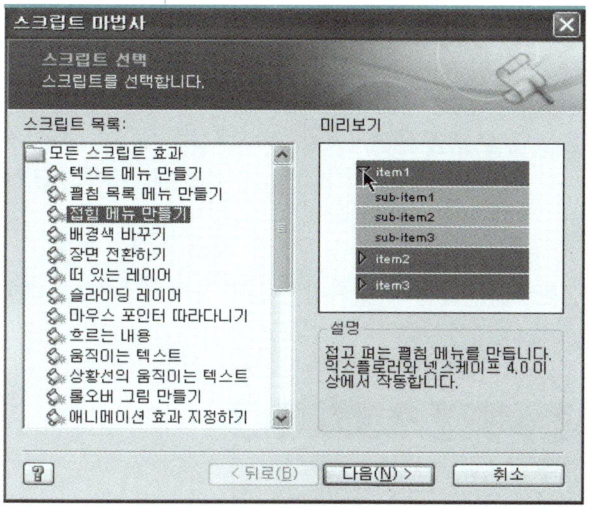

[그림 5-153] 접힘 메뉴 만들기 효과의 선택

접힘 메뉴란 홈페이지 상에서 메뉴를 클릭하면 하위 메뉴가 나타나고, 다시 메뉴를 클릭하면 메뉴 목록이 접혀지면서 홈페이지의 공간 활용을 효과적으로 활용할 수 있게 해 주는 기능이다.

접힘 메뉴 만들기를 실행하기 위해서는 도구상자 막대에서 “스크립트 마법사” 아이콘을 클릭하여 스크립트 마법사-스크립트 선택 대화상자에서 접힘 메뉴 만들기를 선택하고, “다음” 버튼을 클릭한다.

스크립트 마법사-펼침 접힘 메뉴 만들기 대화상자에서 접힘 메뉴를 추가하기 위하여, “추가” 버튼을 클릭한다.

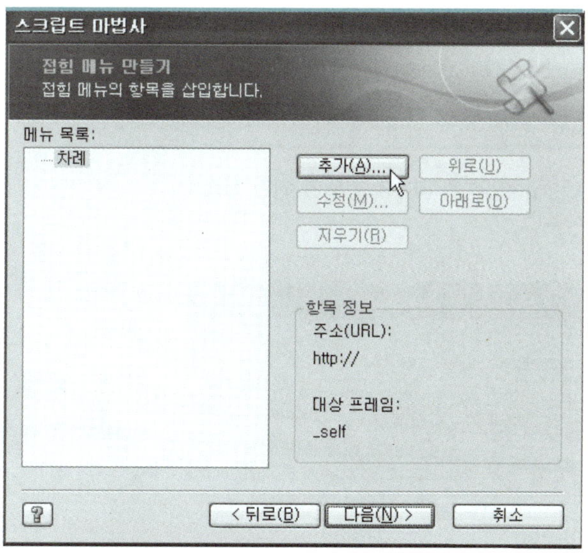

[그림 5-154] 접힘 메뉴를 만들기 위한 설정

[그림 5-155] 항목 이름의 입력

메뉴 항목 설정 대화상자에서 항목이름과 URL 주소를 입력하고 대상 프레임도 지정한 다음, "확인" 버튼을 클릭한다. 단 상위 메뉴는 하이퍼링크를 지정할 필요가 없기 때문에 항목 이름인 "경기도 스키장"을 입력해 준다.

스크립트 마법사-접힘 메뉴 만들기 대화상자에서 하위 메뉴를 입력하기 위하여, "추가" 버튼을 클릭한다.

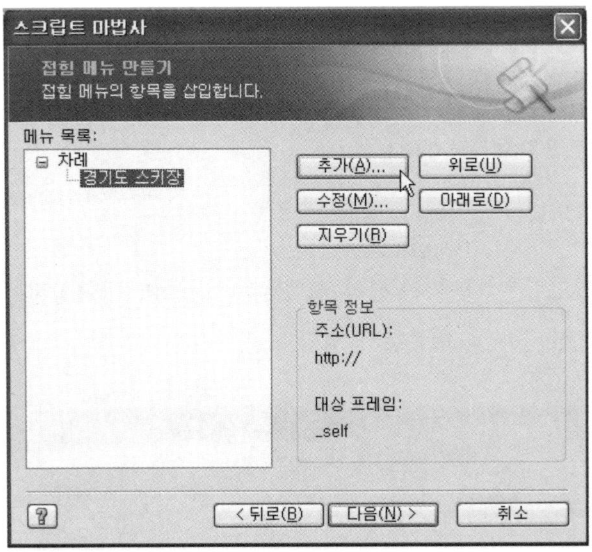


[그림 5-156] 하위 메뉴를 만들기 위한 설정

[그림 5-157] 메뉴 항목의 입력

메뉴 항목 설정 대화상자에 항목이름과 URL주소, 대상 프레임을 각각 입력하고, "확인" 버튼을 클릭한다. 동일한 방법으로 하위 메뉴들을 추가로 입력한 후, "다음" 버튼을 클릭한다.

두 번째 주 메뉴 항목인 강원도 스키장을 만들기 위하여 차례 항목을 선택한 다음, 경기도 스키장 하위 메뉴들을 설정한 것과 동일한 방법으로 하위 메뉴들을 만들어주고, "다음" 버튼을 클릭한다.

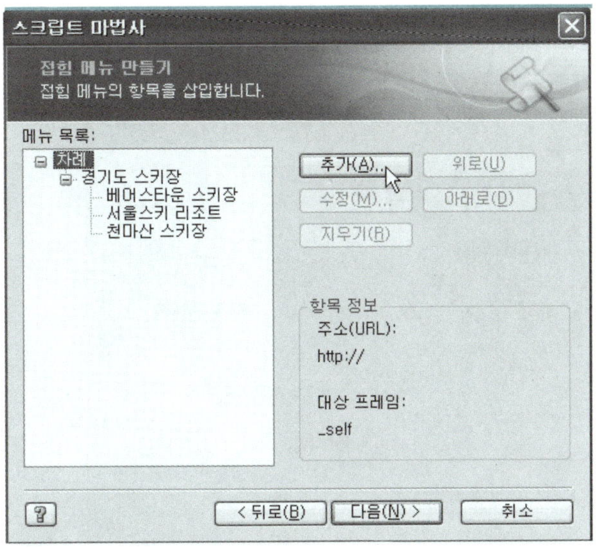


[그림 5-158] 별도의 접힘 메뉴를 위한 설정

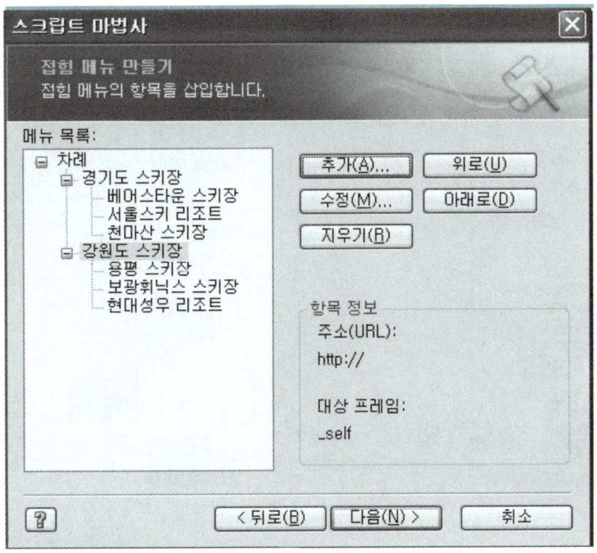


[그림 5-159] 모든 접힘 메뉴의 설정

스크립트 마법사-접힘 메뉴 모양 정하기 대화상자에서 미리보기를 참고하면서 상위메뉴의 글꼴, 크기, 글자색, 배경색 등을 지정하고 롤 오버 색깔 바꾸기도 설정해 준다.

이어서 하위 메뉴도 상위 메뉴와 같은 방법으로 모양을 꾸며준 다음, "마침" 버튼을 클릭한다.

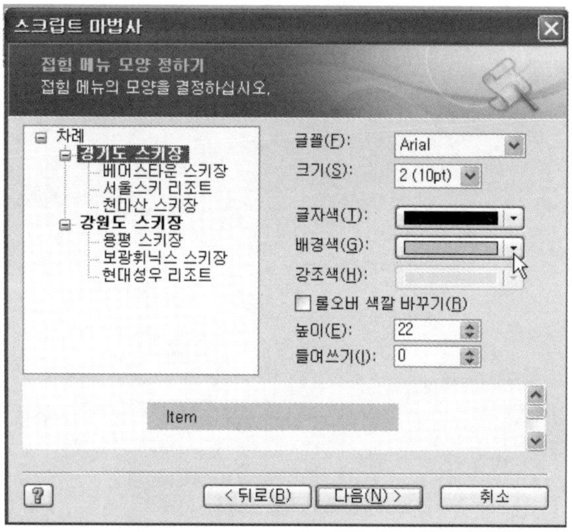


[그림 5-160] 접힘 메뉴의 모양 지정

[그림 5-161] 접힘 메뉴가 만들어진 화면

프레임 셋 미리 보기 창이나 웹 브라우저 화면을 통하여 접힘 메뉴가 만들어진 모습을 확인할 수 있으며 접힘 메뉴를 이용하여 하이퍼링크가 연결되는 것을 확인할 수가 있다.

[그림 5-162] 접힘 메뉴를 통하여 연결된 화면

# 12 폼 필드를 이용한 회원가입 양식 만들기

특정한 홈페이지를 방문하다 보면 회원가입을 해야만 정보를 볼 수 있는 사이트들이 많이 있다. 이러한 회원가입에 필요한 양식을 폼 필드를 이용하여 만들어 보기로 한다.

회원가입 신청용 양식을 작성하기 위해서는 먼저 문서요소에서 제공하는 폼 필드를 이용하여, 이미 만들어져 있는 양식을 그대로 사용할 수가 있다. 또한 만들어져 있는 필드에 새로운 필드를 추가하거나 또는 필요한 라디오 단추나 펼침 목록 메뉴 등을 삽입하여 작성할 수가 있다.

먼저 삽입-기타-문서요소 명령을 실행하여 리소스 관리자 대화상자의 왼쪽 창에서 문서 요소 항목을 선택하고 오른쪽 창에서 삽입하고자 하는 문서의 양식을 선택한 다음, "확인" 버튼을 클릭한다. 그러면 선택한 문서 양식이 화면에 삽입되어 나타난다.

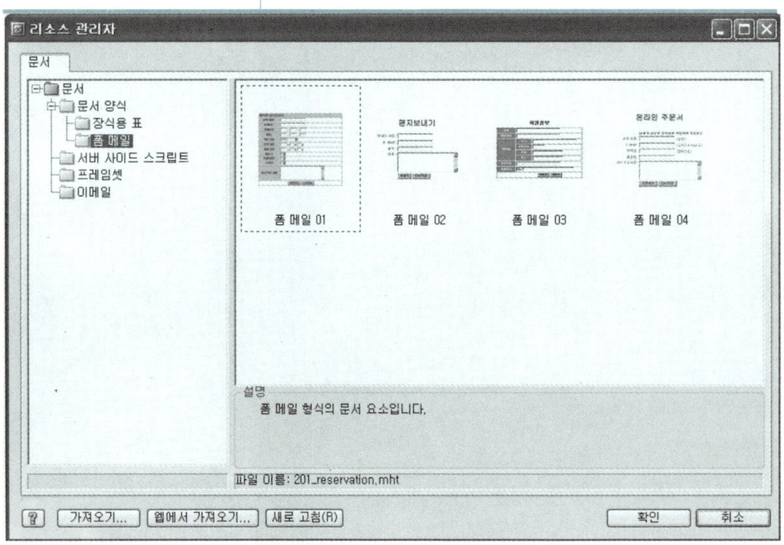


[그림 5-163] 리소스 관리자 대화상자

리소스 관리자가 제공하는 문서 양식을 그대로 홈페이지에 삽입하여 활용할 수도 있으나, 때로는 리소스 관리자가 제공하는 문서 양식에 새로운 필드를 추가하여 라디오 단추나 펼침 목록 메뉴를 삽입한 양식을 만들어 보기로 한다.

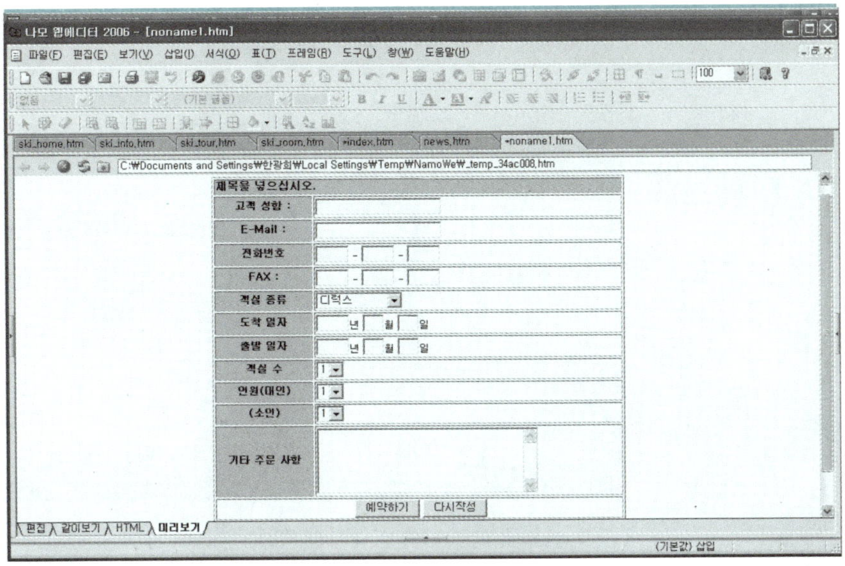

[그림 5-164] 삽입된 문서 양식을 미리보기로 확인한 화면

삽입-기타-문서 요소 명령을 실행하고 리소스 대화상자에서 원하는 문서 양식을 선택하고, "확인" 버튼을 클릭한다.

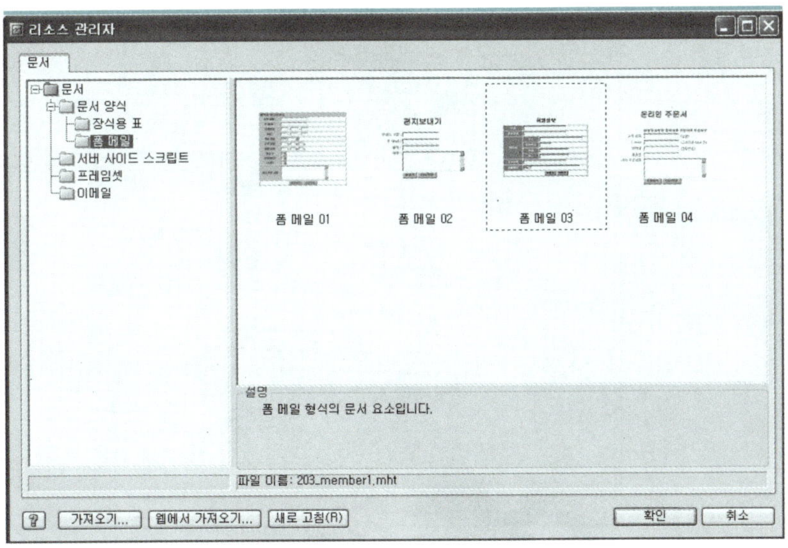

[그림 5-165] 리소스 관리자 대화상자

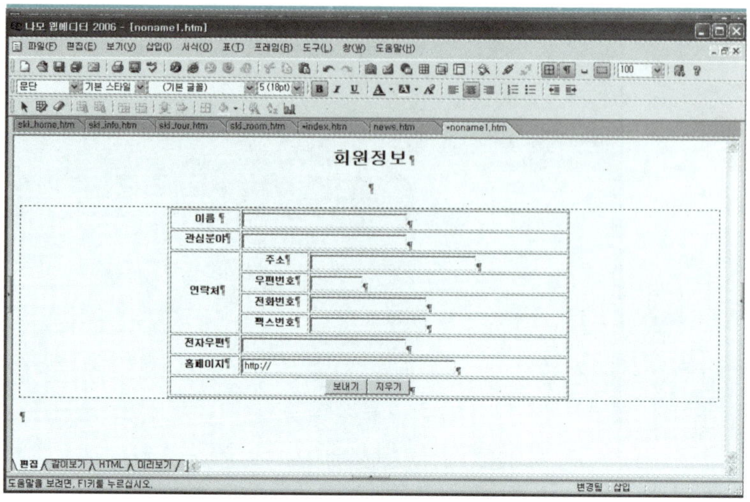


[그림 5-166] 문서 양식이 삽입된 화면

선택한 문서 양식이 편집 화면에 나타나는데 이름 항목이 입력되어 있는 첫 번째 줄에 커서를 이동한 다음, 표-줄 삽입하기 명령을 실행하여 2개의 줄을 아래로 삽입해 준다. 삽입된 첫째 줄에는 "성별"이라는 항목이름을 입력하고 둘째 줄에는 "학력"이라는 항목이름을 입력한다.

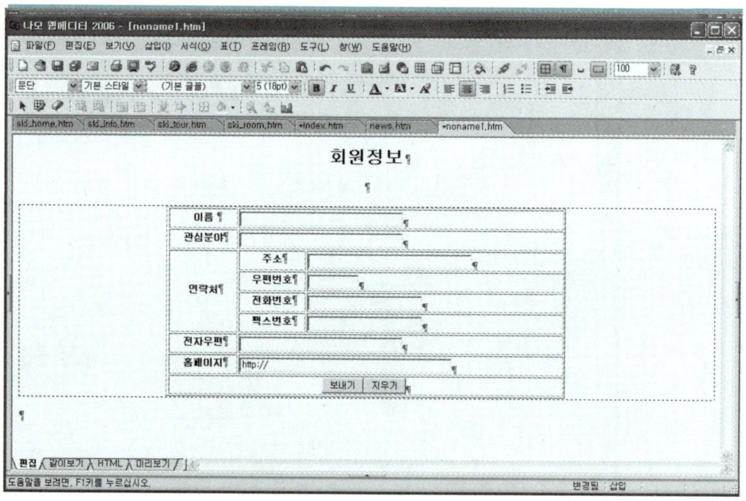


[그림 5-167] 문서 양식을 수정한 화면

만들어진 문서 양식에 먼저 라디오 버튼을 삽입하고자 하는 위치에 커서를 이동한 다음 라디오 버튼을 삽입해 준다. 즉 성별이라는 항목에 표기할 수 있도록 남, 여로 입력하고 앞부분에 라디오 버튼을 만들기로 한다.

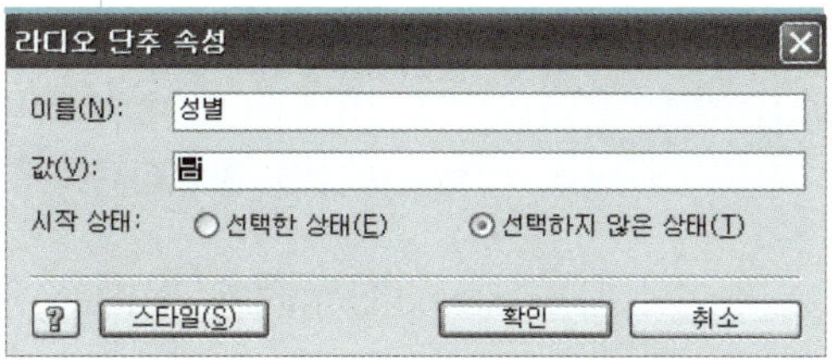


[그림 5-168] 라디오 단추 속성 대화상자

삽입-폼 필드-라디오 단추 명령을 실행하고, 라디오 단추 속성 대화상자에서 이름과 값 그리고 시작상태를 지정해 준 다음, "확인" 버튼을 클릭한다.

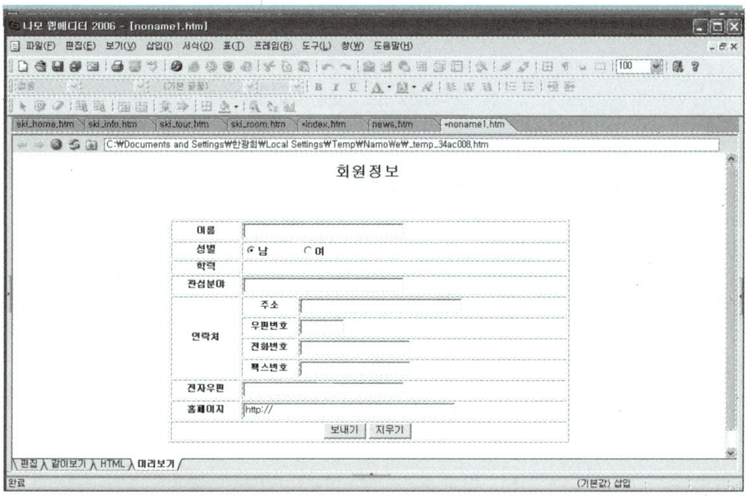


[그림 5-169] 라디오 단추가 삽입된 문서 양식

이어서 펼침 목록 메뉴를 삽입해 보기로 한다. 펼침 목록 메뉴를 문서 양식의 학력 항목에 각각 해당하는 학력을 표시해 줄 수 있도록 양식을 만들어 본다.

라디오 단추의 삽입과 동일한 방법으로 삽입-폼 필드-펼침 목록 메뉴 명령을 실행하고 펼침 목록 속성 대화상자의 이름을 입력한 다음, "추가" 버튼을 클릭한다.

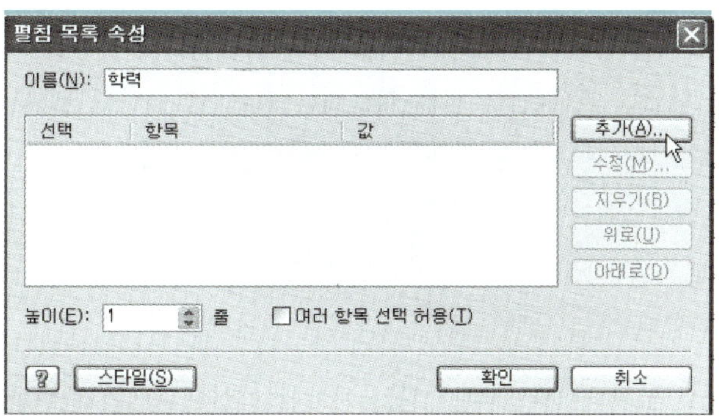


[그림 5-170] 펼침 목록 속성 대화상자

[그림 5-171] 펼침 목록 설정

펼침 목록 설정 대화상자에 이름과 값을 입력한 다음 "확인" 버튼을 클릭한다. 이어서 "추가" 버튼을 클릭하면서 입력하고자 하는 목록을 반복하여 입력해 준 다음, "확인" 버튼을 클릭한다.

작성된 문서 양식을 특정한 파일 이름으로 저장하고 미리보기 화면이나 웹 브라우저 화면으로 펼쳐보면 완성된 문서 양식을 확인할 수가 있다.

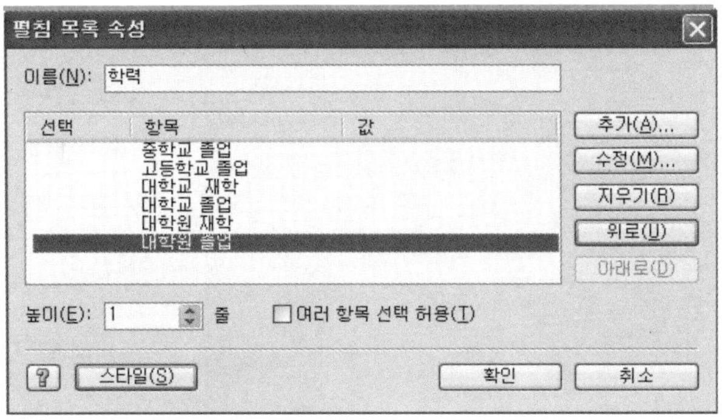


[그림 5-172] 펼침 목록 메뉴 대화상자

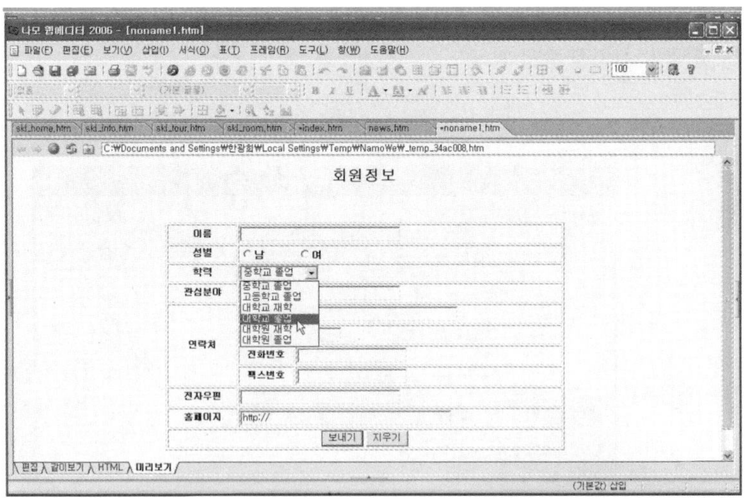


[그림 5-173] 완성된 문서 양식을 미리보기 창으로 펼친 화면

# 13 게시판과 방명록 및 카운터 CGI의 설치와 사용

홈페이지를 방문한 사람은 방문에 따르는 소감을 방명록에 기록하거나 게시판에 특정한 질문 등을 올려놓고 상호 커뮤니케이션을 할 수가 있다. 또한 최근에는 전자상거래가 활성화되면서 특정 쇼핑몰에서 어떠한 물품을 시간과 공간의 제약 없이 구매하는 등 홈페이지는 전 세계 모든 사람들의 상호교류를 위한 공간으로서 활용되고 있다. 이와 같은 방문자가 입력한 자료를 처리하기 위해서는 CGI(Common Gateway Interface)라는 별도의 프로그램이 필요하게 된다.

또한 자신의 사이트에 어느 정도의 방문객이 접속하고 있는지를 알려 주는 것이 카운터 기능이다. 카운터를 이용하여 오늘 현재 시간의 방문객은 물론 지금까지의 방문객 접속 회수를 쉽게 파악함으로써 자신의 홈페이지에 대한 관심이나 인기도를 측정할 수가 있는 것이다.

홈페이지에 이와 같은 상호 커뮤니케이션을 위한 게시판이나 방명록, 또는 카운터를 부착하여 더욱 홈페이지다운 홈페이지로 만들어보도록 한다.

## 13.1 CGI 링크 서비스 이용하기

자신의 홈페이지에 게시판이나 방명록, 또는 카운터와 같은 기능을 연결해 주기 위해서는 완벽한 기능을 제공해 주는 유료 서비스를 이용하는 것이 일반적이라 하겠다. 하지만 CGI 기능을 광고를 부착하는 조건으로 무료로 제공해 주는 서비스 업체들도 있기 때문에, 개인용 홈페이지를 작성하고자 한다면 이러한 기능을 이용하는 것도 하나의 방법이라 생각된다.

현재 우리나라의 인터넷 포털 사이트들은 대부분 이러한 CGI 서비스 기능을 제공하고 있기 때문에, 그 중에서 자신이 원하는 한 곳에 회원으로 가입한다면 이러한 서비스 기능을 제공받을 수가 있다.

[그림 5-174] 드림위즈의 홈페이지 화면

본 교재에서는 드림위즈(http://www.dreamwiz.com)가 제공하는 CGI 서비스 기능들을 홈페이지에 활용하고자 한다. 드림위즈에 접속하여 "회원가입" 버튼을 클릭하고 서비스 가입신청을 한다.

회원가입이 끝났으면 자신의 ID와 비밀번호를 입력란에 입력하고 로그인 한다.

[그림 5-175] 드림위즈에 로그인한 화면

## 13.2 게시판 삽입하기

게시판이란 방문자가 글 또는 파일들을 등록하여 보여주는 기능을 말한다. 무료 게시판 기능을 삽입하기 위하여 드림위즈 홈페이지의 하단 메뉴 중에서 웹 데스크를 클릭한다.

이어서 화면의 상단 메뉴 중에서 홈페이지를 클릭하면 게시판, 방명록, 기상정보, 대화방등을 제공하는 화면이 그림 5-176과 같이 나타난다.

이어서 펼쳐지는 화면에서 i-Board 무료서비스를 신청한 다음, 그림 5-177과 같은 화면에서와 같이 DB명(게시판 이름)을 임의로 입력해 주고 "신청하기" 버튼을 눌러준다.

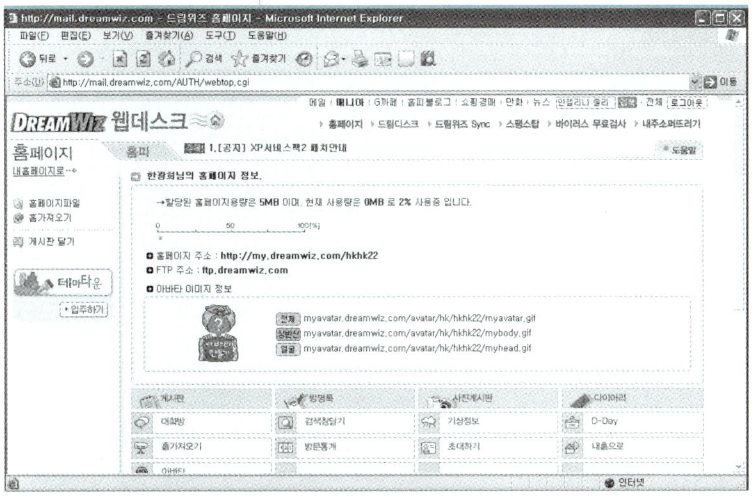


[그림 5-176] 다양한 서비스를 선택할 수 있는 화면

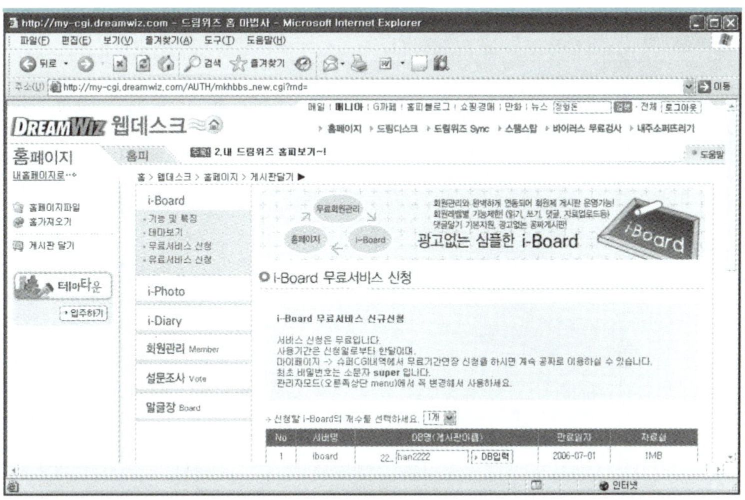


[그림 5-177] 게시판 무료 서비스 신청 화면

그림 5-178과 같은 창이 펼쳐지면 허용된 i-Board의 사용법을 클릭하면 그림 5-179와 같은 창이 나타나 홈페이지에 삽입할 게시판 주소를 복사하여, 게시판 버튼에 하이퍼링크로 연결해 준다.

[그림 5-178] 무료 게시판이 허용된 화면

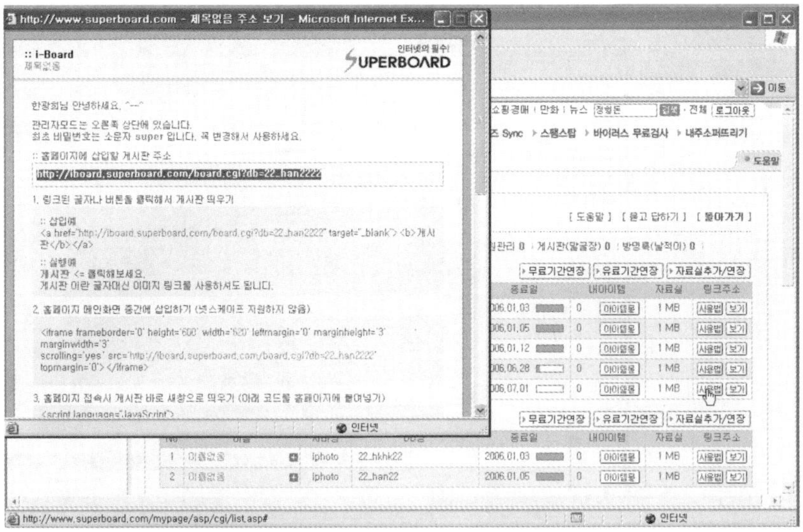


[그림 5-179] 게시판 제공 소스를 복사 명령

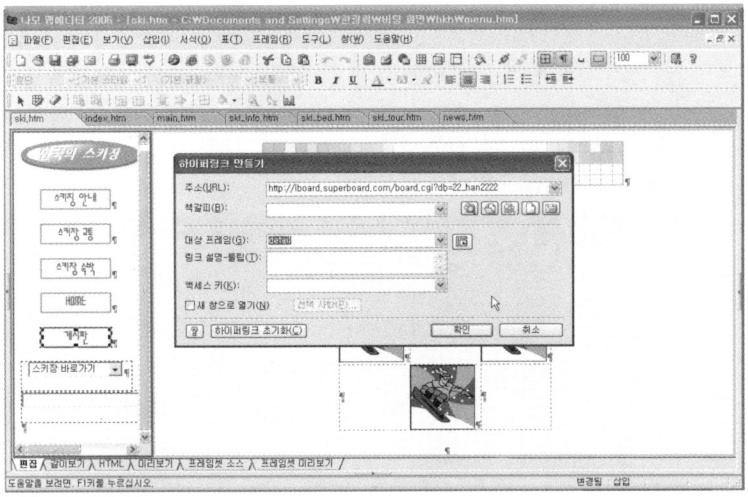

[그림 5-180] 게시판 소스를 게시판 버튼에 링크시키는 화면

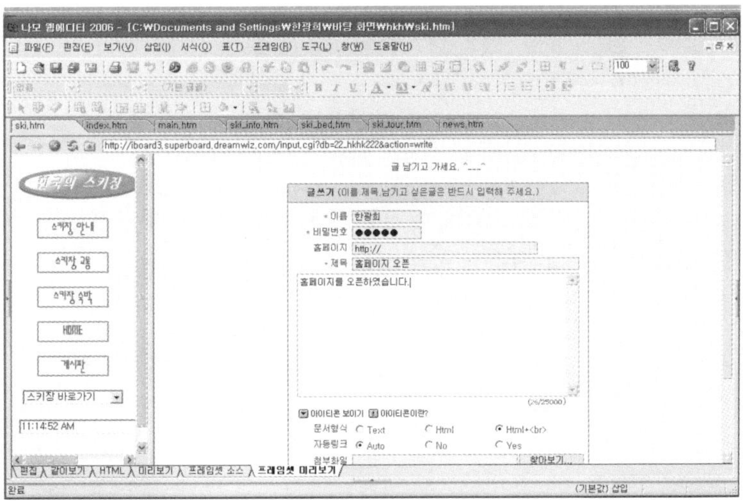

[그림 5-181] 게시판에 새로운 내용을 입력하기 위한 화면

프레임 셋 미리보기 창이나 웹 브라우저 화면을 통하여 게시판이 부착된 것을 확인할 수가 있다. 이제 만들어진 게시판에 어떠한 내용을 입력하고자 할 경우에는 게시판 화면 하단에 있는 write 아이콘을 클릭한 다음, 이름과 제목 비밀번호를 먼저 입력하고 본문의 내용을 입력해 주고 화면 하단의 "입력완료" 아이콘을 클릭하면 그림 5-182와 같이 입력한 내용이 제목에 표시가 된다.

우리가 게시판에 비밀번호를 입력하는 이유는 게시판에 등록한 내용을 만약에 삭제하고자 할 경우 삭제 권한은 비밀번호를 입력한 사람에게만 권한을 부여하기 위한 것이기 때문에, 등록한 게시판의 내용을 삭제해야 할 경우에는 비밀번호를 입력하지 않았다면 삭제가 불가능하게 된다.

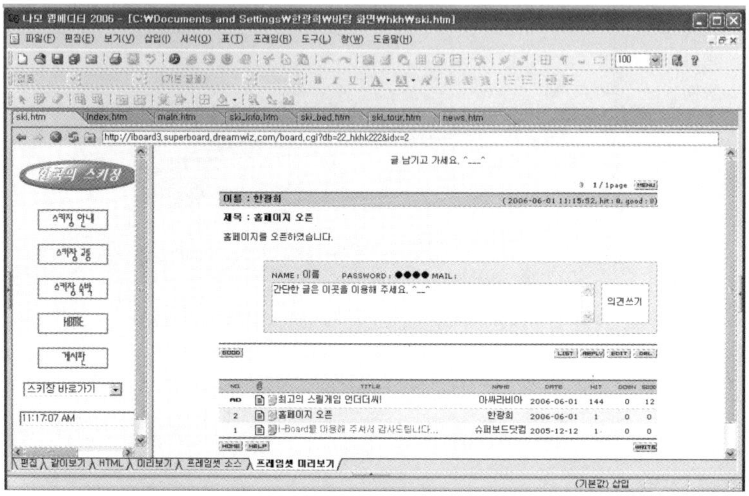


[그림 5-182] 게시판에 내용이 입력된 화면

모두 저장하기 명령을 실행한 다음, 프레임 셋 미리보기 창이나 웹 브라우저 화면을 펼치면 새롭게 변형된 홈페이지를 확인할 수가 있다.

# 14 홈페이지 출판

작성한 HTML 문서를 세상에 알리기 위해서는 특정한 웹 서버에 있는 자신의 계정에 올려놓아야만 다른 방문객들이 자신의 홈페이지에 접속할 수가 있는 것이다.

먼저 웹 서버에 자신의 HTML 문서를 업로드 하기 위해서는 자신의 계정을 가지고 있어야 하는데, 우리나라의 포털 사이트들 대부분이 회원으로 가입하면 홈페이지를 관리할 수 있는 무료 계정과 함께 홈페이지를 관리할 수 있는 적당한 용량의 공간을 제공해 주고 있다. 본 교재에서는 앞에서 사용한 드림위즈 서버를 이용하여 설명하고자 한다. 아울러 홈페이지를 특정한 서버에 업로드 하기 위해서는 파일을 서버로 전송하는데 필요한 FTP 프로그램이 있어야 하는데, 프리웨어인 알-FTP와 관련된 내용도 함께 설명하고자 한다.

## 14.1 알-FTP를 이용한 인터넷 출판

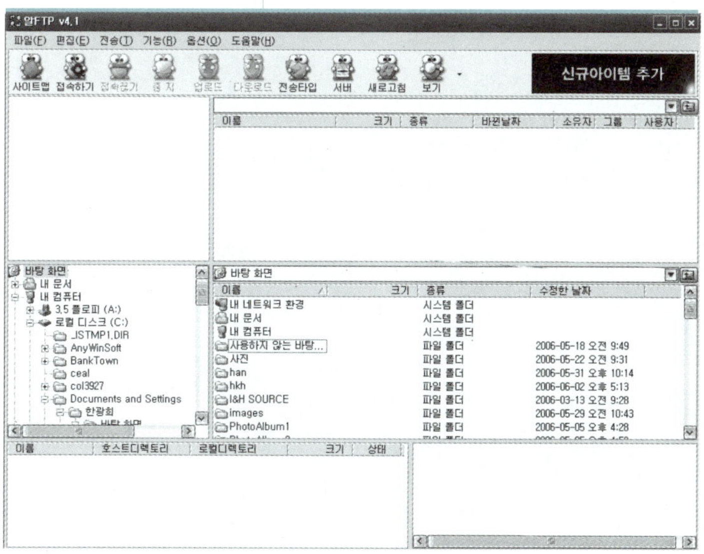


[그림 5-183] 알 FTP 프로그램 화면

알-FTP 프로그램을 이용하여 자신이 작성한 홈페이지를 서버의 계정에 올려보기로 한다. 윈도우 초기화면이나 시작 버튼을 클릭하여 알-FTP 프로그램을 실행하여 서버에 출판하기까지의 과정을 한 동작씩 실습해 보기로 한다.

알-FTP를 이용하여 파일을 서버에 전송하는 과정은 아래와 같다.

① 알-FTP 프로그램을 실행한 다음 상단의 접속하기 아이콘을 클릭한다.
② 전송하고자 하는 서버에 접속하기 위해 FTP 주소와 사용자 ID, 비밀번호 등을 입력한다.
참고로 우리가 이용하고자 하는 드림위즈의 FTP 주소는 "ftp.dreamwiz.com"이다.
③ 서버에 접속이 된 다음, 하단 화면에서 자신이 전송하고자 하는 파일 폴더를 선택하여 펼친다.
④ 원하는 파일을 마우스로 선택한 다음, 업로드 아이콘을 클릭한다.
⑤ 업로드가 완료되면 알-FTP 프로그램 창의 상단에 하단에서 전송한 파일들이 동일하게 표시가 된다.
⑥ 알-FTP를 이용한 작업이 완료되면 접속끊기 아이콘을 클릭한다.

그림 184부터 그림 187까지는 이러한 일련의 출판과정을 캡처한 화면이다.

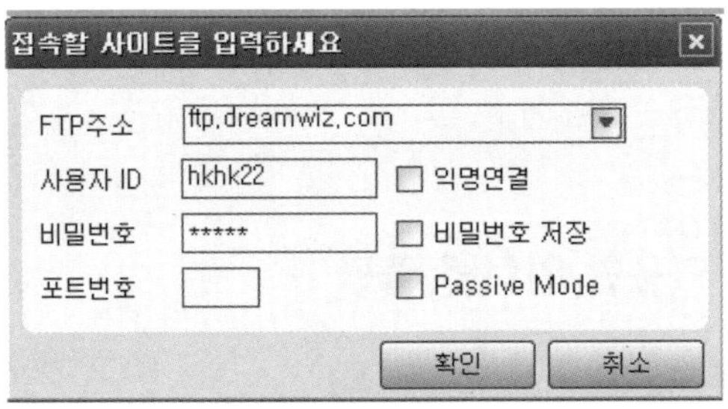


[그림 5-184] 접속할 사이트의 입력

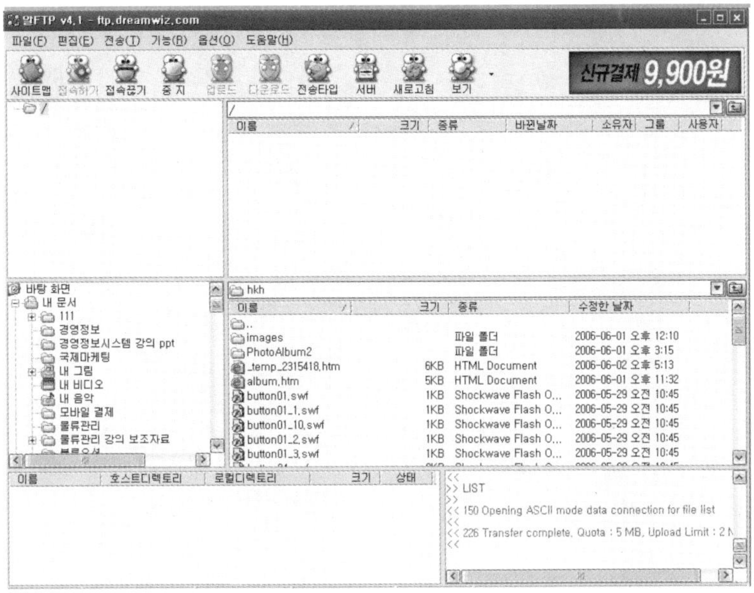


[그림 5-185] 업로드 할 파일을 선택

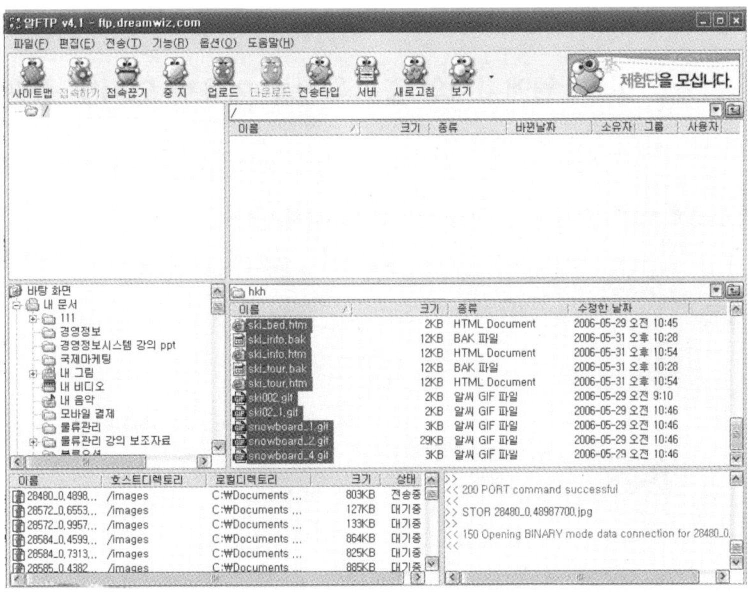


[그림 5-186] 파일이 전송되는 화면

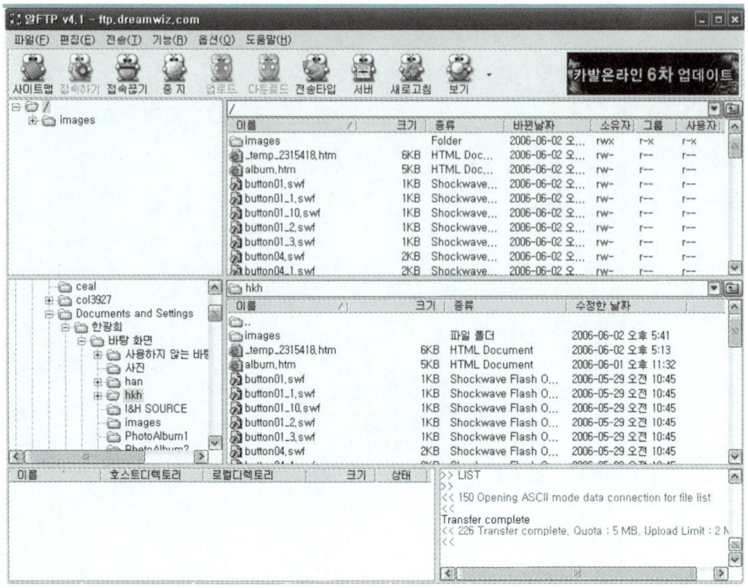


[그림 5-187] 파일전송이 완료된 화면

## 14.2 나모 웹에디터의 출판하기를 이용한 인터넷 출판

나모 웹에디터에서도 작업한 파일을 서버에 전송하여 출판할 수 있도록 제공하는 기능이 있다. 이번에는 이 기능을 이용하여 인터넷 출판을 해 보기로 한다.

그림 5-188과 같이 나모 웹에디터 화면에서 시작하기 패널을 불러낸 다음, 출판하기 아이콘을 클릭한다.

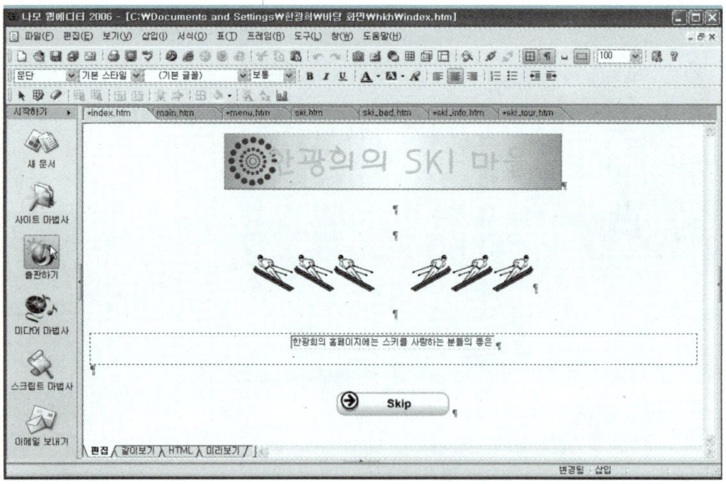


[그림 5-188] 나모 웹에디터 2006을 이용한 출판하기 준비 화면

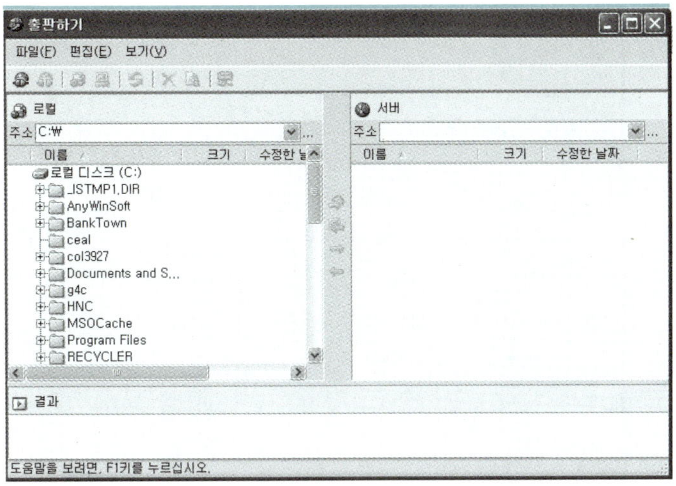


[그림 5-189] 출판하기 대화상자

그러면 그림 5-190과 같은 출판하기 대화상자가 나타나는데, 그림 5-190과 같이 대화상자의 주소 입력란 옆에 있는 로컬항목의 '찾아보기' 버튼을 클릭한다. 서버에 전송하고자 하는 폴더를 선택한 다음 확인 을 누르면, 그림 5-191과 같이 전송하고자 하는 파일들이 왼쪽 창에 펼쳐진다.

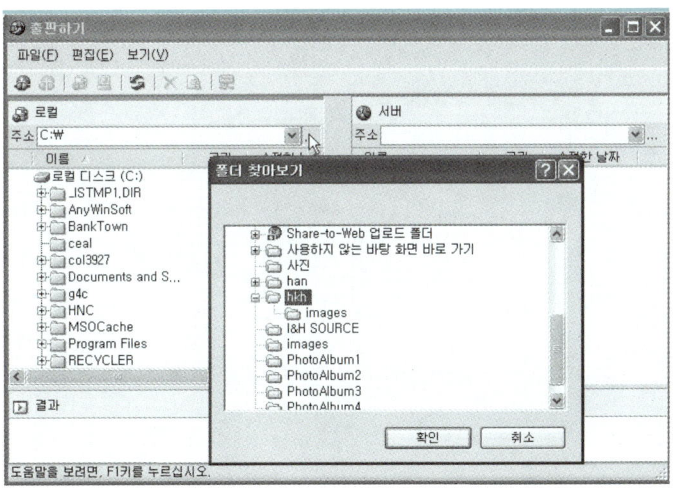


[그림 5-190] 폴더 찾아보기 대화상자

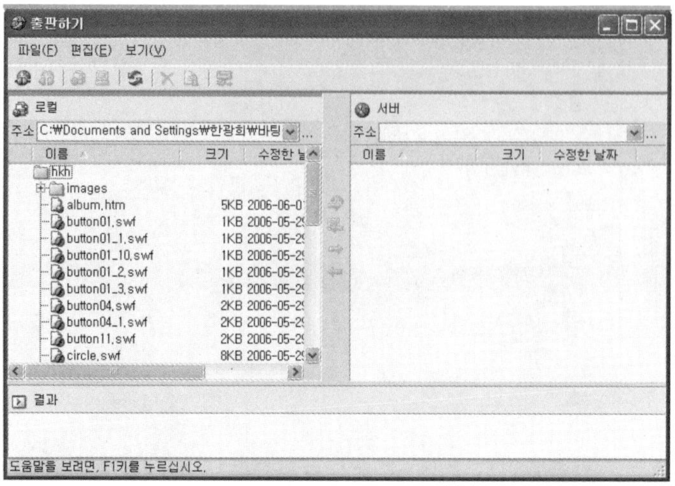

[그림 5-191] 전송할 파일을 선택

이어서 서버항목의 찾아보기 버튼을 클릭하면 그림 5-192와 같은 사이트 출판 정보 목록 대화상자가 나타나 활용하고자 하는 사이트를 선택하고 '추가하기' 버튼을 클릭한다.

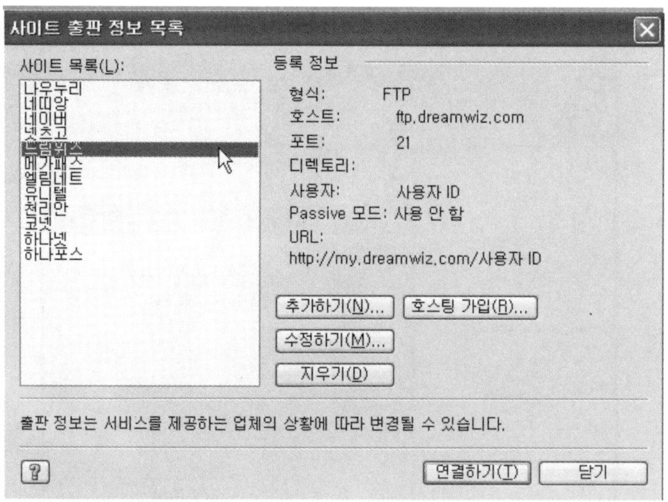

[그림 5-192] 사이트 출판목록에 추가하기

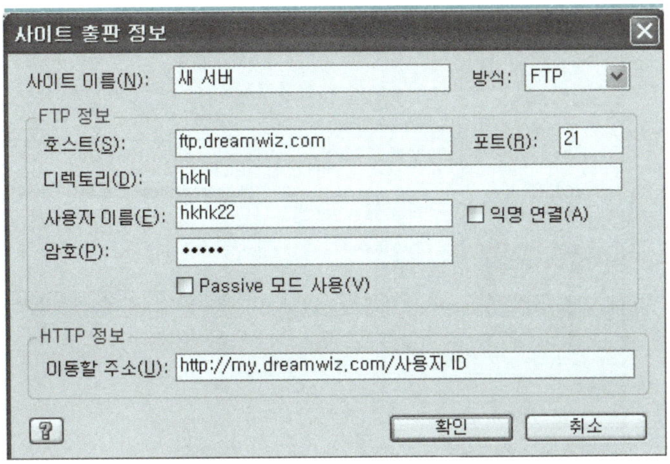


[그림 5-193] 사이트 출판정보의 입력

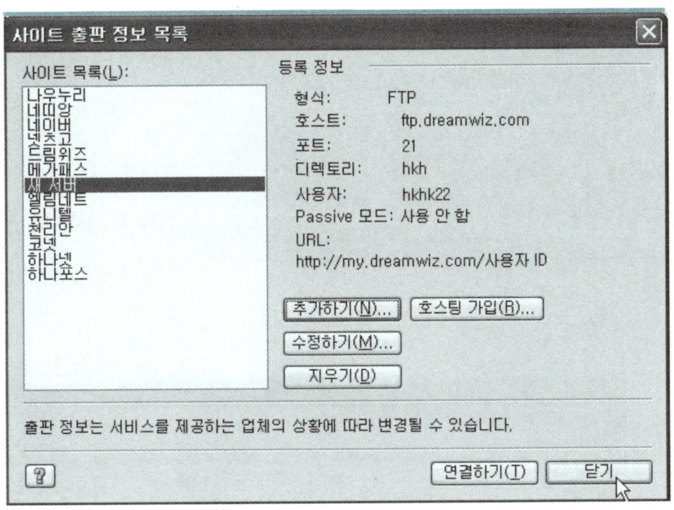


[그림 5-194] 사이트 출판정보 목록대화상자

그러면 그림 5-193과 같이 사이트 출판 정보 대화상자가 나타나 FTP 관련 정보들을 각각 입력해 주고 "확인" 버튼을 누른다. 이어서 사이트 출판 정보 목록 대화상자가 나타나면 "닫기" 버튼을 클릭한다.

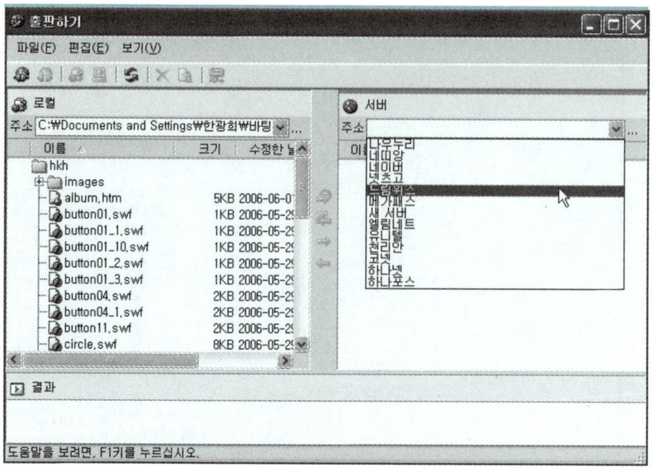


[그림 5-195] 자신이 추가한 사이트를 선택

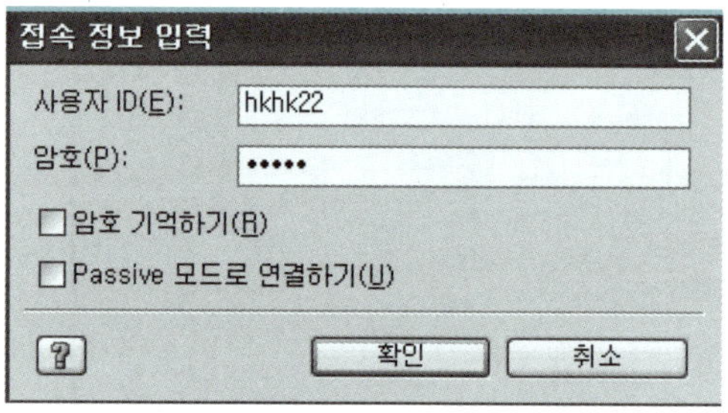


[그림 5-196] 접속 정보의 입력

이어서 그림 5-195와 같이 출판하기 대화상자에서 서버의 드롭다운 버튼을 클릭한 다음 자신이 추가한 사이트를 선택한다.

전송하고자 하는 파일을 로컬영역에서 그림 5-197과 같이 선택한 다음 출판하기 버튼을 클릭하면 파일 전송이 실시된다.

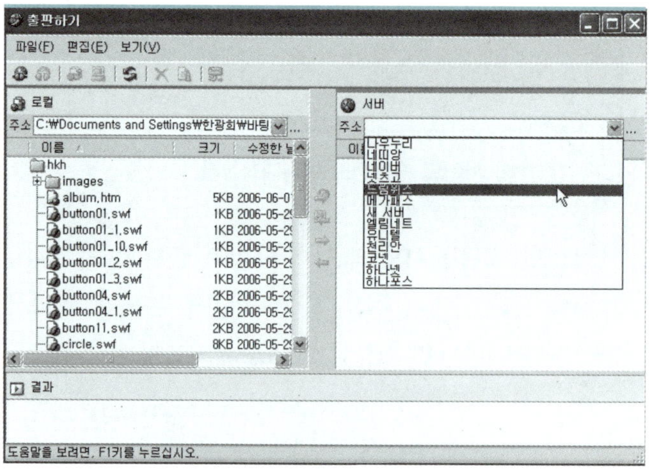


[그림 5-197] 출판하기 명령의 실행

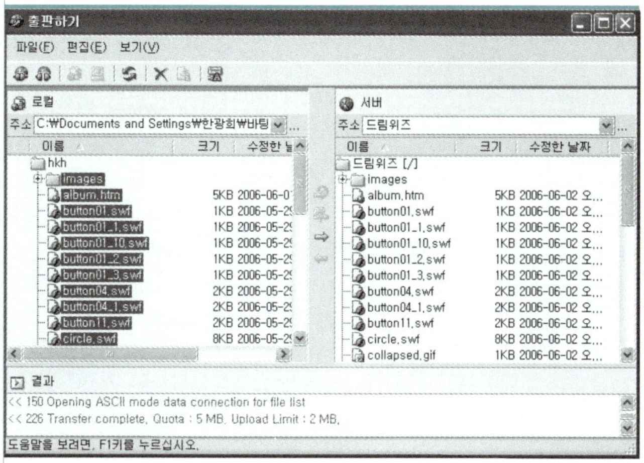

[그림 5-198] 출판하기가 완료된 화면

서버에 전송이 완료되면 그림 5-198과 같이 로컬영역과 서버영역에 표시되는 파일명이 동일하게 나타나는 것을 확인할 수가 있다.

이와 같이 우리는 나모 웹에디터 2006에서 제공하는 출판하기 기능을 이용하여 서버에 전송하는 작업을 할 수가 있다.

## 14.3 홈페이지 접속해 보기

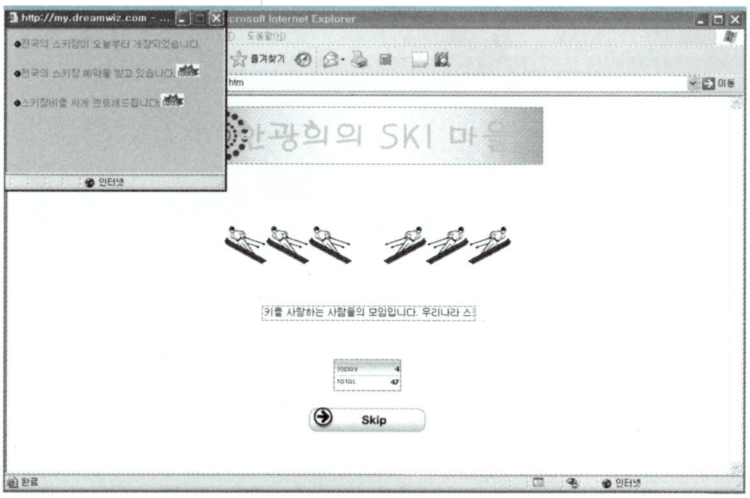

[그림 5-199] 웹 브라우저로 접속한 홈페이지 화면 1

홈페이지를 출판한 결과를 확인하기 위하여 자신의 홈페이지를 웹 브라우저를 통하여 접속해 보기로 한다. 웹 브라우저를 펼친 다음 자신의 인터넷 계정인 "http://my. dreamwiz.com/~자신의 ID/index.htm"을 입력하면 웹 브라우저 창에 홈페이지가 접속된 것을 확인할 수가 있다.

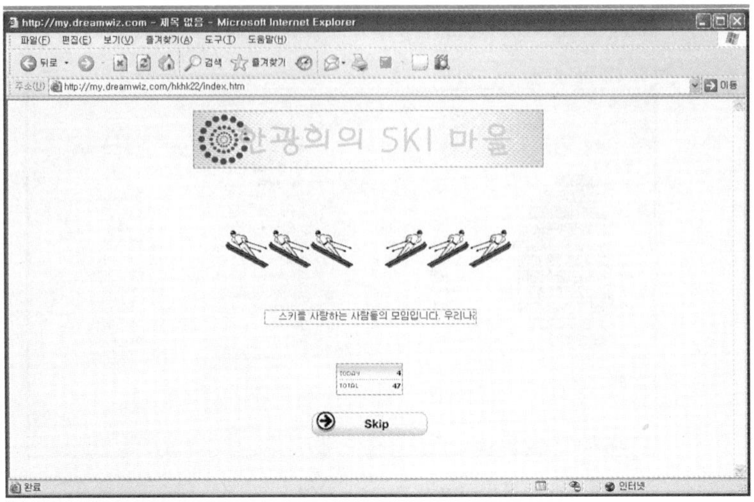


[그림 5-200] 웹 브라우저로 접속한 홈페이지 화면 2

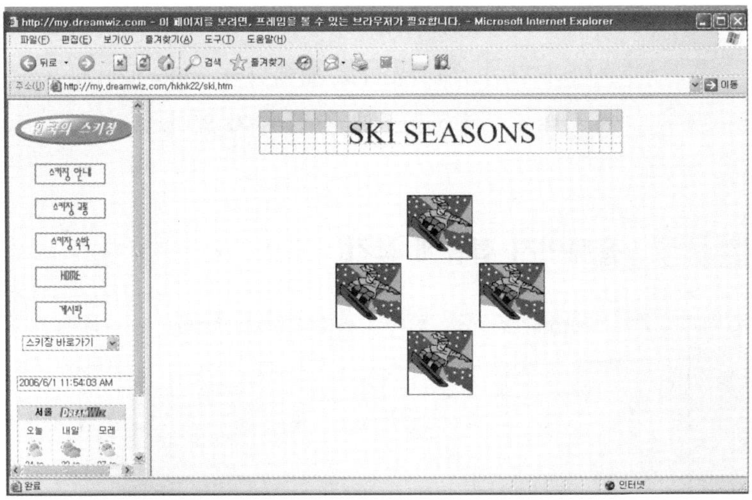


[그림 5-201] 웹 브라우저로 접속한 홈페이지 프레임 화면

이제 전 세계의 어느 곳에서라도 인터넷에 접속되는 컴퓨터라면 누구든지 나의 홈페이지에 접속하여 원하는 정보를 얻을 수 있으며, 커뮤니케이션도 시간과 공간을 초월하여 행할 수가 있는 것이다.

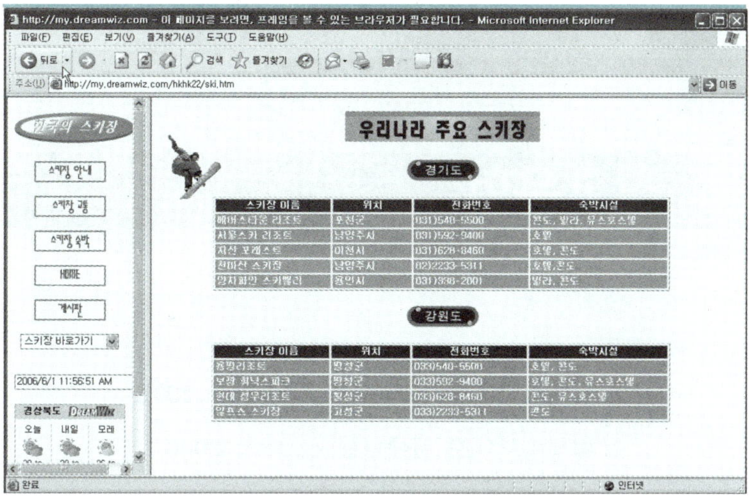

[그림 5-202] 웹 브라우저로 접속한 스키장 안내 링크 화면

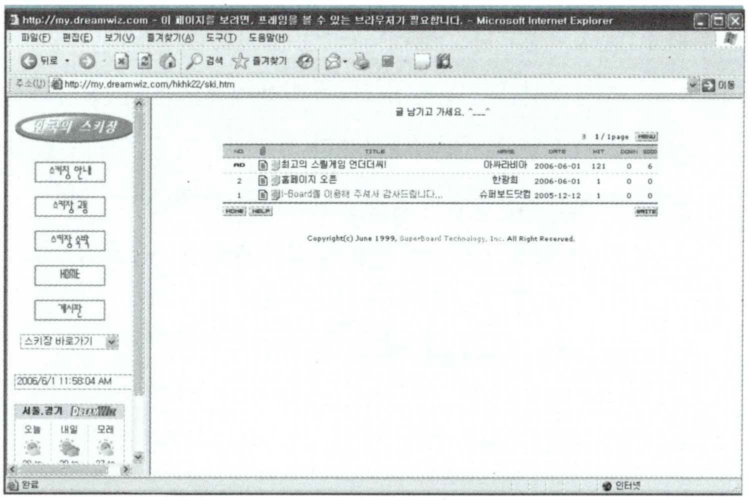

[그림 5-203] 웹 브라우저로 접속한 게시판 화면

# 참고문헌

1. 김대수, 『컴퓨터 개론』, 생능출판사, 2002.

2. 김성욱, 『나모 웹에디터 4』, 대청, 2000.

3. 김진우 , 『홈페이지 제작 튼튼하게 배우기』, 사이버출판사, 2005.

4. 남태희, 『HTML과 나모 웹에디터 5 활용』, 21세기사, 2002.

5. 배경희 외, 『나모 웹에디터 2006』, 성안당, 2006.

6. 송나영, 『나모 웹에디터 5』, 영진닷컴, 2002.

7. 정명선, 『나모 웹에디터 5 활용예제모음』, 정보문화사, 2001.

8. 정종필 외, 『인터넷활용과 멀티미디어 웹 디자인』, 21세기사, 2000.

9. 한광희, 『컴퓨터 응용』, 한신대학교 출판부, 1998.

10. 한광희, 『퍼스널 컴퓨터 입문과 활용』, 학문사, 2001.

# 찾아보기

## 태그



## A



## B



## C



## D



## E



## F

## 저자약력

**한광희(韓光熙)**

- 관동대학교 경상대학 경영학과 졸업
- 메이지대학(明治大學) 경영학연구과(경영학석사)
- 메이지대학(明治大學) 경영학연구과(경영학박사)
- 현재: 한신대학교 e-비즈니스학과 교수
  한일경상학회 상임이사

## 저서

- 컴퓨터 개론(삼영사, 허철부/한광희 공저, 1996)
- 응용소프트웨어 활용을 위한 컴퓨터 실습
  (법문사, 한광희/허철부 공저,1997)
- 컴퓨터 응용(한신대학교 출판부,1998)
- Excel과 함께하는 전산회계(학문사, 1998)
- 퍼스널 컴퓨터 입문과 활용(학문사, 2001)
- 인터넷과 홈페이지(도서출판 그린, 2003)
- 전자상거래 & e-비즈니스(영진.com, 공저, 2004)

## 인터넷과 홈페이지 활용

2006년 2월 25일 | 초판 인쇄
2006년 9월 1일 | 개정판 발행

지은이 | 한광희
펴낸이 | 오판근
펴낸곳 | 교우사

주　　소 | 서울시 동대문구 제기2동 148-19
대표전화 | 925-2861
팩　　스 | 925-2860
전자우편 | kw2861@chollian.net
홈페이지 | www.kyowoo.co.kr
출판등록 | 1994년 3월 24일(제 6-0256호)

ISBN 89-8172-574-8(93560)
값 15,000원